北京大学区域国别研究丛书

区域国别研究的理论与实践

基于北大的探索

北大区域国别研究编委会　主编

Theories and Practice of Area Studies

Exploration by Peking University

江苏人民出版社

图书在版编目(CIP)数据

区域国别研究的理论与实践:基于北大的探索/北
大区域国别研究编委会主编. --南京:江苏人民出版社,
2022.12

ISBN 978 - 7 - 214 - 27621 - 6

Ⅰ.①区… Ⅱ.①北… Ⅲ.①国际关系-研究 Ⅳ.
①D81

中国版本图书馆 CIP 数据核字(2022)第 209060 号

书　　　名	区域国别研究的理论与实践——基于北大的探索
主　　　编	北大区域国别研究编委会
责 任 编 辑	于馥华
装 帧 设 计	刘葶葶
责 任 监 制	工　娟
出 版 发 行	江苏人民出版社
地　　　址	南京市湖南路 1 号 A 楼,邮编:210009
照　　　排	江苏凤凰制版有限公司
印　　　刷	江苏凤凰通达印刷有限公司
开　　　本	652 毫米×960 毫米　1/16
印　　　张	21.5　插页 2
字　　　数	280 千字
版　　　次	2022 年 12 月第 1 版
印　　　次	2022 年 12 月第 1 次印刷
标 准 书 号	ISBN 978 - 7 - 214 - 27621 - 6
定　　　价	68.00 元

(江苏人民出版社图书凡印装错误可向承印厂调换)

"北京大学区域国别研究丛书"
总　序

钱乘旦

"北京大学区域国别研究丛书"是北京大学区域与国别研究院主持出版的一套丛书,旨在推动我国的区域与国别研究,向读者推介这个领域内高水平的学术成果,为有志于该领域的学者尤其是北大学者提供方便的传播渠道,并且为社会各界开辟一个集中阅读的园地。

对区域与国别进行研究,已经是当下中国一项刻不容缓的学术任务,需要学者们尽心投入,需要政府的大力扶持,更需要全社会的关注与倡导。中国正在迈步走向世界,但障碍之一就是不了解世界,对外国的情况似懂非懂,对一些国家和地区甚至一无所知。中国要发挥世界性作用,或者解决因走向世界而面临的新问题,不了解世界是做不到的。而所谓了解,不是最低限度的知晓常识或毛皮琐事,而是在学术研究基础上的领悟,是了如指掌的清澈通透,是根枝叶茎的全盘掌握。一个人举手投足,他头脑里想什么都会不自觉地表露出来。我们对世界的了解就需要有这样的深度——从任何人的行为表象看到其思想的根、文化的根、社会的根,由此看懂他的目标所在——这个深度,就要靠区域与国别研究来提供。

区域与国别研究是什么？笔者多次指出：它是一个领域，包括众多学科；它是一个跨学科的领域，只有进行跨学科的研究，才能真正和全面了解世界各个国家和地区。因此对区域与国别研究的要求会非常高，只有多学科高水平的专家们协同合作，才有可能做一个真正的"区域与国别研究"。现有学科目录下的任何一个学科都无法单独支撑这个领域，只有共同努力，才能达成目标。出于这种认识，我们这套书就要尽可能囊括多个学科的研究成果，学科涉及面越大，丛书的价值就越高。多学科研究只有一个公分母，那就是从不同角度、不同维度对某个国家或地区相关的问题进行观察和研讨，最终拿出高质量的成果。经过多年努力，我希望这套书成为一个百花园。读者在这个园子里看到的不仅是文科之花，也有理科工科之花，医科农科艺术之花……所以，我们欢迎各科学者都到这个园子里来栽花，让它成为名副其实的百花园。

中国的区域与国别研究刚起步，它最需要的是人才，而我们最缺乏的恰恰是人才。所以，这套书也是一个人才培养的园地，我们希望看到更多的年轻学者加入到作者行列中来，通过写书和出书既培养自己，同时也推动区域与国别研究的队伍建设。从事区域与国别研究有一些基本要求，比如语言要求（研究对象国的语言能力）、经历要求（在对象国有较长期的生活经历）、专业要求（有特定的专业学术素养），等等。这些要求是青年学者必须具备的，也是我们评判入选丛书的学术标准之一。

本丛书出版得到北京大学校方的全面支持，没有这些支持，也就没有这套丛书。本丛书也得到各位作者的通力配合，没有他们配合，我们做不出这套书。本丛书在江苏人民出版社的大力支持下得以出版，在此向出版社表达敬意。丛书的问世只是开始，丛书的目标属于未来：丛书将一年一年地往前推进，每一年都推出新的好书。

谨识，2019 年 12 月于北京大学

目　录

第一部分　学科建设

建设中国风格的区域与国别研究[①]

钱乘旦

　　区域与国别研究在中国大地蓬勃兴起,起因于当今中国需要这个领域。当今的中国正在走向世界,但走向世界必须了解世界。由于各种原因,中国对世界的了解却非常不足,这不仅阻碍了中国自身的发展,也阻碍中国对世界的承诺,即中国要为世界的共同发展做出贡献。

　　区域与国别研究是了解世界的一个窗口,它通过学术的钻研,强烈体现现实的需要,区域与国别研究的出现,从一开始就服从于时代的需求。

　　所谓区域与国别研究,就是对其他国家、域外地区做研究。早期欧洲列强占领殖民地,统治这些地方,它们需要了解这些殖民地,于是就有人专门关注这些地方,研究各种问题。最早的"区域与国别研究"就是在这个背景下出现的,所谓的"东方学""埃及学"之类,就是其结果。早期研究的成果以英国、法国最显著,原

---

① 本文系学术集刊《区域国别研究学刊》发刊词,见北京大学区域国别研究学刊编委会编:《区域国别研究学刊》(第 1 辑),北京:商务印书馆,2019 年。

因就在于这两个国家曾经占有最广大的殖民帝国。虽然在那个时代,并没有"区域与国别研究"(Area Studies)这个概念,但研究领域的特征却已经开始显现了,其中一个重要特征,就是其跨学科性:它不属于某一个特定的学科,而是多个学科共同的努力,比如民族学、人类学、宗教学、语言学、博物学等,都可以在这个领域中施展其研究才能,并且得到充分的成长。西方对世界的整体性研究,就是在这个背景下出现的。

二战结束后,面对着风起云涌的民族解放运动,以及美国称霸世界的需要,区域与国别研究作为一个研究领域正式在美国登场,并很快传布于西方学术界。其时代背景非常清楚,就是西方国家需要了解那些地区、了解新独立的国家。了解的意图是制定新战略,以应对一个全新的世界。"区域与国别研究"在美国得到最充分的发展,其原因正如 18、19 世纪殖民地研究在英、法两国最为盛行。如同 18、19 世纪的英、法两个国家,20 世纪美国的区域与国别研究也是跨学科的研究,美国那些最著名的区域与国别研究中心(如哈佛大学的东亚研究中心即费正清中心)都是针对某一地区或某个国家做跨学科、综合性研究的学术基地,其成果涉及许多领域,而领域越全面,成果就越突出,越能把一个地区或国家的各种情况说清楚、摸透彻,形成立体性的研究结果,由此而体现这个基地的学术能力和研究水平,引起社会的高度重视。

因此,二战后出现在美国(以及整个西方学术界)的"区域与国别研究",其新颖之处不在于开辟了一个新"学科",而在于组建了一个新的平台,在这个平台上,各学科(包括人文、社会科学,甚至理工医农)只要有共同的研究对象(指地理对象,即某个国家或某个地区),都可以互相配合、互相支撑,共同对这个国家或这个地区做研究,最终拼出一幅关于这个国家或这个地区的"全息图",达到为制定相关政策提供知识和学术基础的目的。

我们有些人认为区域与国别研究应该是一个学科,为此应不

懈努力。这种想法只有在中国才会有,因为中国实行一种严格的
"学科制",没有"学科"的支撑,一切都不存在,所谓"皮之不存,毛
发焉附"。我理解其中的考虑,也明白"学科"对每一个研究者的
意义。不过区域与国别研究确实不是"一个"学科,它只是一个领
域;如果区域与国别研究是"一个"学科,那么它的边界在哪里?
由于这个领域的涵盖面确实太大、几乎没有边界,因此如果把它
确定为"一个"学科,它几乎可以囊括所有的知识领域。就研究对
象而言,"区域与国别研究"所涵盖的各知识领域只有一个共同之
处,即共同的地理对象——某个地区或某个国家。顺便说一句:
许多人把"区域与国别研究"等同于"国际关系",仿佛它是又一个
"国关研究"。这就把"区域与国别研究"的范围大大缩小了,"区
域与国别研究"可以为"国际关系"提供广泛而坚实的知识支撑,
没有这些支撑,"国际关系"很难取得深入而有洞见的成果。但
"区域与国别研究"比"国际关系"范围要大得多,与"国关"相比,
它是一个基础性的知识结构。

　　尽管如此,考虑到"学科"在中国的重要性,我不反对建立某
种形式的新学科。如果要建立某种形式的新学科,那么它应该是
一个"跨学科"的学科,我国现行学科体制中已经有"交叉学科"的
概念,而且在理工科范围内已经相当普及;那么"区域与国别研
究"作为一个"交叉学科"是可以存在的,不过它的前提是:任何以
"区域与国别研究"身份来申请"学科"的实体部门(如学校、研究
所等),必须有一定数量的多个学科(比如 10 个以上不同学科)的
研究力量存在,而且都从不同领域对某一特定地区或特定国家进
行学术研究、形成共同对象,并有所成果。如果不设严格的前提
条件,区域与国别研究这个"学科"就会变得烂而又烂。

　　在中国,对外国的研究早就存在,20 世纪 60 年代曾在多个高
校设立过一批研究机构,旨在研究外国问题,比如美国研究所、非
洲研究所等。但限于种种原因,当时的主要工作是翻译资料,而

且在"文革"开始后基本上停顿下来。改革开放后组建中国社会科学院,其中包括多个涉外研究所;各高校也形成了一批研究外国问题的师资力量,拿出了一批研究成果。但从"区域与国别研究"的角度看,迄今为止有明显的弱点,致使它很难向深度发展。

首先,这些弱点表现为研究力量分散,在高校分散在各院系、各学科。比如研究美国问题的师资分散在历史系、外国语言文学系、国际关系学系、政治系、法律系、教育系等,其研究定位分属历史、外国语言文学、国际关系、政治、法律、教育等诸学科,各有标准,各寻方向,没有办法把所有这些研究都指向一个共同的目标即"美国研究"。结果各学科相互隔绝,声息不通,难以形成一股合力,也无法把美国作为一个完整的对象进行研究。这种情况在科研机构下属部门也大体如此,并且因受到编制限制,很难做到多学科合作。

其次,研究对象分布不匀,专业人员严重不足。国内研究外国问题,长期集中在少数几个国家,比如美、英、日等,对法、德、俄的研究就少了很多,北欧、南欧几乎没有。对发达国家尚且如此,欠发达地区则处处是空白,像印度这样重要的国家,国内很少有专门的研究人员,更不要说柬埔寨、不丹、马拉维、洪都拉斯这些地方了。当中国走向世界,尤其是提出"一带一路"倡议时,问题就变得非常紧迫了。

第三,语言能力欠缺,制约了研究的能力。相当一部分研究者用英语进行研究,当研究对象是英语国家时,问题尚不突出;对非英语国家而言,问题就相当大。试问:如何能够用英语研究拉美、中东、东欧或北欧,更不要说非洲或中亚?即使像印度、肯尼亚、马来西亚这些地方,曾经是英国殖民地,目前也以英语作为官方语言或通用语言,对它们仅用英语进行研究也是不够的,因为民众仍旧使用地方语言,没有当地语言的能力,就无法了解深层的情况。

第四,介入区域与国别研究领域的学科不多,即使有介入,也介入不深,多数浮于表层。前面说过,区域与国别研究是对某一地区、某一国家做全方位的了解和全面的研究,几乎各学科都有介入的空间。可是我国目前的形势是,很少有人类学家做某一国家或地区的人类学研究,很少有社会学家做某一国家或地区的社会学研究,环境科学家不会去做湄公河流域的环境问题研究,能源学家未必去做中东地区石油资源考察,农学家大体上不会研究阿根廷或乌拉圭的农业问题,而这些研究对"一带一路"倡议而言已经越来越重要了。有一些学科确实有研究外国问题的传统,如政治学、法学等。但即便如此,其研究课题也大体上停留在宏观层面,很少深入到微观层面。比如,外国人对知名科技企业的情况研究很细,而我们对国外知名企业了解多少? 再比如,国内关于外国政治制度的书出了不少,可是能够清楚阐明美国的各种权力机构(例如国会)的运作机制或相互关系(比如上级法院和下级法院之间的关系)的又有多少呢? 如果对这些问题不能说清楚,我们就不能说对美国有深入的了解。美国的研究尚且如此,对其他国家呢?

由此引申出第五个欠缺:做区域与国别研究,需要一头扎进研究对象国,沉入当地社会,深深扎下根。了解和研究一个国家(或地区),最重要的是了解那里的人,了解他们的思想和生活方式,为此,就要到那里去生活,尽可能融化在那个社会中。这是很难的,也是我国的区域与国别研究最缺乏的。上述提到的几个弱点,在很大程度上都与这个缺点分不开。现在许多研究,要么看看书,要么看几张报纸,而且多数是英文书或英文报纸,这样的研究既不接地气,语言上又隔了一层,要靠别人的研究来做研究,很难体会到真实的情况。因此,要推进中国的区域与国别研究,使其真正攀升到国际水平,就要从培养研究者开始,培养出一批在对象国有长期生活经历(至少是经常往返的经历),又有坚实学科基础和学术功底的人。这是一项艰巨的工作,但千里之行,始于足下。

在中国,严格意义上的区域与国别研究刚刚起步,因此种种不足在所难免。如何才能建设出中国风格的区域与国别研究呢?显然应该从填补不足入手。在所有的任务中,人才培养是重中之重,像弥补语言不足、扎根对象国生活、调动更多的学科参与研究等问题,都有赖于新的人才的培养。有了人,才会有区域与国别研究的真正勃兴。然而,人才培养又有赖于顶层的推动和制度的跟进,这些才是决定性因素,没有意志和决心以及相应的各种配套支持,区域与国别研究是很难自行发展的。二战以后区域与国别研究在美国起步时,政府曾起过主导作用,因为当时的美国急需这个领域。现在的中国也迫切需要这方面研究,因此,在建设中国风格的区域与国别研究时,政府的作用不可或缺,而依靠我们制度的优越性,一定能把这个作用发挥好。

作者简介:钱乘旦,北京大学区域与国别研究院院长,北京大学博雅讲席教授。

以学科建设为纲，推进我国的区域国别研究^①

钱乘旦

随着对外开放日益扩大，中国影响力日益增强，我国与外界的联系越来越密切，对外界的了解与认识也就越来越迫切。在这个背景下，"区域国别研究"作为一个新兴学术领域在国内迅速成长，呈风起云涌之势。可是，什么是"区域国别研究"，它的特征是什么，如何开展"区域国别研究"，它面临哪些困难，这些问题尚未得到充分解答，本文即就此回答一二，以期引起讨论。

一、什么是"区域国别研究"

西方的区域国别研究可追溯到 18、19 世纪，当时，西方的殖民扩张已遍及世界，出于统治殖民地的需要，以及对异域文化的好奇心，西方学者开始了解和研究殖民地的文化、社会等，从而产

---

① 本文首发于《大学与学刊》，见钱乘旦：《以学科建设为纲，推动我国的区域国别研究》，《大学与学刊》，2021 年第 4 期。

生出"东方学""埃及学"这一类新的学术领域,这就是最早的"区域国别研究"。不过那时的研究以文化、语言、典籍等为主,与后来的"区域国别研究"不完全一样。第二次世界大战结束后世界格局变化很快,出现了一大批新独立国家,为了解这些国家,维护西方的利益和影响力,以美国为首的西方国家开始对非西方国家进行全面研究,从而催生了现在意义上的"区域国别研究"(Area Studies,直译为"地区研究")。美国是这个潮流的主要推动者,这与它在第二次世界大战之后的霸主地位分不开,它需要了解世界,以便控制世界。"区域国别研究"从一开始就带有很强的实用色彩,是为大国的需要服务的。随美国之后,欧洲一些国家也对区域国别展开系统研究;稍晚,日本、韩国等也进入这个领域,区域国别研究逐渐发展成一个国际性的研究领域。

区域国别研究的任务和目标是对世界各地区、各国家做全面研究了解,为政府制定政策、民间进行交流提供学术支撑。它的特征,第一是地域性,即有明确的地理范围,以具体的地区、具体的国家为研究对象,积累对这些地区、国家的全部知识。第二是全面性,区域国别研究试图对具体地区和国家做全方位研究,通过研究整理出完整的知识谱系,构建整体认识论。由此产生第三个特征,即区域国别研究的跨学科性和多学科性,其研究范围涉及一国、一个地区的社会、经济、政治、历史、文化、自然、资源、民俗、军事、外交、语言、宗教等各个方面,只有通过许多学科的共同努力、合作研究才能进行。第四个特征是它的在地性和经验性,研究者必须在对象国或对象地区生活和工作一定的时间,没有当地的生活体验和实地考察是无法做研究的。研究者需要从对象国或对象地区获取第一手知识,为此就需要掌握对象国或对象地区的语言,仅仅依靠国际通用语言(英语)是无法对非英语国家做第一手研究的,即便研究像印度这样以英语为官方语言的国家,也需要掌握当地民众的语言,否则就做不深、做不透。

有人将区域国别研究理解为国际关系或国际政治研究，这是误解。区域国别研究是更大的范围，国际关系和国际政治是其中的一部分。任何一个国家或任何一个地区都是多面相的，非常复杂，所以任何学科都无法单独将区域国别研究纳入它的范围内；只有许多学科合作互动、共同努力，才能把一个国家或一个地区的情况摸深、摸透。因此区域国别研究最本质的特征是它的交叉性，它是一个交叉学科。

二、为什么要进行区域国别研究

区域国别研究是大国的需要，只有大国才有进行区域国别研究的强烈要求。19 世纪，英法是世界最强国，由它们开启了对世界多地的整体研究。第二次世界大战以后美国取得世界霸权，成为区域国别研究的领头羊。德、日、韩等也先后开展区域国别研究，这与它们的国力提升有直接关系。我国经过 40 多年的快速发展，已跃升为世界第二大经济体，综合国力不断增强，国际地位不断提升，世界影响力持续扩大；与此同时，国际格局变化很快，中国发展的内部条件和外部环境都在发生快速演变。在此背景下，促进"一带一路"倡议，推动中外交流，加强国际传播，参与全球治理，共建人类命运共同体，已成为我国应对世界变局、保证持续稳定发展的基本方针。新形势和新目标要求我们准确把握国际形势，正确认识外部世界，精准制定国际战略，有力推进对外工作。这些都要求对世界各国、各地区做深刻、全面的研究，开展区域国别研究是我国的时代需要。

党和国家领导人对这项工作十分重视。习近平总书记多次做出重要指示，强调研究外部世界的重要性。中宣部、教育部等多个主管部门近期联合发文，提出要采取多项措施，以学术研究、人才培养、智库工作为导向，建设"三位一体"的中国特色的区域国别研究。发展区域国别研究已成为国家的战略任务。

中国的区域国别研究起步于 20 世纪 60 年代,当时,出于开展外交工作的需要,周恩来总理主持召开了关于加强国际研究的会议,会后,中央外事工作小组起草了《关于加强研究外国工作的报告》。在毛泽东主席的支持下,一批区域国别研究机构在高校建立,包括北京大学的非洲研究所、南京大学近现代欧美对外关系研究室等。但当时的主要任务是翻译资料,研究工作尚待时日。"文革"结束后,区域国别研究重新起步,中国社会科学院建立了几个下属的区域国别研究机构,如欧洲所、美国所、亚太所等,并创设一批专业学术刊物,在国内有很大影响。许多高校也设立相关研究机构,一时呈雨后春笋之势。

进入 21 世纪,随着中国的对外交流活动不断增加,对区域国别研究的需求也日益凸显,国家对区域国别研究的思路日益清晰,重视程度逐步提高。2011 年教育部启动区域国别研究专项,在全国范围内建立区域国别研究机构;经过 10 年建设,全国已有 400 多个部设培育基地和备案中心,分布在 180 多所高校,基本上做到了对世界各国、各地区研究的全覆盖。国家其他部委、各高校也分别建立了一批自设的研究机构,区域国别研究已不再是学者们的个人兴趣,而走向建制化、专门化发展。

为什么出现这种情况? 这是和强烈的现实需求分不开的。比如,改革开放后许多企业走向国外,开发了广泛的国际业务,但目前碰到的困难,主要不是技术方面的,而是对驻在国的社会、政治、文化状况不了解,经常出现的情况是碰到了问题,但不知道问题的根子在哪里。套用国内的解决方式一定会碰壁;而寻找国外的解决方案,又必须对那个国家有深刻的了解。因此企业界特别希望学术界能为它们提供支持,能够完成这项任务的恰恰是区域国别研究,因此企业对区域国别研究的期待值很高。不仅企业有强烈需求,其他很多部门都如此,文化、外交、民间交往、科学研究等，都需要对国外背景有深刻了解。中国已经和全世界联系在一起，因此需要对全世界有准确的认识。

也许有人问：我国目前多个学科都有研究外国问题，为什么还需要区域国别研究，其特殊之处在哪里？回答是这样的：

第一，我国确有多个学科涉及外国问题研究，但各自从本学科角度出发，关注的是本学科问题，而不是某个国家或某个地区的问题；这些研究分散在多个学科，彼此间很难贯通，无法整合成完整的知识，形成对一个国家或地区的全息式理解。区域国别研究的最大特点是：它依靠多个学科参与，共同聚焦于一个地区或国家，相互配合、彼此融和，激发出任何一个单独学科都无法形成的知识谱系——这就是交叉学科的价值所在。

第二，尽管有若干学科涉及外国研究，但总体而言参与外国研究的学科并不多；对一个国家或地区的了解，不仅涉及其历史、政治或对外关系，更涉及它的社会、文化、资源、环境、人的心理状态、风俗习惯等，而这些，也许是理解一国、一地区的更重要的因素。所以我们需要一个能够统合多学科研究的学术平台，这个平台正是区域国别研究。

第三，更为重要的是，出于多种原因，我国多数学科的多数学者更多关注国内问题，而较少关注外国问题。例如，经济学家们关注中国经济或宏观经济理论，很少有人专门研究某国或某地区经济，包括美国经济。结果就是我们对外国经济的具体情况了解甚少，一旦打贸易战，就感觉炮弹不够；或者有中国企业走出国门，却对去向国的经济运作方式几乎无知。

如此就明白区域国别研究的意义了，比如：我们应该研究美国（或沙特、俄罗斯）的经济问题，于是需要一批专家，他们不仅是经济学家，也是对某国、某地区有多维度了解的地区研究专家。我们需要这样一批人：他们既掌握某一学科的专门知识，又具备跨学科的地区知识；他们既是经济学家、政治学家或社会学家，同时又对某国、某地区的文化、历史、现状有广泛了解。这种人由现有的各学科按单学科的培养模式是培养不出来的,需要有专门的培养。从事区域国别研究的学者应该具备三种能力:专业能力、地区能力和当地语言能力,这种人才只能通过特殊培养才能出现。人才的短缺是最大的短缺,我们需要培养这些人。

三、如何发展区域国别研究

此处只讲一个问题,即学科建设问题。如上所述:人才培养是关键,因此学科建设是重中之重。

我国高等教育的特殊之处在学科制;国外有学科,但没有学科制。学科制意味着一切人才培养都需要有固定的、官方正式承认的学科为依托,没有学科依托,从招生到毕业都无法进行。学科制有其优点,改革开放 40 年以来在学科制的保障下,我们培养了大量人才。如今在各部门工作、正发挥骨干作用的人,多数是我国学科制培养出来的,他们在学科制度下学习,并获得硕士、博士学位。但学科制也有缺点,表现为学科边界壁垒森严,各学科都有自己的研究领地,彼此"不越界"。

学科分野是随"科学"的诞生逐步形成的。16 世纪以后,科学在西方迅速发展,形成了物理学、化学、生物学、医学、地理学、天文学等特定的领域,各领域又随着研究的深入而更细地划分,形成分支学科,比如物理学就分成固体物理、流体物理、电学、光学、声学,等等。学科的形成及细化标志着研究的深入,但深入到一定程度却走向反面。人们发现:各学科其实是互相交叉的,现实中的学科自然不是割裂的,而是关联的;一种存在可以同时具备多个属性,无法用一个"学科"将其穷尽。比如细胞的活动,既是化学的,又是物理的,当然也是生物的,甚至还是工程学的。于是到 20 世纪,尤其是 20 世纪下半叶,学科交叉已经在自然科学家那里顺理成章了。

文科的动作比较慢。文科分为"学科"，是在自然科学影响下形成的，由此就有了文学、史学、哲学等"人文科学"，以及后来的经济学、政治学、社会学等"社会科学"。原本在传统上，"文史不分家"，东方、西方均如此。不过一旦分了家，界限就变得非常分明，尤其当"研究"不再是个人兴趣，而成为职业和谋生的手段后，就更加不可以相互越界了。

我国的现代教育体系是在19世纪末20世纪初建立的，从一开始就按"西学"的模式建立，当时恰逢西方的学科分化步入巅峰，"学科"意识于是就深深扎根在中国教育体系中。中华人民共和国成立后，一段时间里实行"全盘苏化"，在教育界的影响是进一步加强了学科意识，因为苏联的教育体系是学科式的，学科间的界限相当严格。但20世纪下半叶却是西方打破学科边界的时候，我国对此则基本不知。在此背景下，20世纪70年代我国恢复高考、恢复研究生制度，为规范招生，便于学业和学籍管理，就制定了全国统一的学科目录，把国内所有的人才培养都纳入同一个学科体系，体系外的培养是不存在的。

学科制的时代背景即如此。然而随着教育的发展和科学技术的快速进步，在理、工、医、农等部门固守某一学科（特别是其下属分支）已经很困难了，所以在这些部门，交叉就成了不得不为之的事，并且迅速发展。为解决严格的学科分划与强烈的交叉需求之间的矛盾，有些学校（比如北大）就设置了"交叉学科"，使得跨学科的人才培养和科学研究有可能进行。不过文科的交叉意识迄今仍不强，各学科自守边界的现象仍很普遍。

现在回到区域国别研究问题上。前面说过，区域国别研究已经是国家的需要、时代的要求，而人才的短缺是最大的短缺，没有人什么也做不了。因此，若要发展区域国别研究，就应从人才培养这个根上着手。但我国的人才培养又是在学科制框架内进行的,没有学科支撑,就无法培养人。区域国别研究所需要的人比较特别,他们既应有广博的地区知识,又需有精深的专业知识,国家现有学科目录上的任何学科都无法单独培养出这样的人,所以唯一的解决办法,就是把区域国别研究建设成一个跨学科的学科,成为它自己的学科。

2020年底,国务院学位委员会、教育部下发文件,在国家学科目录中新设一个门类,即"交叉学科"门类,以解决我国现有学科体系中学科界限严格、互不相通的问题。这是个聪明的办法,一方面保留了现有制度体系的延续性,不会造成脱节混乱;另一方面又在相当程度上弥补了它的缺陷,为"交叉"发放了通行证。对区域国别研究而言这是个契机:区域国别研究本来就是典型的交叉学科,不仅文文交叉,而且文理交叉,将其列入交叉学科门类,就让区域国别研究能够落地发展,得到了制度性保障。

浅谈区域与国别研究的学科基础[①]

王缉思

近年来,"区域与国别研究"(或称"国别与区域研究")在我国政策研究部门、智库、高校得到高度重视。毋庸置疑,这一研究领域得以推动,获益于中国的全球政治、经济、文化影响日益扩大所产生的政策需要。这一领域的政策研究需要有力的智力支持、学术支撑和雄厚的学科基础,而国内区域与国别研究人才培养的主要任务,则必然落到相关高等院校肩上。

从学术角度看,区域与国别研究是一个多学科、跨学科的综合领域,不可能成为一个单独的学科。它需要综合社会科学、人文学科、自然科学的许多知识。历史学、人类学、语言学、社会学、政治学、经济学、法学、地理学、环境学等,均构成这一领域的学科基础。归纳起来,这个学科基础也许可以分为四个维度:(一)空间维度,包括地理、环境、领土、网络等按照地域和空间划分的维度;(二)历史维度,即基于世界各个民族、国家和地区历史经验的

---

① 本文首发于《区域国别研究学刊》(第 1 辑),见王缉思:《浅谈区域与国别研究的学科基础》,载《区域国别研究学刊》(第 1 辑),北京:商务印书馆,2019 年。

维度;(三) 文化维度,包含语言文字、宗教、文化等人文学科领域
的研究;(四) 社会维度,包含政治、经济等社会科学领域。显而易
见,这些维度同各个相关学科一样,是相互交融、难以截然划分
的。第一个维度需要自然科学学者的参与,历史学者、人文学者、
社会科学学者,则分别集中于后三个维度。

我本人的学科归属是国际政治或称国际关系(我更愿意称之
为"世界政治"),属于政治学范畴。就连政治学,我也只是一知半
解,遑论其他学科的知识。不过,因曾经长期在中国社会科学院
美国研究所任职,需要在所内协调政治、经济、文化、社会、外交等
不同学科或领域的政策研究和学术研究,在工作中有一些体会,
在此愿与同行交流。

自 20 世纪 80 年代中国社会科学重建之后,研究国际问题的
学者就提出过建立"美国学""日本学""非洲学"等学科的主张。
其实,在英语中,"美国学"就是美国问题研究(American studies),
在美国也不算一个学科(discipline)。此外值得一提的是,美国的
"美国问题研究"更多涉及的是族群(如印第安人、亚裔、非洲裔、
拉美裔)、多元文化、性别等问题,而非当代政治、经济、外交热点。
这同中国的美国研究的主要焦点相差甚远,也同我们今天要大力
促进的区域与国别研究的主要关注有相当大的距离。海外汉学
家(Sinologists)所研究的主要问题(中国历史、文化、社会等),同
研究中国政治、经济、外交的美国专家的主要着眼点之间,也存在
着类似的距离。

在中国的美国问题专业研究队伍里,出头露面很多、话语权
较大的,多数是研究当前美国经济、政治、外交及中美关系的学
者。但是要真正了解美国,就必须要有一些"跨界"的知识,起码
要知晓亨利·朗费罗、马克·吐温、马丁·路德·金等名人,知道
美国国歌是《星光灿烂的旗帜》(The Star-Spangled Banner)而非
《星条旗永不落》,最好还能欣赏乔治·格什温的《蓝色狂想曲》和

优秀的好莱坞电影,也应当和一些美国朋友有长期的个人交往。我在中国社会科学院美国研究所工作时,向专攻美国文化、宗教、社会问题的同事学到了很多"横向"的知识。美国研究所主管的《美国研究》,也在人文学科和社会科学的文章之间寻求某种平衡。

但毕竟我的专长是美国外交,它的学科基础应当是国际政治、比较政治、政治学理论、政治思想等,而不是"美国学"。换言之,我个人的研究应当从学科的"纵向"深挖,立足于政治学基础知识,同时争取了解更多"横向"的知识,包括美国研究的其他领域,也包括美国以外的国家和地区的政治,以及全球政治发展的历史和现状。

任何学者个人,都不可能掌握作为研究对象的区域或国家的所有相关知识,因此区域与国别研究需要有许多团队,互相取长补短。研究某个国家或地区的学者,不论其学科背景和研究领域是什么,相对而言彼此之间比较容易找到共同语言,国内也有相应的学术团体(中国欧洲学会、中华美国学会等),给他们提供沟通的平台。但令人遗憾的是,同在政治学领域,研究非洲的学者和研究日本的学者似乎很难找到共同的兴趣点,也不大可能在同一个学术团体相互切磋;同在经济学领域,研究拉美的专家和研究中东的专家大概也很少有机会沟通。一些大国关系的研究者,对这些大国中任何一个国家的政治、经济、社会、文化状况都不甚了了,同国别问题专家的交流也不多,于是他们写出的著述往往只能就事论事,浮在表面。

因此,要形成区域与国别研究的合力,一方面需要研究同一对象国或对象地区但分属不同学科的学者相互协调合作,另一方面也需要同一学科背景但研究不同对象国或对象地区的学者相互协调合作。相对而言,后一方面协调合作的难度更大一些,整合任务也更为迫切。我觉得,在区域与国别研究领域的学者,最好能够同时具备两个身份(identity):一个是某区域或国别的专家,另一个是某个学科的学者。在区域与国别研究领域,如果不加以适度整合,很容易造成研究者分别强调对象国别和区域的特性和重要性的现象,相互竞争有限的物质和人力资源。"一带一路"倡议的规划和建设项目,全球治理和跨区域国际合作,都为国内研究者在两方面的协调合作提供了更有利的条件。

培养区域与国别研究领域的人才,同样需要从"横向"和"纵向"两个方向努力,既要培养通才、"杂家",也要培养专家、"工匠";在课题设计上,既要显示各国各地区的特性,又要突出它们的共性,据此完善课程设置和培养方案。比如,在观察区域与国别的政治情况时,可以发现当今世界绝大多数国家都自称民主国家,都有形式上的选举,都有国家元首、政府首脑、议会、法院、政党,都号称司法独立,这是在近代西方国家占据全球优势地位之后形成的,是世界各国的共性。但是,各个国家的政治体制及其运作方式又千差万别,形成各自的特性。"世界各国政治体制"可以开设成一门通选课,由教师中的"通才"来授课。

区域与国别研究中,通才与专家都需要,但两者之间必然有区别,甚至可能产生矛盾。例如,不懂中文、从未在中国长期生活过的美国前国务卿亨利·基辛格写了《论中国》一书。① 这本著作从地理、历史、文化、社会四个维度论述了中国,但其重点显然在当代中国的政治和对外关系。《论中国》在研究当代中国政治与外交的人们当中,是必读的热门书。但它不为许多国外汉学家所推崇,原因很简单:这部著作不符合中国问题研究领域通用的学术标准,它连一个中文引注都没有。基辛格是国际问题领域中"通才"的典型,而不是任何特定国家或特定问题上的"专家"。反过来看,国外汉学家的著述,也很难达到《论中国》一书所产生的

① Henry A. Kissinger, *On China*, New York:The Penguin Press, 2011;亨利·基辛格:《论中国》,北京:中信出版社,2012年。

那种社会影响。

依本人浅见，区域与国别研究方面的通才，应当是能够开设世界历史、世界经济、世界政治、世界文明与宗教之类通选课程的学者。区域与国别研究方面的专家，则可以分为三种类型，可以用相应的不同学术标准来衡量。第一种类型是功能性研究领域的专家，同时对某个地区或国家有特殊的兴趣，比如中东能源问题专家、拉美农业问题专家、美国金融问题专家、欧洲社会保障问题专家等。他们未必需要对这个地区或国家的其他方面做深入的研究。

第二种类型是区域问题研究的专家，比如阿拉伯问题专家、中东问题专家、中东欧问题专家等，他们可能通晓除英语之外的一门外语（如阿拉伯语、俄语），发表过有关著述，游历过该地区的主要国家，但未必对某一国家有特别专深的了解。

第三种类型是国别问题专家，比如伊朗问题专家、乌克兰问题专家等。这是很难得的一类研究者。一位伊朗问题专家，照理说应当懂波斯语，在伊朗长期居住过，结识过伊朗的一些知名人物，而且有关于伊朗的著述发表。在美国和欧洲，这样的伊朗问题专家不难找到，原因是在1979年伊朗伊斯兰革命后，不少伊朗本国的专家学者流亡到西方，他们加入了外国国籍，自己或亲属后来又有机会回到伊朗。但是，伊朗问题专家在中国就属凤毛麟角了。因为他们不可能具备身在欧美的伊朗研究者的上述条件。伊朗是中东大国，专门研究它的国内人才尚且如此稀缺，寻找和培养研究阿塞拜疆等小国的专家的困难，就更可想而知了。

平心而论，我国区域与国别研究的学科基础虽然相对薄弱，但从现在开始加强，为时未晚，机不可失。我本人参加过一些涉及区域与国别研究的国际研讨会，发现外国专家往往能够针对具体国家和地区的某些问题侃侃而谈，而中国学者能够谈得比较深的,多半是中国同这些国家和地区的关系。这一反差所反映的认知差距和学术水平差距,大概要经过一两代中国学者的艰苦努力,才能够明显缩小。在坚持正确政治导向的同时,应当进一步解放思想,加强同国外学术机构、学术同行的交流与合作。①

可喜的是,我国的区域与国别研究的学术资源和物质条件,已经得到了明显改善。如今的问题不在于缺乏资料和对外交流的机会,而在于缺乏理论创新,缺乏学科间的融合。应当大力提倡跨专业、跨国别与区域的综合研究,开设一批高水平的课程,撰写一批相应的教材,努力培养更多的通才和专家。

作者简介:王缉思,北京大学国际关系学院教授,中华美国学会荣誉会长。

---

① 例如,日本的地区研究很有特色,值得借鉴。参阅本书第四部分中的于铁军:《日本特色的地区研究及其对中国的启示》。

小议区域与国别研究的学科建构问题^①

陈洪捷

　　在人文社会科学领域,区域与国别研究目前受到政府和高校的高度重视。不少大学建立了专门的区域与国别研究机构。区域与国别研究在学科目录中也获得了独立的学科归属,成为交叉学科门类中的一个一级学科。然而制度上的建设固然重要,更重要的是学科的理论建设。

　　交叉学科的出现是对传统学科概念的挑战和突破。之所以会有交叉学科这一概念,之所以会有建立交叉学科的需求,显然是由于出现了一些新的问题,或者我们看到某一些新的问题,同时这些新问题已经突破了传统单一学科的边界,需要来自不同学科的学者聚集在一起进行研究。既然面对的是新的问题,那么解决这一新问题的思路和方法也必须有所突破。就是说,区域与国

---

① 本文首发于"浙科德语国家研究"微信公众号,见陈洪捷:《【研究动态】学者观点:小议区域与国别研究的学科建构问题》,https://mp. weixin. qq. com/s/dK4SPRlSWCAhHtj1axS18g(2022-11-20)。

别研究的参与者应当在一定程度上跨越原有的学科边界,在跨学科的研究场景中与其他学科的学者合作,相互沟通,并形成新的研究理论与方法。所谓跨学科,不是若干学科简单相加,不是把各学科原有的研究问题搬入一个大筐,而是应该具有自己独特的研究对象、理论基础乃至研究范式。

在我国目前的区域与国别研究领域中,根据个人有限的观察,有三个学科占据着话语主导权,即外交(国际关系)、外语(国别研究)和外国史。研究的基本问题和研究方法也主要来自这三个学科,有的区域与国别研究干脆就是外语学科或国际关系学科的一个扩展版。这三个学科在国别研究方面有着深厚的积淀和良好的基础,也在其各自的学科范式下分别进行了卓有成效的研究。但是,如果仅仅把区域与国别研究看作外交、外语和外国史三个传统学科的一顶新帽子,显然是不符合区域与国别研究的宗旨的。区域与国别研究作为一个研究领域或学科,首先要解决的是学科构建问题,并在新的学科基础上提出新的研究问题。

有一个现象值得注意,在我们目前的区域与国别研究中,社会科学基本是失语的。无论从研究对象、理论储备或是研究方法上看,社会学、人类学等社会科学对区域与国别研究应当有重要的贡献。然而在目前的区域与国别研究队伍中,却很少见到社会学家或政治学家的身影。众所周知,区域与国别研究形成于20世纪中期的美国,在其学科建设和理论构建的过程中,社会科学发挥了主导性作用。当年领导美国区域研究的"世界区域研究委员会"(世界地区研究委员会)的四位委员都是社会科学家,社会科学在其中的重要性可见一斑。当时区域研究的创建者们明确提出,这一领域应当由社会科学而不是人文和外语学科来主导,实现多学科的整合。所谓整合,就是在社会科学的基础上提出区域研究的基本概念、理论和方法,形成跨学科的研究路径和范式①。

　　我们也知道，美国的区域研究不是传统学科自然演进的结果，而是人为建立起来的新的研究领域，以服务战后美国新的世界战略。我国的区域与国别研究同样也不是传统学科的自然延伸，也应当服务于我国新的国际地位和新的全球发展战略。从这一新的使命出发，区域与国别研究不应当停留在原来学科的基础上，做一些简单的延伸和增量性工作，而是应当能够拿出新的研究视角，提出新的问题，建立新的研究范式。如果我们还是局限于传统的外交、外语和外国史的思维框架，那就没有必要另起炉灶，建立区域与国别研究学科。而对于新的学科体系和知识体系的建构，社会科学可以提供很好的理论资源。

　　区域与国别研究要真正跳出原有学科的眼界，进行真正的跨学科研究，最重要的是，要能够在自己的理论体系的基础上提出自己的研究问题。年鉴学派历史学家费弗尔说过，提出问题是所有史学研究的开端和终结，没有问题便没有史学。其实区域与国别研究也是一样，只有提出了属于自身的基本问题，区域与国别研究才能看到外交、外语和外国史等任何一个单一学科所看不到、想不到的问题，才能生产出任何一个单一学科所生产不出来的知识。有了新的问题，自然会吸引具有不同研究背景的人来参与讨论和研究，这也有利于形成一支专属于区域与国别的研究队伍。

　　总之，新问题的提出是和区域与国别学科新范式的建立密切相关的。有了新的视野、新的理念和新的范式，自然就会提出新的问题。就构建区域与国别研究知识系统而言，社会科学其实具有先天的优势，其具备的丰富的理论基础、全面的观察视野和严

① 参见牛可：《地区研究创生十年：知识建构、学术规划和政治－学术关系》，《北京大学教育评论》，2016年第1期。

谨的分析方法,都是区域与国别研究所需要的资源。美国的区域研究之所以重视社会科学,原因也在于社会科学能够突破史学、语言研究或外交等学科的眼界,从更宏观的角度提出跨学科的重大议题。而我们当前的区域与国别研究,所缺乏的恰恰是社会科学的参与。作为跨学科领域的区域与国别研究,没有社会科学的深度参与,在学科建设方面就会有欠缺。只有建立在良好理论基础和知识系统之上,才能提出好的研究问题,制定出好的研究蓝图。简而言之,引入更多的社会科学学术资源,是目前区域与国别研究学科建设的当务之急。

作者简介:陈洪捷,北京大学博雅特聘教授,北京大学中国博士教育研究中心主任。

发展区域与国别研究，离不开基础学科建设和顶层设计①

昝　涛

近年来，国内各高校正在大力发展区域与国别研究，成立了不少与此有关的各种"院"级单位，其中已有不少有益的探索，也出现了一些热烈讨论的话题。大力发展区域与国别研究，反映出目前一些高校以此来整合既有的学科布局、寻求建立新的学术增长点的迫切心情。作为相关学科建设的参与者和观察者，笔者谨将自己的一些思考与诸位分享。

高校重视并加强区域与国别研究正逢其时

所谓区域与国别研究，主要是指对外国的研究。当代中国的外国研究，在一些领域曾有较好的基础，比如，对苏联及相关地区的研究，在过去有较大的研究队伍和投入，但从总体上说，国内的外国研究的大发展，基本上还是在改革开放以后。这个发展也受到新时代、新环境的影响，比如更重视对美、欧、日的研究等。

① 本文首发于《光明日报》，2017 年 12 月 20 日，第 15 版。

　　这种学术研究受时代和环境影响的特征,随着我国经济与社会的迅速发展而表现得更加突出。2013年,习近平主席提出了"一带一路"的倡议。这些正在发生的、现实世界的重大变化,向所有人提出了中国与世界的关系这个问题。中国学者自己更有责任和使命去面对和回答这个问题。这就需要我们的学者,"扎根中国大地",在深入了解中国自身的同时,积极地去认识和研究外国与世界。这便是现在提出加强区域与国别研究的重要时代背景。

　　与改革开放之初相比,当下有独特之处,即一个体量如此巨大又取得了重大发展成就的中国,其与周边和世界秩序的关系、对未来全球秩序的期待和贡献等,都是学界面临的前所未有的命题,这需要我们这一代甚至未来几代中国学者,带着自己的问题和思考,去更深入和充分地研究世界。归根到底,加强当下中国的区域与国别研究,在符合学术规范和科学发展规律的同时,也需要回应迅速发展的中国提出的新问题。

　　显然,要面对这样的时代课题,我们以往的外国研究在规模和布局方面存在着的不均衡性就凸显出来,比如,我们对周边国家和地区(俄罗斯、东南亚、中亚、南亚等)的认知和研究显得相对薄弱,无法满足快速发展的现实需求。而高校作为科研和教学单位,相应地重视和加强区域与国别研究,正当其时。

需要处理好区域研究和重要国别研究的关系

　　根据我们目前有限的观察,各高校在推动自己的区域与国别研究时,往往是将区域与国别并提,相对缺少对两者关系的考察。从国际学术的发展来看,区域研究是大势所趋,世界上的顶尖大学正越来越重视跨文明研究、跨国研究、全球史或全球研究(Global studies)。而国别研究对应的则是过去学界关于民族国家的研究范式和框架。自 19 世纪人类进入民族主义时代以来，民族国家一直是学术研究和教育教学的最重要单位，现在如果重新提出要加强国别研究，其实并没有太多新意，因为我们的外国研究，素来就是主要在国别研究的框架下进行的。虽然从目前来看，我国的外国研究因为起步较晚等原因，在各方面也仍需要加强，但是，随着人类历史的发展变化，尤其是全球化的加速发展，以单个国别作为对象的学术研究，虽然不能就此判断已经过时，可是对照现实的要求确实有些"不够用"了，从这个角度来说，超越民族国家的框架，将区域的乃至全球的联系纳入自己的视野，正成为一种必然选择。

与此同时，区域研究也离不开重点国别研究的支撑。这既符合学术发展的规律，也与我们发展区域研究的基础有关。一般情况下，很少有人会从宏观区域的角度开始自身的学术研究，切入点往往是选择一个特定国别的特定问题开展研究，诸如亨廷顿、沃勒斯坦等学者，一般人都知晓他们作为宏大视野学者的成就，但往往容易忽略这样一件事：这些学者在其学术生涯早期，其实都是思考具体问题的专家，尤其是前述两位学者的研究起点本是非洲研究。有鉴于此，高校在铺开区域研究时，有必要认真考虑，有选择地确定某些重点国家作为切入点，这也符合人才培养的规律。

另一方面，当前高校要发展区域研究，有必要更加重视基础学科的建设。从国外学界的相关经验来看，区域研究是费时费力的学问，需要培养的是懂当地语言和文化，甚至在对象地区和国别有实地生活经验的优秀人才。这样的人才培养，需要有扎实的专业基础。因此在区域研究的人才培养中，其知识背景可能会涉及历史、语言、社会、宗教等多个基础学科。具备这样的基础学科背景，不但有利于加深对研究对象的认知和理解，也更有利于在未来生产出经得起时间考验的、有实际应用价值的学术成果。因此,考虑到我们的外国研究相对薄弱的现状,各高校在大力发展区域与国别研究时,需要重视培养一支数量可观的、具备扎实基础的、优质的区域研究专家队伍,这可能是一个不宜绕过的阶段。

区域与国别研究需要制度创新

如果将区域与国别研究立足于以基础研究为导向的外国研究,那就可以想见,这样的人才培养在语言学习、专业训练、资料获取和田野工作方面所费时间和精力都将是很多的。而且,从整个培养周期上来看,我们甚至可以说,这种人才培养模式在某种程度上并不一定符合目前鼓励快出成果、多出成果的学术评价体系。能不能耐得住寂寞,能不能从教育长远发展的规律看问题,是高校开展区域与国别研究能走多远的决定性变量。

因此,高校在发展区域国别研究时,需要综合考虑既有的学科体系、评价指标和政策框架等因素,进行相应的制度性创新。如何鼓励和支持中国本土的学者与学生从事这种更为耗时费力的外国研究,是高校发展区域与国别研究时需要首先考虑的问题,这不只是个资源投入的问题,也是如何建立更为符合国情的、科学、合理和公正的学术评价体系的问题。

尤其需要注意的是,区域与国别研究属于跨学科的研究。现在来看,还很难被学科主导的高等教育区块格局所接纳。前段时间,北京大学曾邀请美国学者布鲁斯·卡明思(Bruce Cumings)演讲《反思美国区域研究》,他认为,国家利益和现实发展对区域研究是有需求的,而这种需求也会助推区域研究,进而带动既有学科的发展。按照他的观点,强调学科的特性和优势是现代大学的既定特征,而跨学科的区域研究很难形成自身的学科属性。当然,美国区域研究的发展经验有其特殊性,但这至少给其他国家开展相关研究提供了一个思路,即如果没有某种特殊政策或学科格局之外的力量在特定时期予以持续支撑，区域研究在高校的学科格局下要自然地发展起来并维持下去是很难的。

在当前的教育体制下，我国高校有自身的学科体系、评价指标和政策框架，如何为以外国研究为重点的区域研究尤其是强调基础性的研究开辟空间，是当前高校发展区域与国别研究时应该慎重考虑的问题。高校有必要考虑顶层设计或通过与教育部门沟通，确立区域研究在各高校学科建设和规划中的地位与角色，进而通过循序渐进培育起来的区域与国别研究，最终推动各高校人文与社会科学乃至各应用学科的发展，为建设中国特色哲学社会科学体系做出贡献。

作者简介：昝涛，北京大学历史学系教授，北京大学土耳其研究中心主任、区域与国别研究院副院长。

"解耦"还是"脱钩"？

——比较政治与区域研究的关联[①]

汪卫华

      比较政治与区域研究都是冷战时代的"美国制造"。[②] 从 20世纪 50 年代到 80 年代，比较政治与区域研究曾有过一段相互参酌、交织发展的协作时期；但自 20 世纪 90 年代以来，两者间的分歧越来越大，渐趋疏离。比较政治与区域研究之间这种明显的疏远趋势到底意味着"解耦"还是"脱钩"？"Decoupling"在不同语境里既可理解为"解耦"，也可说成"脱钩"。本文从该词出发，探讨比较政治和区域研究各自秉持了什么样的认识论立场，各自呈现出怎样的知识愿景，进而，对中国自身的外国问题

---

① 本文首发于《国际政治研究》，见汪卫华：《"解耦"还是"脱钩"？——比较政治与区域研究的关联》，《国际政治研究》，2021 年第 6 期。

② 从对外国问题的研究意义上讲，世界各国经验不一，比如近代欧洲及俄罗斯的"东方学""汉学"，新中国的"国际问题研究"等，都是依据不同知识背景和研究取向独立形成的学术系统，有些内容当然与本文讨论的比较政治和区域研究存在交叠。但本文仅在严格的"学科建制"意义上谈论比较政治（comparative politics）和区域研究（area studies），不将它们视为以外国问题为研究对象的宽泛知识。这两个领域都是第二次世界大战后美国学界刻意打造的社会科学"新传统"，伴随着英语作为各国学界共通的学术语言，影响遍及全世界。

研究又有何启发。

一、"解耦"抑或"脱钩"

20 世纪 90 年代以来，英语政治学界的比较政治研究强调进一步"科学化"，与人文色彩浓厚、注重"地方性知识"的区域研究刻意拉开距离，更热衷"与学科理论对话"，成为难以遏制的潮流。[①]

借用"Decoupling"，可以描述比较政治与区域研究之间的这种疏远趋势。一方面，自从美国前总统特朗普任内单方面挑起与中国的"贸易战"开始，中美之间经济、科技、人文交流领域的"脱钩"就成了全世界的热门话题。"Decoupling"即"脱钩"，经济、金融领域通译如此，借喻比较政治与区域研究"渐行渐远"，也很形象。但同一个英文词，电子电路领域习称"去耦"，软件工程上唤作"解耦"，都是强调降低电子元件或软件模块之间的"耦合"（coupling）程度。"脱钩"还是"解耦"，在中文语境里，一语改易，映像遽别——对于明显可以区分开但又相互影响的两个独立实体，到底皆属同一个整体（即一个系统、两个子系统），抑或只是两个不同系统，用"脱钩"还是讲"解耦"，显然预设了不同的系统观。

[①] Robert H. Bates，"Area Studies and the Discipline：A Useful Controversy？"*Political Science and Politics*，Vol. 30，No. 2，1996，pp. 166—169；Peter J. Katzenstein，"Area and Regional Studies in the United States，"*Political Science and Politics*，Vol. 34，No. 4，2001，pp. 789—791；2016 年 1 月，欧博文（Kevin J. O'Brien）在香港中文大学中国研究服务中心第十二届国际研究生"当代中国"研讨班上的主旨发言《与学科理论对话还是与中国研究对话》（管玥译），参见欧博文：《中国研究在空洞化，但仍然有理由培养中国问题专家》，澎湃新闻，https://www.thepaper.cn/newsDetail_forward_1438465，2016 年 3 月 3 日（2021 - 06 - 10）。尽管欧博文教授的立论是就中国研究领域而言的，但他对学科化、专门化的观察显然适用于各区域国别研究领域。

说美国要与中国"脱钩",言下之意,两大经济体各自独立,大幅降低双方经贸联系,就能给美国带来"产业回流"。姑且不论在经济全球化凯歌高奏近半个世纪后,世界上两个最大的主权经济实体能否做到"一别两宽,各自安好",反正"脱钩"的确代表了某些"妄人"主观上对国民经济和世界经济的一种预设视角。说"去耦"或"解耦",则无论电子电路也好,软件架构也罢,都以维护整体系统的完整性为出发点——为了让整个系统运转顺畅、功能稳定、效率提升,必须尽可能降低电子元件或软件模块之间因相互联系而相互影响的"耦合"效应带来的干扰。软件工程领域,通常把"耦合"分为七级,要求设计软件架构时,各模块之间耦合度越低越好,尽量使用数据耦合,少用控制耦合,限制公共耦合,完全不用内容耦合。于是,"高内聚、低耦合"就成了每位程序员都知晓的软件架构设计基本原则。

本文把"脱钩"与"解耦"并举,借以隐喻两种不同的"Decoupling"——如果将比较政治与区域研究视为两种本质上不同的知识系统,强调"科学与人文""通则式知识与特例式知识"的差别,那么,两者"脱钩"在所难免;但如果将双方都视为对外国问题(本文语境中主要是社会与政治议题)的研究,那么通过"解耦",来实现双方的"低耦合",倒也未必不妥。

同样诞生于冷战时代,都是"美国制造"的社会科学研究领域,比较政治和区域研究皆以外国的国内问题或特定地区之内的问题为研究对象,从而有别于主要处理国家间关系的"国际关系"。从20世纪40年代末起步,到20世纪80年代末冷战终结,比较政治和区域研究曾有过40年相互参酌、交织发展的时期。但从20世纪90年代开始,双方在知识诉求、学科定位、核心关切、研究手段上的差别越来越明显。尤其在英文语境的政治学学术共同体中,有相当一部分比较政治学者将区域研究视作"人文学的天下",认为区域研究专家在"科学方法"上不得要领,更不以一般性因果理论为追求,从而倾向于彻底否定区域研究的"科学意义"。[①] 而另一部分立足区域研究的比较政治学者,反感"定量方法家们"用统计学或形式模型把持政治学"科学方法"话语权的"霸道",在他们看来,学科理论研究如果脱离区域国别知识根基,无非成了空中造楼、沙上建塔。[②] 总之,无论在比较政治与区域研究这两个学术共同体之间,还是在比较政治学者内部,对于比较政治要不要跟区域研究"保持距离"乃至"划清界限",仍旧争议不绝,缺乏共识。

更麻烦的是,与比较政治在政治学科内业已确立的稳固地位相比,区域研究到底算不算得上自成一体的研究领域,的确存疑。按照通常的理解,区域研究是以特定的地理区域或文化区域为聚焦对象的跨学科(多学科)社会研究。[③] 但到底什么是"区域"? 世界上有多少个"区域"? 区域研究到底是跨学科(多学科)的研究,还是大体上成了人类学家或后现代论者自说自话的"保留地"? 区域研究是否只能"呈异"而无法"求同",与一般性理论天然不兼容? 这些区域研究本身的可争议处,无疑强化了在知识论和方法论立场上日趋"高内聚"的政治学家们对区域研究"不科学"的刻板印象。

本文并不打算去澄清区域研究的属性——或许这也是不能或不必完成的任务——而只聚焦于比较政治与区域研究之间的相互关系,通过追溯历史,看看比较政治与区域研究如何从早期携手并进的"耦合"状态,走向了"解耦"以致"脱钩"。在此基础上,引出一些事关中国的比较政治和区域国别研究发展前景的思考。

---

① Robert H. Bates, "Area Studies and Political Science: Rupture and Possible Synthesis," *Africa Today*, Vol. 44, No. 2, 1997, pp. 123—131.

② Stephen E. Hanson, "Chapter 9: The Contribution of Area Studies," in Todd Landman and Neil Robinson, eds., *The SAGE Handbook of Comparative Politics*, Thousand Oaks, C. A. : SAGE Publications, 2009.

③ Bert Hoffmann and Andreas Mehler, "Area Studies," *Encyclopedia Britannica*, 4Feb., 2015, https://www. britannica. com/topic/area-studies(2021 – 06 – 14).

二、耦合:比较政治与区域研究早期的携手并进

比较政治与区域研究都是冷战时代的知识产物。尽管第二次世界大战之前,以"比较政府"为内容的比较政治已经在美国政治学中占据一席之地,但这种以若干欧美国家政治制度比较为中心任务的"公法研究",与 20 世纪 50 年代后以追求政治科学一般性理论为目的的"比较政治"是两码事。[1] 与之类似,19 世纪形成的古典学、东方学、殖民地研究,纵然不妨视作当代区域研究的渊源,但它们与第二次世界大战后从美国学术界兴起的、以美国全球性的国家利益为服务对象、以亚非拉地区现实问题为关注重点的"区域研究"也是两码事。[2] 从 20 世纪 40 年代后期开始,在美国社会科学界,比较政治与区域研究两大领域才真正起步,在冷战时代确立了各自的基本知识生态,并深刻地影响了世界各国学界。[3]

比较政治与区域研究的兴起有完全一致的现实动力。

首先,第二次世界大战后,美国走上西方世界的霸主地位,自身利益遍及全球,迫切需要加强对亚非拉地区现实状况的了解。尤其是 1958 年美国《国防教育法》出台,确立相关研究与教学资助框架后,立足地缘政治视野形成的区域划分惯例沿用至今。在政治局面、地理空间、人文传统这三个维度中,区域划分标准首先

---

① Gerardo L. Munck,"The Past and Present of Comparative Politics,"in Gerardo L. Munck and Richard Snyder, *Passion, Craft, and Method in Comparative Politics*, Baltimore:Johns Hopkins University Press,2007,pp. 52—58.

② Zoran Milutinović,"Introduction: Area Studies in Motion,"in Zoran Milutinović, ed., *The Rebirth of Area Studies: Challenges for History, Politics and International Relations in the 21st Century*,London:I. B. Tauris,2019.

③ Bruce Cumings,"Boundary Displacement: Area Studies and International Studies During and After the Cold War,"*Bulletin of Concerned Asian Scholars*,Vol. 29, No. 1,1997,pp. 6　26.

是政治性的,进而也决定了不同区域有不同的问题焦点。①

其次,意识形态竞争成为比较政治与区域研究潜在的主基调。为了遏制苏联扩张及世界范围内的共产主义运动高涨,尤其在中国革命取得胜利的情势下,美国的社会科学话语客观上必须为资本主义、自由主义、多元主义提供足够强有力的辩护或证成(justification)。"极权主义"顺理成章地被转化为共产主义的"污名"。但更急迫的是,美国的社会科学还得为第二次世界大战后亚非拉地区"去殖民化"大潮中的社会大众,提供一套有别于马克思列宁主义论述的新版社会解释与未来愿景。于是乎,基于欧美历史经验概括而成的、以"传统社会"与"现代社会"两分法为基石的"现代化理论"成为不二之选。解释或诠释"传统与现代",描绘"现代化"的实现路径,把欧美发达工业社会塑造为亚非拉地区去殖民化之后的样板——比较政治与区域研究都是在这个基本纲领下起步的。

从20世纪40年代后期到20世纪60年代末,比较政治与区域研究经历了携手并进的"蜜月期",尤其是在学术建制化和元理论支撑上,双方经历几乎一模一样。

在学术建制化方面,突出体现为社会科学研究理事会(Social Science Research Council, SSRC)的整合作用。区域研究方面,1942年社会科学研究理事会就与人文领域的美国学术团体理事会(American Council of Learned Societies, ACLS)以及全国研究理事会(National Research Council, NRC)合作组建了拉丁美洲研究委员会,这是第二次世界大战后一系列区域研究委员会建制之始。1947年,社会科学研究理事会设立"世界区域研究探索委

---

① 除了美国和加拿大,拉美及加勒比地区、西欧、东欧、(后)苏联地区、中东地区、(撒哈拉以南)非洲、东亚、东南亚、南亚、南太平洋地区是最常见的区域划分方式。

员会",系统规划美国第二次世界大战后的区域研究。由密歇根
大学日本研究专家罗伯特·霍尔(Robert B. Hall)主笔的社会科
学研究理事会报告《区域研究:及其对社会科学研究的意义》,正
式开启了区域研究的建制化进程。① 霍尔报告为区域研究设定
了三大目标:拓展人文学科(包括外国语言研究)与急剧变革的世
界的相干性;通过广泛的跨学科研究,连接人文学科与社会科学;
在与共产主义急剧进入全球对抗的情势下,维护美国国家利益。
从 1942 年到 1967 年,拉美、斯拉夫与东欧(后改为"苏联研究")、
南亚(Southern Asia)、中国、近东与中东、非洲、日本、朝韩等区域
研究委员会先后设立。20 世纪 70 年代之后,两个理事会又陆续
组建了东欧、西欧、南亚、东南亚、穆斯林社会研究委员会。除
1985 年组建的"穆斯林社会研究委员会"之外,区域划分明显体现
了美国在第二次世界大战后的地缘政治关切。

　　比较政治研究的建制化同样受惠于社会科学研究理事会的
大力推动,但与区域研究不同的是,比较政治研究还受到来自政
治学科内部美国政治研究"行为主义革命"的压力。② 社会科学研
究理事会 1945 年组建的"政治行为委员会",将第二次世界大战

---

① Robert B. Hall, *Area Studies:With Special Reference to Their Implications in the Social Sciences*, Pamphlet 3, New York:Social Science Research Council, 1947;David L. Szanton, "Introduction:The Origin, Nature, and Challenges of Area Studies in the United States,"in David L. Szanton, ed., *The Politics of Knowledge:Area Studies and the Disciplines*, Berkeley, C. A.:University of California Press, 2004, pp. 1—33.另参见牛可:《美国地区研究创生期的思想史》,《国际政治研究》,2016 年第 6 期,第 9—40 页。牛可认为,1943 年社会科学研究理事会发布的《汉密尔顿报告》可视为美国地区研究运动"发动宣言",而 1947 年的霍尔报告可视为地区研究运动"宪章"(牛可文中将"area studies"译为"地区研究")。
② 20 世纪 20 年代到 30 年代,以梅里亚姆、拉斯韦尔为领军人物的美国政治学"芝加哥学派"在美国政治研究领域拉开了"行为主义革命"的帷幕,但受战争及期间流亡到美国的大批欧洲知识分子带来的思想影响,美国政治学的"行为主义革命"在战后才全面展开,并在耶鲁大学政治学系形成了新的研究重镇。

后美国政治研究领域的"行为主义革命"推向了高潮。① 受这一成功经验的鼓舞，1953 年，阿尔蒙德（Gabriel A. Almond）等人主导，创立了社会科学研究理事会"比较政治委员会"，迅速将"行为主义革命"带动的科学化方向引入了比较政治领域。② 比较政治委员会组建后，就刻意与当时"直白的、结构性的、制度性的、法学式的，至多是哲学式的比较政治研究"拉开距离，它开展的第一个项目就是鼓励对欧洲及非欧洲国家的利益集团政治进行研究——这恰恰是发端于 20 世纪二三十年代芝加哥大学的"政治行为研究"着力推动的研究议题，也是时任社会科学研究理事会主席彭德尔顿·赫林（E. Pendleton Herring）的学术兴趣所在。

　　1960 年，比较政治委员会编辑出版的第一本书——阿尔蒙德与科尔曼（James Coleman）主编的《发展中地区的政治》——覆盖了世界上各地区的政治状况，"真正做到了用现代社会科学去支撑比较政治研究，与盛行的偏狭主义做法一刀两断"。③ 1963 年继任比较政治委员会主席的白鲁恂（Lucian Pye）主编了九卷本普林斯顿大学出版社"政治发展研究丛书"，以"政治现代化"为中心

---

① 政治行为委员会的领导人彭德尔顿·赫林（E. Pendleton Herring,1903—2004）是美国利益集团政治研究的开创者之一，他于 1948—1968 年出任社会科学研究理事会的主席。此后陆续担任过政治行为委员会主席的有大卫·杜鲁门（David Truman）、大卫·伊斯顿（David Easton）、罗伯特·达尔等，都是第二次世界大战后美国政治学"行为主义革命"主将，也都先后出任过美国政治科学协会的主席。
② 比较政治研究的开拓者阿尔蒙德第二次世界大战前从芝加哥大学政治学系取得博士学位，深受梅里亚姆、拉斯韦尔"行为主义"研究取向的影响，在 1946—1950 年、1959—1963 年间他又两度任教于耶鲁大学（战后政治学"行为主义革命"重镇）。阿尔蒙德与维巴合著的《公民文化》生动地反映了"行为主义革命"对比较政治的影响，但本书的讨论对象只有墨西哥属于"第三世界"，参见 Gabriel A. Almond and Sidney Verba, *The Civic Culture：Political Attitudes and Democracy in Five Nations*, Princeton, N. J.：Princeton University Press, 1963。总体而言，除政治文化、政治传播等研究议题外，很难说"行为主义"在 20 世纪 60 年代是比较政治的主导范式。
③ 〔美〕赫拉尔多·L.芒克、理查德·斯奈德编著：《激情、技艺与方法：比较政治访谈录》，汪卫华译，北京：当代世界出版社，2022 年，第 74 页。

的政治发展研究基本框架俨然成型。① 同一时期,利特尔—布朗
出版社推出"比较政治丛书",在"分析研究"之外另辟"国别研究"
系列,堪称比较政治理论建构与外国国别政治研究并进的标志。
这套丛书的"分析研究"系列中最知名者,当数 1966 年阿尔蒙德
和鲍威尔合作的《比较政治:发展研究路径》。该书在《发展中地
区的政治》"导论"的基础上,系统提出了比较政治"结构功能主义
研究纲领"。② 白鲁恂在这一系列中推出的《政治发展面面观》文
集③,以及不属于这一系列的美国政治学家、社会学家阿普特
(David E. Apter)撰写的《现代化的政治》④,理论风格上与阿尔蒙
德的结构功能主义也大体一致。

---

① 值得注意的是,这套丛书 20 世纪 60 年代推出的六卷中,只有第三卷聚焦于讨论日
本与土耳其的政治现代化,其余都是以议题来组织的,分别讨论传播、官僚制、教
育、政治文化、政党与政治发展。1971 年出版的第七卷转向讨论政治发展中的危机
与次序,参见 Leonard Binder and Joseph LaPalombara, eds., *Crises and Sequences in
Political Development. Studies in Political Development*, Princeton, N. J.:
Princeton University Press,1971。丛书最后的第八卷和第九卷都转向了重新反思
欧美自身的历史经验,参见 Charles Tilly, ed., *The Formation of National States in
Western Europe*,Princeton,N. J.:Princeton University Press,1975;Raymond Grew
and David D. Bien, *Crises of Political Development in Europe and the United
States*,Princeton,N. J.:Princeton University Press,1978。后三卷明显体现了经历
20 世纪 60 年代末欧美社会自身的动荡后,比较政治研究受政治社会学家们的影
响,理论兴趣开始转向。有关 20 世纪 60 年代末、70 年代初世界政治形势的整体变
动造成的智识影响,参见汪卫华:《差异政治的历史经验与当下处境》,《中央社会主
义学院学报》,2019 年第 2 期,第 17—30 页。
② Gabriel A. Almond and G. Bingham Powell, *Comparative Politics:A Developmental
Approach*, Boston:Little, Brown, 1966. 该 书 1978 年 第 二 版 更 名 修 订 为
Comparative Politics:System, Process, and Policy,内容有很大改动,中译本见〔美〕
阿尔蒙德、鲍威尔:《比较政治学:体系、过程和政策》,曹沛霖等译,上海:上海译文
出版社,1987 年。
③ Lucian W. Pye, *Aspects of Political Development:An Analytic Study*, Boston:
Little,Brown,1966. 中译本见〔美〕派伊:《政治发展面面观》,任晓、王元译,天津:天
津人民出版社,2009 年。
④ David E. Apter, *The Politics of Modernization*, Chicago:University of Chicago
Press,1965. 中译本见〔美〕阿普特:《现代化的政治》,李剑、郑维伟译,北京:中央编
译出版社,2011 年。

　　与美国政治领域深耕政党政治、利益集团、选举政治等"行动"（action）领域的政治行为研究不同，以欧美历史经验为模板、亚非国家为对象的比较政治研究把"结构功能主义"确立为起步时期的主导元理论。从帕森斯社会理论和人类学功能主义发展出来的这套比较政治"元理论"，与区域研究具有天然的"亲和力"。毫无疑问，这也是比较政治与区域研究在最初的 20 余年间携手并进的根本思想基础。

　　洎乎 20 世纪 60 年代后半期，相当一部分政治学者对结构功能主义僵化的宏大理论叙事感到厌烦，在彼时欧美社会时代激荡的大背景下，对欧美自身历史经验的深入反思，促成了现代化主题之下衍生的"旁支复调"——1966 年苏俄研究专家出身的巴林顿·摩尔（Barrington Moore, Jr.）发表了《独裁与民主的社会起源》[1]，1968 年，美国政治研究出身的亨廷顿发表了《变革社会中的政治秩序》，尽管二者都着重社会结构解释，但已不再泛论现代社会的整体特性及现代化变革的普遍影响，转而专注于农村阶级结构变动所造就的现代化路径差异，或政治参与和政治制度化之间的张力，从而既与大而化之的"结构功能主义"拉开距离，又紧扣"现代化"主旨。值得一提的是，《日本与土耳其的政治现代化》一书的作者之一[2]丹克沃特·吕斯托（Dankwart A. Rustow）在

---

[1] Barrington Moore, Jr., *Social Origins of Dictatorship and Democracy: Lord and Peasant in the Making of the Modern World*, Boston: Beacon Press, 1966. 该书新中译本为〔美〕巴林顿·摩尔：《专制与民主的社会起源》，王茜、顾洁译，上海：上海译文出版社，2012 年。"专制"与英文中若干个说法皆可对应（despotism, dictatorship, absolutism, autocracy, tyranny 乃至 authoritarianism），而 dictatorship 语源出自古罗马"独裁官"，在马克思主义政治学传统中，通译"专政"，如无产阶级专政（*Diktatur des Proletariats*）。毛泽东在《论人民民主专政》中讲道："中国人民在几十年中积累起来的一切经验，都叫我们实行人民民主专政，或曰人民民主独裁，总之是一样，就是剥夺反动派的发言权，只让人民有发言权。"参见《毛泽东选集》第 4 卷，北京：人民出版社，1991 年，第 1475 页。

[2] Robert E. Ward and Dankwart A. Rustow, eds., *Political Modernization in Japan and Turkey*, Princeton, N. J.: Princeton University Press, 1964.

1970 年发表了《往民主转型：通往一套动态模型》，开启"民主转型"研究之先河。① 而"行为主义革命"旗手之一罗伯特·达尔（Robert Dahl）也在 20 世纪 60 年代末从美国政治转入比较政治，于 1970 年、1971 年先后推出经典之作《革命之后》《多头政体》②，也预示了比较政治研究在美国政治研究主流理论关切的推动下，朝着中程理论（middle range theory）问题、政体比较问题转向的前景。③

　　同一时期，拉美与欧洲背景的学者们则提出了可被"西方世界"所接受的改良版理论路径——立足拉美经验的"依附论"与"世界体系论"；立足西方后工业时代资本主义社会反思的西方马

---

① Dankwart A. Rustow, "Transitions to Democracy: Toward a Dynamic Model," *Comparative Politics*, Vol. 2, No. 3, 1970, pp. 337—363.

② Robert A. Dahl, *After the Revolution? Authority in a Good Society*, New Haven: Yale University Press, 1970; Robert A. Dahl, *Polyarchy: Participation and Opposition*, New Haven: Yale University Press, 1971.

③ "中程理论"是美国社会学家罗伯特·K.默顿于 20 世纪 40 年代末 50 年代初提出，它是"介于遍布日常研究之中、逐渐发展演化的次要但必需的'工作假说'与包罗万象的、系统性的'统一理论'（即试图解释所有观察到的社会行为、社会组织和社会变化的一致性）之间的理论。"参见〔美〕默顿：《社会理论和社会结构》，唐少杰、齐心等译，南京：译林出版社，2006 年，第二章。译文据英文原文做了调整。国内学者往往把"中程理论"译为"中层理论"（如唐少杰、齐心译本），但此种译名不妥。严格说来，默顿并不是在说社会学研究对象要介于宏观/微观层面之间，而是强调这样的理论所解释社会现象的"范围"（range）是有限的。译为"中层理论"，无法点明这个讲法所强调的理论解释力"范围"的意义，并且很容易与社会科学方法论中另一个关键范畴"分析/抽象的层次"（level）搞混淆。"工作假说"针对可加以测量、检验的经验现象，而"中程理论"是对有待解释的经验现象给出的适度理论说明，其解释力不是普遍的（universal），这种理论只不过是范围有限的一般性概括。强调理论的解释力范围即适用范围，是"中程理论"有别于"一般性理论"（general theory）这个说法的关键所在，特别有助于提醒社会科学工作者注意：不能不加限定地把"一般性理论"等同为"普适理论"（universal theory）。"中程理论"并非针对分析层次问题来讲的。在不同研究议题和语境中，孰为"宏观"，孰为"微观"，往往不能一概而论，因此，这个译名应突出其"解释范围适中"这一含义。另外，中文里"程"字，原本就是"度量的总名"，又指"容量"（所以才说"程度"），并非专指距离。好比说"中程导弹"固然因其射程介乎远程导弹与短程导弹之间，但人们真正在意的是以发射点为圆心的"火力覆盖范围"。

克思主义"国家与社会"关系论。只不过,它们要到 20 世纪 70 年代才渐趋成熟,且没有从根本上取代现代化理论在比较政治和区域研究两个领域的主导地位,而只是在一定程度上丰富了现代化理论的主基调。

　　总体来讲,从 20 世纪 40 年代后期到 60 年代,比较政治与区域研究的携手并进取决于四个方面:(1)对"现代化"的共同愿景;(2)"结构功能主义"元理论共识;(3)在知识诉求上不满足于描述,而是带着理论关切去了解事实、形成概念,但这一时期的理论工作主要在"划分范畴"而非"验证因果";(4)比较政治还没有那么"科学化",这一时期的"操作工艺"还没那么精细,还不那么讲究研究方法。这种"耦合"又是不对称的——比较政治研究起步伊始,就立足于追求一般性理论解释,必然需要剪裁现实世界的多样性。比较政治研究的理论抱负,为 20 世纪 70 年代之后比较政治与区域研究逐步"解耦"埋下了伏笔。

三、解耦:"方法论自觉"拉开了
比较政治与区域研究的距离

　　从 20 世纪 70 年代开始,比较政治领域出现明显的"方法论自觉"与"研究议题转向",逐步拉开了与区域研究之间的距离。这个过程实为"解耦"——比较政治研究走向"高内聚、低耦合",即为了强化政治学经验研究的学科标准,逐渐剔除人文学的规范研究立场、区域研究特例式知识路径对于政治学经验研究的干扰,力促实现比较政治研究的"经验科学化"。当然,这一时期比较政治学者主观上并未疏远区域研究,而是通过带入经验研究与"中程理论"的操作标准,与历史文化讨论和人类学的"深描"工作明确拉开距离。从 20 世纪 70 年代到 90 年代,相当一批比较政治研究杰作是以单个国家研究或若干国家定性比较为内容的,特别

是以拉美地区为对象的特定区域内跨国比较"异军突起",成为理论创新的重要来源。

比较政治研究走向"高内聚、低耦合"首先是政治学科"方法论自觉"的结果。

在"行为主义革命"实践的基础上,汉斯·赖欣巴哈(Hans Reichenbach)、卡尔纳普(Rudolf Carnap)与卡尔·亨普尔(Carl Gustav Hempel)的"逻辑经验主义"科学哲学①,欧内斯特·内格尔(Ernest Nagel)的"自然主义"科学说明逻辑②,卡尔·波普尔(Karl Popper)主张的"证伪主义"科学划界标准③,在 20 世纪 60 年代逐步塑造了美式政治学经验研究基本的"科学观"。像自然科学那样,追求以"覆盖律"(covering law)为中心建树的"一般性理论"④也成

---

① 20 世纪 60 年代后,社会科学对"科学研究"尤其是"科学解释"的认识明显受到卡尔纳普、亨普尔的逻辑经验主义知识论和科学哲学影响,这被视为科学哲学"标准观点"。参见江天骥:《逻辑经验主义的认识论·当代西方科学哲学》,武汉:武汉大学出版社,2006 年。逻辑经验主义对第二次世界大战后英美社会科学"科学观"的显著影响,参见 Paul Diesing, *How Does Social Science Work?: Reflections on Practice*, Pittsburgh, Pa.: University of Pittsburgh Press, 1991, Chapter 1。

② 参见欧内斯特·内格尔:《科学的结构:科学说明的逻辑问题》,徐向东译,上海:上海译文出版社,2002 年。由于中文里"解释"语义较为宽泛,国内科学哲学界通常将"explanation"译为"说明"以示区分。

③ 波普尔所著《科学发现的逻辑》德文版出版于 1934 年,但扩充的英文版直到 1959 年才首次出版。他的《猜想与反驳》1963 年首版。

④ 关于"一般规律""覆盖律",参见 Carl G. Hempel, "The Function of General Laws in History," *The Journal of Philosophy*, Vol. 39, No. 2, 1942, pp. 35—48。(该文修改版收入 Carl G. Hempel, *Aspects of Scientific Explanation, and Other Essays in the Philosophy of Science*, New York: Free Press, 1965。)Carl G. Hempel, *Philosophy of Natural Science*, Englewood Cliffs, N. J.: Prentice-Hall, 1966. 尽管科学解释致力于揭示"覆盖律"的观念是经亨普尔 1966 年的《自然科学哲学》广泛传播的,但实际上亨普尔自己提出的是"一般规律"(general law),"覆盖律"的讲法反而来自反实证主义、持"理解"立场的加拿大历史哲学家威廉·H. 德雷,亨普尔在《自然科学哲学》中把覆盖律、一般规律当作同义词使用,参见 William H. Dray, *Laws and Explanation in History*, London·Oxford University Press, 1957。

了政治学经验研究的主流知识论立场。① 照此标准,区域研究所习惯的、深入细致的整体个案考察,在科学理论上就显得无甚价值。② 如果说,对亚非拉地区具体情况的"好奇心",确保了20世纪五六十年代比较政治学者与区域专家的共同兴趣,那么,从20世纪70年代开始,双方研究志趣因方法论立场上的分歧就已经渐趋明显了。

在政治学科内部,20世纪60年代末至70年代电脑统计软件的进一步成熟③,大大加速了多元回归、统计推断的普及和应用(尤其是在美国政治和国际关系两个研究领域),且有了系统的政治学量化方法论述。④ 相形之下,比较政治研究尽管已经出现了一些跨国定量比较的实例⑤,但受制于可获取的数据约束,还没有

① 卡尔纳普、亨普尔和内格尔的逻辑经验主义知识论和科学哲学,是20世纪60年代以来,美国的比较政治研究最主要的知识论和科学观基础,直接成为设定比较政治经验研究操作与评价标准的"元科学"观念。与之相较,波普尔"证伪主义"科学划界标准、库恩"范式转换"科学革命论,以及拉卡托斯以降的科学哲学观点——从拉卡托斯、范弗拉森、费耶阿本德到巴斯卡和邦格的批判实在论——这些科学哲学上的新进展更多的是被政治学家们借来装饰的,而不是拿来使用的。参见 A. James Gregor, *Metascience and Politics: An Inquiry into the Conceptual Language of Political Science*, New Brunswick, N. J. : Transaction Publishers, 2003。

② Donald T. Campbell and Julian C. Stanley, *Experimental and Quasi-Experimental Designs for Research*, Chicago: Rand McNally, 1963; Arend Lijphart, "Comparative Politics and the Comparative Method," *The American Political Science Review*, Vol. 65, No. 3, 1971, pp. 682—693.

③ 1965年 IBM Sytem/360上市;1966年,在美国国立卫生研究院资助下,北卡罗来纳州立大学开始推动研发 SAS 统计软件,至1976年 SAS 公司正式成立;1968年斯坦福大学三位研究生研发出了 SPSS 最早版本,并于1975年成立 SPSS 公司。

④ 参见 Hayward R. Alker, Jr. "Polimetrics: Its Descriptive Foundations", in Fred Greenstein and Nelson Polsby, eds., *The Handbook of Political Science*, Vol. 7, Reading, Mass. : Addison-Wesley, 1975, pp. 139—210。特别是该文"图1"(pp. 144—145)全面地回顾了到1974年为止在政治学和政策研究中运用的三条统计实践演变路径。

⑤ 例如 Ted Gurr, "A Causal Model of Civil Strife: A Comparative Analysis Using New Indices," *The American Political Science Review*, Vol. 62, No. 4, 1968, pp. 1104—1124,以及后续的著作 Ted Gurr, *Why Men Rebel*, Princeton, N. J. : Princeton University Press, 1970。

"进步"到能够"排挤"定性研究的地步。从 20 世纪 70 年代初到 20 世纪 90 年代中期,比较政治研究领域渐进地受到政治学科内部邻近研究领域的"方法论规训",逐渐更为在意如何进行"科学的比较",而非单纯地了解外国政治状况。

　　对于经济学、社会学、政治学渐次展开的"科学观"重塑和研究方法革新,区域研究专家并非没有在方法论层面为自己做辩护。人类学家格尔茨(Clifford Geertz)对"深描"做了系统阐发[1],一定程度上为区域研究设定了明显有别于自然主义因果解释的研究目标——"意义诠释(解读)",并得到了一些政治学者的支持。[2] 但这种方法论辩护又显得过于倚重个人体验和"地方性知识",反而加剧了区域研究内部在知识立场上的相对主义姿态和分裂倾向。尤其是与走向"高内聚"的政治学科相比,区域研究仍旧是"一盘散沙""各自为战"。就在美国政治学界首套《政治学手册》出版的同一年,白鲁恂和哈里·埃克斯坦(Harry Eckstein)主编了一部讨论政治学与区域研究之间关系的文集,从中可以看出,"渐行渐远"已然是大势所趋了。[3]

　　除了"方法论自觉",从 20 世纪 70 年代开始,比较政治研究"问题意识"的转向也深刻地反映了现实世界的显著变化。美国急于从越南战争泥沼中抽身,拉美和南欧的政治形势在 20 世纪 70 年代中期开始发生松动,加上国际共产主义运动自身的分裂和中美关系的解冻,服务于意识形态竞争的社会科学"元理论"问题似乎也没那么重要了。伴随着比较政治学者的代际更替,尤其是"民权运动"与"反战"一代开始崭露头角,"民主化"逐渐取代"现

---

[1] Clifford Geertz, *The Interpretation of Cultures* : *Selected Essays* , New York: Basic Books,1973,pp. 3—30.

[2] 在詹姆斯·斯科特的研究中,尤其可以看到人类学研究风格的影子,但有别于纯粹的"深描",斯科特的研究终归是以呈现因果关系为目的的。

[3] Lucian W. Pye and Harry Eckstein, *Political Science and Area Studies* : *Rivals or Partners*? Bloomington: Indiana University Press,1975.

代化","中程理论"逐渐取代"宏大理论","政治过程"逐渐取代
"社会结构",成为比较政治研究的核心关切。

对中程理论研究的关注,使政治学科围绕不同的研究议题和
主导方法,形成了明显的内部分化,逐渐转向了"三分天下"的学
科内竞争:行为主义、理性选择、制度主义。① 文化论解释虽然在
政治学内延绵不绝,但在 20 世纪七八十年代大体处于沉寂的"数
据积累期"。② 进入 20 世纪 80 年代后,政治学学科内部的混战显
然对于大多数政治学家更有吸引力,尤其是在大量拉美、南欧背
景的学者加入之后,比较政治走向了明确的中程理论议题导向,
而不是国别研究导向的发展路径,外国语言训练要求进一步降
低。20 世纪 80 年代后期到 90 年代中期,比较政治领域的理论研
究,围绕着民主化和市场转型这两个相互联系的"双核",在新的
时代背景下,回归了现代化理论标志性的"李普塞特论题"(经济
发展导致民主化)③,进入了一个理论检验工作蓬勃发展、理论视
野却相应收缩的阶段。

20 世纪 70 年代到 90 年代中期,以统计分析和形式建模为主

---

① Colin Hay, *Political Analysis: A Critical Introduction*, Basingstoke, Hampshire: Palgrave Macmillan, 2002, p. 11.

② 英格尔哈特从 20 世纪 70 年代初开始的"价值观变迁"研究彼时并没有得到太多关注,直到 1988 年他才兴奋地宣布"政治文化(研究)的复兴",参见 Ronald Inglehart, "The Silent Revolution in Europe: Intergenerational Change in Post-Industrial Societies,"*The American Political Science Review*, Vol. 65, No. 4, 1971, pp. 991—1017; Ronald Inglehart, "The Renaissance of Political Culture," *The American Political Science Review*, Vol. 82, No. 4, 1988, pp. 1203—1230; Michael Brint, *A Genealogy of Political Culture*. Boulder: Westview Press, 1991; Patrick Chabal and Jean-Pascal Daloz, *Culture Troubles: Politics and the Interpretation of Meaning*, Chicago: University of Chicago Press, 2006.

③ Seymour Martin Lipset, "Some Social Requisites of Democracy: Economic Development and Political Legitimacy,"*The American Political Science Review*, Vol. 53, No. 1, 1959, pp. 69—105; Seymour Martin Lipset, "The Social Requisites of Democracy Revisited: 1993 Presidential Address,"*American Sociological Review*, Vol. 59, No. 1, 1994, pp. 1—22.

要内容的研究方法精致工作进展迅猛,推动了比较政治明确转向
"变项导向"的发展思路。这样一来,比较政治与强调对研究对象
区域做深入的、整合性理解的区域研究形成了明确的知识论和方
法论分歧。比较政治寻求通则式解释(nomothetic explanation),
区域研究擅长特例式探讨(idiographic inquiry),大体上成为双方
学者在知识诉求上基本都认可的立场。尽管有少量区域研究背
景的政治学理论成果引发了更大范围的争议——最典型的就是
詹姆斯·斯科特(James C. Scott)和塞缪尔·波普金(Samuel L.
Popkin)围绕"道义经济"还是"理性小农"展开的争论①,以及西
达·斯考切波(Theda Skocpol)的《国家与社会革命》出版后招致
区域研究专家的批评②——但能够引起政治学家广泛关注的,并
非区域研究对象自身的特殊性,而是议题本身的普遍性(如农民
问题、革命问题),以及理论与方法的创新潜力(如理性选择理论、
宏观比较历史分析)。20 余年间,政治科学家从事"实证研究、经
验研究"的行规俨然成熟,而区域研究专家则普遍漠视方法论问
题,并且不同学科背景的区域研究专家之间或许在概念、范畴、叙
事上可以相互启发,但对跨区域的比较缺乏明显兴趣。

　　比较政治在 20 世纪 70 年代到 90 年代初逐步走向政治学科
内的"高内聚",与区域研究趋向"低耦合",背后当然还有一项重
要的知识愿景:第二次世界大战后比较政治研究的兴起,从一开

① James C. Scott, *The Moral Economy of the Peasant : Rebellion and Subsistence in Southeast Asia*, New Haven: Yale University Press, 1976; Samuel L. Popkin, *The Rational Peasant : The Political Economy of Rural Society in Vietnam*, Berkeley: University of California Press,1979. 斯科特对这场争论的系统回应参见 James C. Scott, "Afterword to 'Moral Economies, State Spaces, and Categorical Violence'," *American Anthropologist*, Vol. 107, No. 3, 2005, pp. 395—402。

② Elizabeth J. Perry, Book Review on Skocpol 1979, *The Journal of Asian Studies*, Vol. 39, No. 3,1980,pp. 533—535; Keith Tribe, "Extended Review: The End of the Old Order in Rural Europe, Peasants and Government in the Russian Revolution, States and Social Revolutions," *The Sociological Review*, Vol. 28, No. 2,1980, pp. 471—475.

始就具有明确的"科学理论"抱负。而心理学(行为主义)、社会学(统计分析)、经济学(理性选择)等社会科学领域在实验、计量道路上的渐次成功,无疑产生了明显的"示范效应",深刻地牵引了政治学总体发展趋向。

同一时期,区域研究并没有也不可能形成明确的"主导范式"。不同学科背景的区域研究专家在与区域同行和学科同行"两面对话"的过程中,越来越倾向于学科内对话,相同区域、不同学科研究者相互之间的共同语言、共同兴趣反而在减少。在计算机技术"加持"下,统计研究与形式建模适用范围迅速扩大,人文学科与社会科学之间的对立趋向日益明显,使得区域研究原本设想的"跨学科沟通"难以成立,转而把深度的"地方性知识"当作区域研究的显著贡献。就外部影响而言,只有那些具有共性的、群体或社区层面的启发性概念,在 20 世纪 80 年代"去意识形态化"的背景下,被政治学界逐渐接受——比如"道义经济""日常抵抗""想象的共同体"等;而像"深描"方法、"剧场国家"隐喻,则只不过局限于特定的研究主题(如身份认同、族群政治),被秉持"诠释论"立场的少数政治学者采纳。

尽管 20 世纪 70 年代中后期到 80 年代前半期,受中美接近、第三次印巴战争、越战终结、苏联入侵阿富汗等一系列大事件的影响,中国研究、东南亚研究和南亚研究领域都曾出现过短暂的热络,但这类即时性问题都未能对比较政治研究产生长远影响。堪资对照的是,随着大西洋两岸新自由主义经济政策的兴起,以及全球化、信息化趋势的出现,立足于重新梳理欧美社会自身经验的"国家中心论"与"新制度主义"开始为冷战后的比较政治研究定调了。

我们利用谷歌图书查看器(Google Books Ngram Viewer)搜索"比较政治"和"区域研究"在谷歌图书(Google Books)英文电子书库中的词频变化趋势,结果显示,从 1945 年到 1970 年间,

两个关键词的词频呈现出大致同步增长的趋势,"区域研究"在
1950 年前后出现了一个小高峰,而"比较政治"的显著抬升主要
发生在 20 世纪 60 年代。到 1970 年前后,两个关键词词频都达
到了冷战时期最高峰,这印证了两个领域前 20 余年的同步发
展,且区域研究显然相对"热络"得多。值得注意的是,从 1970
年到 1988 年(比较政治在 1970 年之后的词频最低点),两个关
键词词频都有明显下降,两者变动趋势也基本同步,但"区域研
究"的下降幅度更加显著,"比较政治"相对则维持在 20 世纪 60
年代以来的正常浮动区间,大体处于"不温不火"的盘整期。对
照冷战结束后两个关键词明显的"此消彼长",这种变动侧面印
证了两者之间的"解耦"趋势。20 世纪 90 年代以后,"区域研
究"与"比较政治"之间的词频差距迅速拉近,趋向大体相反,并
在 2007、2008 年前后发生交汇反转,生动体现了比较政治渐趋
"热络"的同时,学科内聚度进一步提升,而区域研究则明显走向
了衰落,侧面印证了自 20 世纪 90 年代后,比较政治在主动与区
域研究"脱钩"。

四、脱钩:方法论标准化与质疑区域研究

　　1994 年出版的《设计社会调研:定性研究中的因果推断》是
冷战后美式政治学"方法论标准化"的重要标志[1],它很快成为

---

[1] Gary King, Robert O. Keohane, and Sidney Verba, *Designing Social Inquiry*:
Scientific Inference in Qualitative Research, Princeton, N. J.: Princeton University
Press,1994. 普林斯顿大学出版社 2021 年 8 月推出本书新版,增加了基欧汉和金
的一篇新版前言,原书内容未做改动。本书中译本将书名译作《社会科学中的研
究设计》(上海:格致出版社,2014 年),其实与原书主旨有较大距离,故本文仍按
照英文原文另译书名。

政治学方法论教学的"布道书"（homily）。[1] 尽管从面世之日起，《设计社会调研》用计量标准给政治学经验研究定调的狭隘立场，就引起了政治学定性研究拥护者的质疑与批评，但"用计量行规改造政治学"，仍旧成为难以逆转的学科潮流。加上同一时期理性选择理论和形式建模的流行，政治学之中秉持个体论立场的"科学方法论"运动强有力地推动了比较政治与区域研究"脱钩"。

这种"脱钩"不同于"解耦"的要害在于，政治学经验研究过度强调方法上的严格精确，把测量问题与因果推断置于核心地位，事实上否定了在比较政治研究中基于实用主义考量，存在"模糊的中心地带"的正当性。[2] 量化学者用单一的"计量标准"规定了政治学研究的"品质标准"，用彻底的自然主义立场否定了政治学内在的人文成分，如此一来，除非与区域研究传统的特例式知识一刀两断，比较政治研究就无从维护自己的"科学性"。

1996 年，美国政治科学协会比较政治组主席罗伯特·贝茨（Robert H. Bates）在《组内通讯》上发表了一篇讨论区域研究与

---

[1] 参见 David D. Laitin, et al., "Review Symposium: The Qualitative-Quantitative Disputation: Gary King, Robert O. Keohane, and Sidney Verba's *Designing Social Inquiry: Scientific Inference in Qualitative Research*," *The American Political Science Review*, Vol. 89, No. 2, 1995, pp. 454—481. 这组文章包括五篇书评及《设计社会调研》三位作者的回应。对《设计社会调研》秉持的统计学世界观（科学观）更为系统的批评，参见 Timothy J. McKeown, "Case Studies and the Statistical Worldview: Review of King, Keohane, and Verba's *Designing Social Inquiry: Scientific Inference in Qualitative Research*," *International Organization*, Vol. 53, No. 1, 1999, pp. 161—190。

[2] Atul Kohli, et al., "The Role of Theory in Comparative Politics: A Symposium," *World Politics*, Vol. 48, No. 1, 1995, pp. 1—49.

学科研究关系的"主席信"[1],加上翌年《高等教育纪事》报道的渲染[2],引发了政治学领域区域研究学者激烈的争论。贝茨本人就是非洲研究专家出身,但他力倡区域研究应当更多地借鉴社会科学研究方法(尤其是形式模型),更深入地参与政治学科乃至社会科学中的理论对话。尽管贝茨的本意是借此在比较政治与区域研究之间达成某种"调和"或"综合",但彼时形式建模与理性选择理论在政治学界如日中天,其鲜明立场直接遭到了比较政治内部区域研究学者的猛烈抨击。2000年10月,一份署名"改革先生"的匿名邮件引发了美国的政治学者们激烈讨论,矛头直指美国政治科学协会及其旗舰刊物《美国政治科学评论》。[3] 反感统计分析、形式建模与理性选择理论"一统江湖"的学者们,以詹姆斯·斯科特为"旗手",群起声讨《美国政治科学评论》为代表的业内"顶级期刊"秉持的狭隘方法论立场。[4] 尽管来自学术共同体内部的"抗争",使美国政治科学协会做出了一些改革与让步,但此后20余年间,美国的政治学研究依然走向了量化独大的局面。

---

[1] Robert H. Bates, "Letter from the President: Area Studies and the Discipline," *APSA-CP: Newsletter of the APSA Organized Section in Comparative Politics*, Vol. 7, No. 1, 1996, pp. 1—2.

[2] Christopher Shea, "Political Scientists Clash Over Value of Area Studies," *The Chronicle of Higher Education*, 10 January 1997, https://www. chronicle. com/article/political-scientists-clash-over-value-of-area-studies/, 2021 - 06 - 14.

[3] 对这场大讨论的回顾,参见 Kristen Renwick Monroe, ed., *Perestroika! The Raucous Rebellion in Political Science*, New Haven: Yale University Press, 2005; David D. Laitin, "The Perestroikan Challenge to Social Science," *Politics and Society*, Vol. 31, No. 1, 2003, pp. 163—184; Dvora Yanow and Peregrine Schwartz-Shea, "Perestroika Ten Years After: Reflections on Methodological Diversity," *PS: Political Science and Politics*, Vol. 43, No. 4, 2010, pp. 741—745。

[4] 参见 Gerardo L. Munck and Richard Snyder, *Passion, Craft, and Method in Comparative Politics*, Chapter 11, 斯科特的访谈录。

在"因果推断革命"的旗号下[1]，以量化研究标准来衡量，区域研究被视为"不科学"当然顺理成章。换言之，量化政治学主流，通过把区域研究界定为"非理论"的描述性工作、只能积累特例式的"地方性知识"，试图彻底将区域研究归入人文学科范畴。区域研究可以提供理论验证或对策研究所需的实地材料与历史文献，但对于社会科学所追求的一般性因果理论而言，价值就谈不上了。

在政治学内部，定性研究的拥护者们反对量化研究学者把持"因果推断"的话语权，从方法论上的细致讨论出发，进行了反驳。政治学、社会学领域的定性研究学者在承认社会科学的"经验研究导向"和以揭示"因果关系"为要务这两大前提下，极力维护个案研究和定性比较在政治学中的"科学地位"。[2]

这种辩护主要有两个方向：其一是把"本体论问题"带回来，批评"自然主义"科学观和"实证主义"方法论立场背后的疏漏，从批判实在论或社会建构论立场出发，肯定个案研究和定性比较对于概念建构、理论创新的巨大潜力。[3] 其二是重置"因果关系的本质"，将"因果机制"置于"因果关系"的核心位置，阐明"个案内推断"在因果推断上的合理性，通过澄清"因果机制"，替代或补足量

[1] Paul W. Holland, "Statistics and Causal Inference," *Journal of the American Statistical Association*, Vol. 81, No. 396, 1986, pp. 945—960; William Roberts Clark, et al., "Symposium: Big Data, Causal Inference, and Formal Theory: Contradictory Trends in Political Science?" *PS: Political Science & Politics*, Vol. 48, No. 1, 2015, pp. 65—106.

[2] Henry E. Brady and David Collier, eds., *Rethinking Social Inquiry: Diverse Tools, Shared Standards*, Lanham, Md.: Rowman & Littlefield, 2004; Gary Goertz, *Multimethod Research, Causal Mechanisms, and Case Studies: An Integrated Approach*, Princeton, N. J.: Princeton University Press, 2017.

[3] Alexander L. George and Andrew Bennett, *Case Studies and Theory Development in the Social Sciences*, Cambridge, Mass.: MIT Press, 2005; Jonathon W. Moses and Torbjørn L. Knutsen, *Ways of Knowing: Competing Methodologies in Social and Political Research*, 2nd ed., Hampshire and New York: Palgrave Macmillan, 2012.

化研究所追求的"平均因果效应";同时,力图说明"平均因果效应"只不过揭示了少数被观测变项之间可疑的静态关联,"因果机制解释"才是对因果效力的动态说明。① 此外,定性研究学者们主张从关心"因之果",到转为讨论"果之因"②,用多因素组态(configuration)逼近对实际结果的充分解释③,而不止于拎出若干必要条件。

在实践层面,定性研究学者们通过对概念构造方式、个案选取标准的详细讨论,指出了量化研究专注于测量问题的漏洞。进而,他们通过对比较历史分析、定性比较分析(QCA)、过程追踪、诠释研究、处境分析等"立足个案"(而非"立足变项")研究方法的系统提炼,逐渐形成了堪与计量分析和形式建模相抗衡的解释逻辑。④ 不过,在实在论还是建构论、结构还是能动性、解释/说明还是理解/诠释等根本立场问题上,定性研究学者内部的分歧其实也殊难调和。⑤ 经过近20年来学者们在研究方法上的不懈争论,越来越多来自定量与定性两大阵营的学者倾向于认可在研究方法上应当保

① Gary Goertz and James Mahoney, *A Tale of Two Cultures：Qualitative and Quantitative Research in the Social Sciences*, Princeton, N. J.：Princeton University Press, 2012, pp. 100—114.

② Ibid., pp. 41—50.

③ Benoît Rihoux and Charles C. Ragin, *Configurational Comparative Methods：Qualitative Comparative Analysis (QCA) and Related Techniques*, Thousand Oaks：Sage, 2009.

④ Andrew D. Abbott, *Methods of Discovery：Heuristics for the Social Sciences*, New York：W. W. Norton & Co., 2004；Gary Goertz and James Mahoney, *A Tale of Two Cultures：Qualitative and Quantitative Research in the Social Sciences*；James Mahoney, *The Logic of Social Science*, Princeton, N. J.：Princeton University Press, 2021.

⑤ William Outhwaite, *New Philosophies of Social Science：Realism, Hermeneutics, and Critical Theory*, New York：St. Martin's Press, 1987；Martin Hollis, *The Philosophy of Social Science：An Introduction*, Cambridge, New York：Cambridge University Press, 1994；Daniel Little, *New Directions in the Philosophy of Social Science*, London, New York：Rowman & Littlefield International, 2016.

持开放心态,从不同方向推进"混合方法"研究,并且提出了若干结合思路,比如集合论因果组态研究、嵌套分析(nested analysis)。[1]

　　无独有偶,也是在 2000 年,一本试图"超越区域研究之战"的论文集出版。文集分两部分讨论了"超越学科的议题"(后现代论、理性选择分析、后美国世界中区域研究各自为政的愿景)和"国际研究与各学科"(人类学、地理学、经济学、政治学、历史、语言)。[2] 针对后现代主义对区域研究的影响,文集作者之一、政治学博士出身的历史学教授大卫·吉布斯(David N. Gibbs)尖锐地指出,"语言和社会处境差异"远在"后现代主义"出现之前就已经存在,也是区域研究所应着力之处,而后现代论者云山雾绕的言辞,无助于澄清关键问题上的含混,要么就沦为虚无主义,要么就成了喧宾夺主。在 2004 年出版的另一本分九个地区来回顾区域研究与学科关系的文集中[3],多数作者亦赞同区域研究并不应单纯退回到人文学立场,而需要因应现实的变化,与社会科学各学科理论对话。

---

[1] 集合论因果组态研究参见 Charles C. Ragin, *Fuzzy-Set Social Science*, Chicago: University of Chicago Press, 2000; Charles C. Ragin, *Redesigning Social Inquiry: Fuzzy Sets and Beyond*, Chicago: University of Chicago Press, 2008; Benoît Rihoux and Charles C. Ragin, *Configurational Comparative Methods: Qualitative Comparative Analysis (QCA) and Related Techniques*, Thousand Oaks: Sage, 2009; Carsten Q. Schneider and Claudius Wagemann, *Set-Theoretic Methods for the Social Sciences: A Guide to Qualitative Comparative Analysis*, Cambridge: Cambridge University Press, 2012. 嵌套分析参见 Evan S. Lieberman, "Nested Analysis as a Mixed-Method Strategy for Comparative Research," *The American Political Science Review*, Vol. 99, No. 3, 2005, pp. 435—452; Evan S. Lieberman, "Nested Analysis: Towards the Integration of Comparative-Historical Analysis with Other Social Science Methods," in James Mahoney and Kathleen Ann Thelen, eds., *Advances in Comparative-Historical Analysis*, New York: Cambridge University Press, 2015, pp. 240—263。

[2] Neil L. Waters, ed., *Beyond the Area Studies Wars: Towards a New International Studies*, Hanover and London: Middlebury College Press, 2000.

[3] David Szanton, ed., *The Politics of Knowledge: Area Studies and the Disciplines*, Berkeley, CA: University of California Press, 2004. 编辑这本文集的直接动力就是在社会科学各领域"学科化"和全球化加速的双重背景下,社会科学研究理事会于 1996 年取消了所有的区域研究委员会,按照新的议题导向重组研究网络和项目。

令人遗憾的是,多数区域研究专家尤其是亚非和中东区域专家对比较政治领域深入的方法论战明显不那么在意[1],甚至对"诠释政治学"(interpretive political science)的进展也不大关心。[2]在比较政治 20 年方法论战所涉及的大量研究实例中,对欧美和拉美历史经验和现实问题的反复"重访"与"再解释",遥遥领先于以亚洲、非洲和中东地区为对象的研究。对亚洲、非洲和中东地区的研究,无论是历史文化取向的,还是现实政策取向的,这 20年间在研究方法上仍处于被"表现"(representation)、"挪用"(appropriation)与"对象化"(Vergegenständlichung)的境地。

面对政治学的"方法论标准化"趋势,区域研究大致出现了三种应对方式:

其一,坚持区域研究的"在场"传统,沿着人类学、历史研究和文化研究的路径走下去,与量化研究保持距离,秉持诠释论、建构论立场,强调"理解"研究对象区域文化上的异质性。除了极少数例外[3],这一立场的区域研究对政治学经验研究几乎不产生任何影响,很难被政治学研究者重视,甚至根本无视。

其二,在新的研究问题引导下,重新界定区域对象,生发出新

---

① 近 10 年间也出现了一些从区域研究出发的方法研讨作品,参见 Mikko Huotari, Jürgen Rüland and Judith Schlehe, eds., *Methodology and Research Practice in Southeast Asian Studies*, Basingstoke, New York: Palgrave Macmillan, 2014;但相对于比较政治领域的方法论战而言,区域研究的方法讨论大多专注调研技术,甚少触及理论论证,话题也不够集中,像"民族志"这样常见的方法议题,不同地区不同经验就是常态。

② Alan Finlayson, et al., " The Interpretive Approach in Political Science: A Symposium," *British Journal of Politics and International Relation*, Vol. 6, No. 2, 2004, pp. 129—164; Mark Bevir and R. A. W. Rhodes, eds., *Routledge Handbook of Interpretive Political Science*, London, New York: Routledge, 2015; Mark Bevir, ed., *Interpretive Political Science*, 4 vols, Los Angeles: SAGE, 2010.

③ 在民族主义、族群政治、身份认同政治问题上,一些不那么合乎"实证经验研究"口味的区域研究作品还是会被政治学者关注到,参见 Benedict Anderson, *The Spectre of Comparisons: Nationalism, Southeast Asia, and the World*, London, New York: Verso, 1998。

的研究议程。传统区域研究名为对"区域"的研究，实际只把眼光盯在特定人群、特定社会上，反而不那么在意人群与"空间"的互动关系。这和地理学中的聚焦功能性区位的区域科学（regional science）形成了明显的反差。从 20 世纪 70 年代开始，就有一些学者借鉴法国年鉴史学派对地中海地区、莱茵河流域做社会经济史讨论的研究思路，通过突破区域研究以国家、政区划界的传统，从特定经济与社会区域（往往是次国家的或跨界的）介入对"人与空间、环境"之间的互动关系、社会经济网络及相应政治生态的考察。20 年来，这类研究中最为成功地进入比较政治研究视野的大概就是中世纪到早期现代地中海经济圈的研究所带动的"分析叙事"①，以及加州学派的"大分流"论题②。另一个通过重构讨论的对象区域，介入政治学重大议题的成功范例，就是斯科特对赞米亚（Zomia）的研究——尽管他所界定的赞米亚区域范围，较之这个概念的起初所指其实大大缩小了。③

其三，也是最近 10 年间才受到更多关注的研究思路，是部分对政治学方法论争议较为敏感的比较政治学者开始推动比较区域研究（Comparative Area Studies）。④ 区域研究通常是个别区域

① Robert H. Bates, et al., *Analytic Narratives*, Princeton, N. J.：Princeton University Press, 1998；Avner Greif, *Institutions and the Path to the Modern Economy：Lessons from Medieval Trade*, Cambridge, New York：Cambridge University Press, 2006.

② Kenneth Pomeranz, *The Great Divergence：China, Europe, and the Making of the Modern World Economy*, Princeton, N. J.：Princeton University Press, 2000；Patrick Karl O'Brien, *The Economies of Imperial China and Western Europe：Debating the Great Divergence*, Cham, Switzerland：Palgrave Macmillan, 2020.

③ James C. Scott, *The Art of Not Being Governed：An Anarchist History of Upland Southeast Asia*, New Haven：Yale University Press, 2009.

④ Ariel I. Ahram, Patrick Köllner and Rudra Sil, eds., *Comparative Area Studies：Methodological Rationales and Cross-Regional Applications*, New York：Oxford University Press, 2018；Dirk Berg-Schlosser, "Comparative Area Studies Epistemological and Methodological Foundations and a Practical Application," *Vestnik RUDN*, *International Relations*, Vol. 20, No. 2, 2020, pp. 288—302.

内的、个别国家的讨论,比较政治领域中很多小样本跨国定性研究也尽可能在同一区域内选取研究对象国,做"区域内"跨国比较,从而变相"控制"社会历史文化差异造成的影响——最常见的研究实例当然是比较政治行当里有关拉美、西欧、中东欧的区域内跨国比较。而比较区域研究的提倡者试图追问的是:有没有可能在对区域特殊性保持敏感的同时,借鉴定性方法的新进展,转向跨区域国家之间的比较(比如"金砖五国"),并与一般性理论问题对话?毫无疑问,这种研究思路很有诱惑力,因为它在"一般性议题"导向和研究结论的"外部有效性"上,更符合政治学者的方法论预期。但这种比较框架下,困难又回到了研究对象国的可比性和区域处境的特异性上。从事"比较区域研究"的研究者既得面对有关研究结论外部有效性的质疑,又较之单一国家研究更难"深入",若只是浮于其表,泛泛而论,等于还是回到了"立足变项"的研究思路上。因此,对于比较区域研究来说,个案选取上的方法论批评难以绕开,就只能通过对研究问题的精心表述,让"比较"的理由得以成立。因此,相对于前两种应对方式而言,比较区域研究前景很诱人,但方法论上的自我辩护更麻烦。其实,若考虑到巴林顿·摩尔、斯考切波有关现代化道路和革命研究的经典之作,其实"比较区域研究"早已存在,如今冠以这顶新帽子,多少还是为了把区域研究尽可能推向政治学者们期待的"理论化"道路上去。很明显,与第一种立场相比,持后两种立场的学者并不主张比较政治(或其他学科研究)与区域研究"脱钩"。

更为根本的是,量化研究学者推动的方法论标准化同时不断巩固着方法论上的个体论、还原论立场。而比较政治中以国家为基本单位的跨国比较,在很多议题上原本是不能将不同规模的国家方便地视为"同类"来处理的。也就是说,方法论上的"整体论—个体论"分歧,在比较政治方法论标准化进程中,其实被"回避"或被"忽略"了。而对强调深入了解对象国具体情况的区域研究来说,无论如何也得首先明确:特定研究的分析单位是"个体"层次的,还是"群体"层次的。从诸如文化、共同体这样的整体层次立论,又以个体层次积累资料的民族志方法来处理问题,这是区域研究中时常出现的含混之处。因此,无论是比较政治还是区域研究,"微观—宏观的联结""个体论—整体论的立场分歧"其实都还有很多有待澄清的难题。

总之,从 20 世纪 90 年代中期以来,比较政治领域的方法论标准化趋向和若干重大知识争议,的确还没有被区域研究专家们系统地加以关注。"比较区域研究"或许是一种直面挑战的回应方式,但还没有形成很清晰的操作法式。这样一来,由政治学方法论标准化进程带动的与区域研究"脱钩",就成了无可奈何的现实。

五、保持比较政治与区域研究的"低耦合"

通过对比较政治与区域研究从"耦合"到"解耦"再到"脱钩"过程的梳理,我们还是得追问,比较政治与区域研究可能就此彻底"脱钩"吗? 答案其实很明确:解耦在所难免,脱钩全无可能。

先说"解耦在所难免"。首先,按照目前的知识组织方式,学科仍旧是基本的知识单位。任何学者,无论是政治学、社会学、人类学、经济学背景还是人文学科背景,终归还是难免要从学科之内"往外看"。区域研究相对于学科研究来说,是很难从知识体系的内在合理性上加以辩护的。引发区域研究专家对研究对象兴趣的,或许是"理性选择"的结果,但鼓舞区域研究专家持续投入的其实是"激情"与"移情"。因此,在知识生产的意义上,区域研究是"手艺活",比较政治已经变成了"流水线作业"。换言之,"跨学科"或者"多学科",在缺少研究对象共识、缺少方法论共识,甚至缺少知识论共识的情况下,就等于"无学科"。比较政治与区域研究之间的"解耦"是必要的,是政治学科内聚度提升的自然结果。

　　其次,早期"耦合"阶段比较政治与区域研究之间含糊的"结构功能主义"元理论共识早已不存在了。如今连比较政治研究本身都没有什么元理论上的共识可言,隐然呈现出"国关化"(IRization)的趋势①,更谈不上与区域研究有基本的共同立场。

　　再次,经过"方法论标准化"的洗礼,比较政治与区域研究之间的知识诉求南辕北辙,这种认识分歧很难调和。

　　最后,经验研究的方法论标准本身就意味着一系列的两难取舍(具体问题具体分析/内在有效性—普遍适用/外部有效性;定性—定量;个体论—整体论)。再加上政治学理论(实证理论—规范理论)和对象区域国别知识(深入—广博)方面的各种两难,事实上构成了一个比较政治知识建构上的"不可能三角"(参见左图)。对研究者来说,要兼顾理论上有所建树、方法上清晰严谨、区域国别知识扎实,是极大的挑战。比较政治学者如若选择"高内聚"的学科内对话,难免首选遵从方法论标准,追求理论创见,这样一来,部分地牺牲掉对区域国别知识的细致了解也就在所难免了。

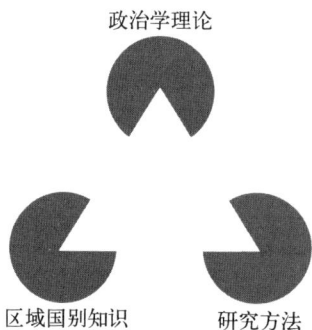

图　比较政治研究的"不可能三角"
资料来源:笔者自制。

　　再说"脱钩全无可能"。很明显,比较政治研究的经验资料还是具体的区域国别信息,没有区域国别知识支撑,跨国比较就成

---

① 这是莱廷对一些比较政治学者像国际关系领域的"三大范式"(现实主义、自由制度主义、建构主义)那样,用"理性主义、文化主义、结构主义"概括比较政治学主要"范式"的调侃,参见 Mark Irving Lichbach and Alan S. Zuckerman, eds., *Comparative Politics: Rationality, Culture, and Structure*, Cambridge, New York: Cambridge University Press, 1997。其实这本文集 2009 年推出的第 2 版在内容上有很大变动,大大降低了"三大范式"的意味。

了无源之水、无本之木。比较政治研究如今日渐侧重立足变项的、"不接地气"的跨国比较，以"因果推断"为中心任务甚至唯一追求，对计量模型与形式模型过分热衷，事实上呈现出"走火入魔"的架势。① 甚至在"大数据"流行之际，已经有政治学者明确发表了政治学就是"数据科学"的宣言。② 但 30 年来，比较政治研究中回应现实重大问题、令人耳目一新的理论贡献到底是越来越多了，还是越来越少了呢？

政治学归根结底还是"实践智慧"（Phronesis），得能够去解释回答现实问题。③ 问题从哪里来？没有对区域国别情况的细致把握，只能"从纸面上来，到纸面上去"，再精致的验证工具，也不可能向壁虚构出切合实际的重大理论问题。因此，用回归"处境分析"的思路④，降低对脱离具体处境的数量编码式证据的热情，降低对通则式理论的期待，在扎实的区域国别研究基础上，从立足个案分析的研究出发，提炼具有潜在创新意义的新的研究假说，远比反复用不可靠的跨国数据"复现"原本似是而非的研究结论实在得多。正是在理论创新的意义上，区域国别具体处境的"特异性"之中内含着"启发性"。对区域国别研究中呈现的事实材料和经验性概括保持足够的兴趣，是比较政治理论创新的重要来源。

因此，笔者认为，恰如其分的定位，或许是在提升政治学科内

---

① 参见汪卫华：《比较政治"学"？——学术史与学科性的反思》，《政治学研究》，2021 年第 5 期，第 63—76 页。

② Jeff Gill, "Political Science Is a Data Science," *The Journal of Politics*, Vol. 83, No. 1, 2021, pp. 1—7. 这篇文章前身是 2020 年 1 月 10 日作者在美国南部政治科学协会（Southern Political Science Association）年会上的主席演讲。

③ Bent Flyvbjerg, *Making Social Science Matter: Why Social Inquiry Fails and How It Can Succeed Again*, New York: Cambridge University Press, 2001; Sanford Schram and Brian Caterino, eds., *Making Political Science Matter: Debating Knowledge, Research, and Method*, New York: New York University Press, 2006.

④ Robert E. Goodin and Charles Tilly, eds., *The Oxford Handbook of Contextual Political Analysis*, Oxford, New York: Oxford University Press, 2006.

聚度的同时,让比较政治与区域研究之间保持适度的"低耦合"。尤其对于正在蓬勃发展之中的中国的比较政治研究与区域国别研究来说,以美式政治学学术成果和经验教训为对照,有意识地让中国的比较政治与区域研究实现"低耦合"很有必要。

首先,从中国立场看问题,与从英文语境看问题,问题意识是不同的。无论对比较政治还是区域研究,所谓"前沿"问题都不必看得那么重要,不妨先澄清中国自身的比较政治与区域研究的问题意识,进而设置中文语境下的研究议程。

其次,区域研究全覆盖的条件有没有?哪些是中国的区域国别研究的突破点所在?比较政治研究目前在中国最大的短板,到底是研究方法上的,还是认识论和问题意识上的?两相结合,答案是什么?中国自身的比较政治与区域研究可能的"接口"在哪里?

最后,区域国别研究需要了解比较政治领域的理论与方法,比较政治研究则不必只顾着去做似是而非的一般性"实证、经验"理论的检验工作。

就中国目前的比较政治研究现状来说,政治学科之内的方法论标准化"压力"已然呈现,但还没有那么僵化、绝对——中国政治研究领域迄今为止与美式政治学操作规程还没有那么"接轨",这或许是件好事,至少这种知识上"野蛮成长"的空间,给了重新构造中国式比较政治与区域研究"低耦合"的时机。

对中国的比较政治研究而言,或许需要加以警惕的迷思有三:

第一,民主化几乎成为20世纪90年代以后美式比较政治研究的主导认识框架或"范式",至少部分地代替了现代化理论当年的地位。这套知识背后,有"进步主义"的松散元理论幻影,与当年"保守"的结构功能主义相较,其实两者同样反历史。但"进步主义"更带有浓厚的目的论色彩,更富有进攻性,更偏意识形态,而非纯粹的社会理论。

第二,中英文语言背后的思维方式差异可以暂时搁置,但无法一直回避。尤其是对使用中文的中国学者而言,中文思维与英文思维(更准确地说,印欧语系所有的拼音语文背后有大体一致的思维方式)之间的差异其实始终潜移默化地影响着中国的哲学社会科学研究。中文社会科学需要实事求是弄懂"西学",但更需要在引进消化的基础上,看到根深蒂固的中西思维方式差异与生活方式差异,并客观地呈现出来。

第三,科学研究的客观中立不等于"上帝视角",科学研究始终还是人类从事的一种社会活动,社会科学更是如此,时空处境、文化差异对于社会科学各领域的知识生产存在着难以忽视的影响——这也是区域研究呈现给公众的重要心得。比较是平视的基础,但理论终归只能"由己及人",没有可能幻想一套不带有任何社会文化特质的、纯粹科学的比较政治知识。就此而言,扎实的区域国别研究可以呈现世界原本的复杂性和多样性,更有利于澄清中国在世界的定位,以及中国的政治学在世界各国社会科学中的定位。

如果期待一种"低耦合"状态,那么,比较政治与区域研究可能的"接口"何在? 笔者的总体看法是:处境分析——一方面,坚持具体问题具体分析,不能不加分辨地把"一般性理论"或"因果推断"作为比较政治研究追逐的唯一目的,尤其要在关键概念、重要范畴、叙事风格上再三斟酌;另一方面,在承认差异性的基础上,需要不断探询带有一般性的社会政治模式及其发生的处境条件,就像"橘生淮北则为枳"并未否认柑橘生长的一般规律一样,澄清社会科学领域的因果关系及其发生作用的处境条件,至少同样重要。

要把处境分析从解释具体结果、就事论事的印象中"解放"出来,使之上升为比较政治的一般方法主张,从而能够与区域研究保持"低耦合",或许还可以在两个问题上做更多的追问:

认识论"接口"存在吗？首先，在整体论与个体论之争的层面，基本分析单位是否一定需要还原？即国家、次国家区域、政治组织、社会群体这些分析单位，到底可不可、需不需向个体层次还原？多大程度上这是个可以由研究者自主选择的问题？其次，实在论立场和建构论立场的本体论争议，到底要不要那么在意？窃以为，在比较政治和区域研究实践层面而言，完全没必要卷入哲学意义上的"本体论"话题，用"处境化认知"来协调结构与能动性的关联即可，即把"本体论"争议简化为认识视角问题，根据需要回答的研究问题做相应取舍。

研究方法"接口"存在吗？首先，在承认处境差异的前提下，一定程度上需要放松"经验研究"的测量要求，先老老实实地承认解读/诠释（interpretation）与解释/说明（explanation）至少在经验研究中提出问题、概念化以及对研究对象的分类问题上，其实是相互关联的，需要关注意义（meaning）问题，而不必坚持刻板的自然主义科学立场。其次，在论证技术上，保持充分开放的心态，无论是立足个案、定性本位的定性比较分析（QCA），还是立足变项、定量本位的嵌套分析，都不妨大胆地尝试。不必让方法论上的门户之见影响对具体问题的讨论，但同时需要高度重视研究者手中的量化数据与定性资料到底适不适合自己属意的研究方法，不只是"大胆假设、小心求证"，还得在不能蛮干的地方晓得适可而止。

总之，从经验材料到研究方法，比较政治在继续往政治学学科内"高内聚"方向发展的同时，放松一些科学研究认识论上的门户之见，承认"处境条件"之于"因果解释"的重要价值，它跟区域研究保持良性的"低耦合"互动既是可能的，更是必要的。只要不把片面的量化方法标准误认为是"科学标准"，比较政治与区域研究就仍可以并存于一个模块化、分布式的开放知识系统。

作者简介：汪卫华，北京大学国际关系学院副教授。

国别与区域研究的学科建设^①

钱乘旦　刘　军

一、从学科边界到学科交叉

刘军：钱老师，您好。改革开放以来，随着我国高等教育的逐步加强，学科体系不断完善，我国国别与区域研究也于 20 世纪 80 年代起步。在这样的历史演进中回望初心，您作为国务院学科评议组资深专家，如何评价 40 年来中国高等教育的学科发展历程呢？

钱乘旦：我们先简单对中国高等教育事业的发展做一个回顾。19 世纪末 20 世纪初，以京师大学堂——北京大学的前身——的建立为主要标志，我国开始接受西方的教育体制，过程中也经历了许多曲折。1949 年新中国建立以后，我们采取了"全

---

① 本文首发于《俄罗斯研究》，见钱乘旦、刘军：《国别与区域研究的学科建设——钱乘旦教授访谈》，《俄罗斯研究》，2022 年第 2 期，第 3—9 页。

盘苏化"的方针,虽然向当时的苏联学习了不少优秀的经验,但也产生了一些问题。我国的教育事业在"文革"期间受到了很大的冲击。正是改革开放以后高考制、学位制的恢复,对后来几十年的发展起了重要作用,也积极推动了中国现代教育制度的发展。

在恢复学位制的过程中,教育部制定的、作为规范的学科目录,发挥了很好的作用。如果没有学科目录,我们不可能在相对短的时间内建立起比较完备的学科体制。这一制度在推动中国现代教育制度的发展方面起到了正面的、值得充分肯定的作用。但学科目录也为中国的学科制带来了固化,各个学科之间不互通、不往来,从而形成了自立门户、边界清楚的情况。这是学习苏联教育体制所产生的后果之一。就"学科"这个概念来说,西方也是有学科概念的,学科概念在西方国家已经流行了一百多年,它的出现甚至可以追溯到 17 世纪、18 世纪。但是,需要特别指出的是,"学科制"是个非常特殊的情况,学科制不等于学科。有学科的概念不意味着必定会出现学科制。我这里说的学科制就是把一个个学科固化、相互之间壁垒森严、互不往来的情况。就这一方面而言,学科目录确实存在一些缺陷,到了改革开放以后,特别是进入 21 世纪以后,这种缺陷表现得越来越明显了。

第二次世界大战结束以后,学科区分在欧美国家已经变得越来越模糊。用我们现在通用的话语来表达,就是学科交叉变得非常普遍,尤其表现在理科、工科、医科、农科,也就是我们通常所说的"理工科"当中。现在,我们已经很难在国际领先的科学研究当中找到界限清晰的学科概念了。同一个课题既可以有物理学的内涵,也可以有化学的内涵、生物学的内涵,甚至于其他学科的内涵,国际学术界学科交叉的情况越来越明显。以历史学科为例,以前它的传统研究对象无非是政治史、外交史、军事史等,20 世纪初有了经济史,又有了社会史,到了 20 世纪下半叶,我们已经可以看到心态史、生态史、情感史、环境史、人口史、疾病史、灾害史……学科交叉很明显。其他学科中也出现了同样情况。因此，学科交叉是不可避免的潮流。我们今天所看到的学术界、科学界取得的重大突破、成就几乎都是学科交叉——"叉"出来的。因此，在这样的现实当中，如果我们仍然坚持学科的边界不可打破，仍然坚持严格的学科分割体系，显然会跟不上时代的发展。

所以，如果没有改革开放以后学科制的迅速建立、学科目录的迅速制定，就不可能有我们今天所看到的教育事业蓬勃发展的局面。但是，随着时代的发展和现实的变化，我们也应该看到这一制度有它的缺陷，需要去改进。

刘军：谢谢钱老师。您刚刚提到，学科制不等于学科，学科交叉是不可避免的历史潮流，并且现在许多重大的科研成果、科技成就都是"叉"出来的。我之前也阅读过钱老师论述"文科为什么要交叉"的论文①，学科交叉的问题实际上有必要放到更宽广的历史和现实的语境中得到更加深入的思考。我们都知道，现在教育部也在积极推进新文科建设。在中国特色社会主义新时代和更接近实现中华民族伟大复兴的关键历史时刻，在哲学社会科学与新一轮科技革命和产业变革交叉融合的新文科建设具体实践中，区域国别学肩负着怎样的学科使命？在交叉学科门类下新增区域国别学的目的和意义是什么？

钱乘旦：新文科是一个听起来非常新颖的概念，但究竟什么是新文科，它的内涵是什么，直到现在也没有很成熟的阐述。按照我自己的理解，新文科指的当然不是我们过去研究文学，现在要去研究一种新文学；过去研究哲学，现在要去研究一种新哲学；过去研究历史学，现在要研究一种新历史学……新文科至少包括以下两个方面的内涵：第一个方面，无论是文科的哪一个部分、哪

---

① 参见钱乘旦：《文科为什么要交叉——兼论知识发展的一般规律》，《文化纵横》，2020 年第 5 期，第 130—136 页。

一个领域,都应该有中国自己的特色、中国自己的理论体系、中国
自己的研究对象——有我们的关注点,有我们的结论,有我们的
研究成果——新文科应该有中国自己研究出来的、体现中国研究
特色的成果出现。第二个方面,新文科更多地体现在我们刚刚讨
论的第一个话题——学科之间的交叉,通过这个交叉能够产生新
的角度、新的内容、新的视野、新的思想、新的成果,最终会出现非
常出色的新的成就。第二个方面是非常重要的内容。这是我对
新文科的理解。

在这样的历史背景下和具体实践中,关于国别与区域研究有
怎样的内涵,现在我们的学术界、知识界甚至于整个社会都在讨
论,有很多各种各样的观点,还没有达到形成共识的程度。事实
上,有很多人把国别与区域研究理解为要么是国际关系研究,要
么是国际政治研究,要么就是外国语言文学研究的一个部分,当
然还有其他的理解。我认为,这些理解大多受到了我们在讨论第
一个问题时提到的学科体系、学科目录框架下固态思维方式的影
响——是通过一种固态思维方式产生的理解,也就是仍然要把国
别与区域研究理解为某一个界限非常清楚的、边界非常明显的固
态领域。

然而在我看来,国别与区域研究恰恰不应该是这样的。从它
的内涵来说,国别与区域研究应该是对某一个国家或者某一个地
区的全面了解,这个"全面了解"的范围是特别广泛的,不仅仅是
通常所说的政治、经济、社会、文化四个方面。试想,如果我们要
去了解一个国家,哪怕这个国家是一个非常小的国家,比如说尼
泊尔、缅甸、乌拉圭、太平洋的一些岛国等,真的要把它了解透,就
要对这个国家、地区有非常全面的知识积累,这不是政治、经济、
社会、文化四个领域就能够完整涵盖的。这种了解包含的内容很
多,甚至超出了文科的范畴——涉及许多领域的知识,比如气候、
环境、地理、资源、水源、技术、人口、种族、宗教、教育……我们能

够想到的和这个国家、地区相关的一切,都是我们在做国别与区域研究时需要去掌握、需要具备的知识。也就是说,要尽可能地积累与某一个国家或者地区有关的、全面的知识。这也是国别与区域研究要去完成的基本任务。

所以,现在我们社会上,包括学界、知识界,在理解"国别与区域研究是什么"这一问题上,视野还不够开阔。我们的眼界还不够宽广,仍然把对一个国家、一个地区的了解局限在政治、经济、社会、文化几个方面,这是远远不够的。一个国家的体育、运动需不需要了解呢?是需要了解的。一个国家的史前情况需不需要了解呢?也是需要了解的。因此国别与区域研究不仅是文科的事情,它需要全方位、多角度的知识积累,并且只有通过这样的研究才能够形成我们的知识体系,而形成知识体系才有助于我们去深刻了解某一个国家或者地区的基本情况。基于这样深刻的了解、全面的认识,才谈得上去制定我们的对外政策,才谈得上去考虑我们应不应该去那个国家或地区投资,要怎样发展经贸合作关系,政治和外交关系如何处理,等等。这不是随便碰碰、随便闯闯就能够做到的,没有全面的知识积累,到任何一个国家或地区都难免碰壁。这是我们在过去十几年、几十年甚至更长时间当中不断碰到的问题。所以,我们没有能够正确理解国别与区域研究的真正内涵与意义,然而,这又恰恰是我们需要正确理解的。

二、历史演进与人才培养

刘军:近期我在给学生上课时讲到近代,比如魏源"睁眼看世界"的《海国图志》①,比如林则徐把他组织翻译的材料送给魏源等

① (清)魏源:《海国图志》,陈华等点校注释,李金明等审校补注,长沙:岳麓书社,2021年。

这些内容,由此我们也在思考,这是不是可以被视为我国近代早期的一种"国别与区域研究",当然那个时候主要是翻译一些材料,所做的工作和我们现在所说的国别与区域研究相比还有很大的差距。现在的我们当然都是从遥远的历史中走来,沿着这样的发展脉络来看,我国的国别与区域研究现状如何? 又有着怎样的发展愿景? 这两个问题我们刚才也有所讨论,如果向更深远的历史和更广阔的未来伸展的话,我们又该怎样看待我国国别与区域研究的现状与前景呢? 请钱老师再讲讲。

钱乘旦:《海国图志》问世的历史背景是中国处在一个危险的位置上,那时这个危险刚刚开始。当时一些较有远见的人、一些知识分子开始意识到,我们中国人所认识的"天下"其实不够大,还有一个我们基本不了解的世界。这些人希望去认识这个世界,但当时的了解在今天看起来其实微不足道。例如,佛郎机究竟是指什么地方? 当时的很多人都认为西班牙也属于佛郎机,甚至更多的地方都是佛郎机,并不能解释清楚这个概念,但实际上它更多是"法兰西"的转读。经过了近一个世纪的努力,中国人才对那个曾经基本不了解的世界的大概情况有了一些了解。

尽管如此,中国自从 19 世纪中叶以后所遭遇的一切,使得国人在很长一个时期内关注的重点基本上是我们自己。也就是说,在面对越来越严重的存亡危机的时候,我们更多是在考虑怎样才能够救亡、才能图存,基本上在考虑自己的事情。这样的话,就把对外界的了解放到一边去了,至多是第二位,大概连第二位都没有。在新中国建立以后的一个时期内,这种情况也没有得到根本的改变,这与当时国内国外整体的环境有一定的关系。从国内来说,我们有很多工作要做,真的是百废待兴,我们需要花很大的力气去解决我们的经济问题、民生问题……当时大概是 6 亿人口,要让 6 万万人民吃饱饭,有衣服穿,要解决这些基本问题。与此同时,国际环境非常险恶,我们是被包围的,随时随地可能被扼杀,因此基本上是一个封闭的环境。在这种国际环境之下,我们也不可能有很多的机会或者说是比较好的条件去了解外部世界。

所以各种各样的因素都决定了新中国成立以后我们对外部世界的了解其实相当不足,甚至是匮乏,国内外环境使然,我们也无暇对这一问题高度重视。但是在改革开放以后,随着中国的国际地位越来越高,随着我们的经济发展速度越来越快,也随着国际整体格局发生的重大变化,我们已经迫切地感觉到,这种对外界所知甚少的状态,远远不足以去应付现在所面临的各项任务以及各种情况。

现在整个国家从上到下都开始强烈地意识到,我们必须"补课"。我们在这个方面欠缺太多,真的需要好好补一下,所以我刚才用到的这个词就是"补课"。但当我们意识到需要去恶补的时候才发现,我们的资源是不够的,我们的积累是不足的。现在,我们把国别与区域研究这个领域的问题提出来,而且从上到下都感觉到这个问题需要赶快去解决,否则的话会阻碍社会主义现代化建设,会阻碍中国的发展和前进的步伐,我们所经历的历史和面对的未来在这方面都给了我们足够的提示。但是仅仅意识到这一点还不够,我们必须采取必要的行动。我认为目前有可能把区域国别学设置为学科目录中交叉学科门类下的一级学科,这是采取具体行动的重要的一步,也是正确的一步。

刘军:谢谢钱老师。我记得改革开放初期,我们也派出了一些考察团,比如向东欧、日本等这些地方都派出了考察团,其实就是因为当时我们对外界所知甚少,需要"补课"。现在我们还是要补课的,也正在补课,所以区域国别学这样的学科设置是非常必要的。那么,在这些具体行动过程中,正如钱老师您所指出的,交叉是国别与区域研究的主要特征,这个"叉"出来的区域国别学,作为交叉门类一个独立的一级学科,它会最终突破其他学科的影响而发展出自己独特的学科属性吗?作为独立学科进一步构建与发展的区域国别学应有怎样的学科自觉? 应树立怎样的学科自信呢?

钱乘旦:我刚才说到我们确实很欠缺,需要去补课。我们最欠缺、最缺少的是什么? 从现在的情况看,是人,我们缺少人才——就是在国别与区域方面能够进行研究、能够去做工作的人才,我们缺少的是这样的人。其他东西都好说。比如说我们曾经没有钱,现在有没有钱呢? 当然不是很有钱,但是经济问题不是大问题。我们曾经没有书,现在有没有书呢? 我们有的是书,资料都是现成放在那里的。我们最缺少的是什么? 我们最拿不出来的恰恰是人。你刚才提到我们派出考察团到一个国家、一个地区去走一趟,去了解一些情况。这当然是一种解决问题的方法,也是在补课,但是短期地、走马观花地走一走是难以了解更深层的问题的。我们必须去对象国,待在那里,了解那个地方,知道那个地方究竟是怎么回事,了解那个地方的人,了解那个地方的自然环境,了解它的风物,了解人们的思维方式、生活习惯……那不是一两个考察团在一个月、半个月之内就能完成的,根本做不到,你非得去那里待着,有意识地到那个地方去进行较长时间的学习,这样的人才培养是当前最重要的。

这也是为什么刚才我说在学科目录当中把区域国别学作为一级学科来设立是最重要的一步。中国教育体系的一个特点是学科制,在这个体系下,必须用学科这样的方式把人才培养纳入学科体系里面去,否则,说要进行研究,需要这方面的人,怎么呼吁都没用,因为没有培养这种人才的手段,在目前的学科体制下,只有通过学科目录体系才能培养人。所以就需要建设一个一级学科来培养国别与区域研究方面的人才,这是一个根本性的解决办法。

这样的人怎么培养? 前面已经说过,学科目录、学科制的出现非常重要,推动了我国现代教育体系的快速发展。但它也有缺陷,最大的缺陷就在于它把每一个学科固定化,相互之间不往来、不交叉。因此,在 2020 年底,教育部对学科目录做了重大修改,就是设立一个新的门类,这个门类叫交叉学科。交叉学科门类的设置非常正确,而且也很聪明,它既没有破坏原有的学科制体系,避免产生混乱;同时又弥补了缺陷,帮助打破学科壁垒,提供相互联通的平台。

学者们特别喜欢提到一个概念,叫"学科边界",但设立交叉学科门类的目的就是打破边界。有人问,你们这个学科的边界在哪里?我们的回答是:交叉学科最大的特点就是交叉。什么是交叉?交叉就是突破边界,实行知识交叉、方法交叉、学科交叉,否则怎么叫交叉呢?现在世界上几乎所有的突破性的科学发展,以及产生巨大影响的人文社会科学方面的新成果,都体现着学科的交叉,这已经是潮流了。恰恰因为突破了边界,才产生了最领先的科学成就以及重大学术成果,我们必须承认这个事实。因此如果有人问:人工智能的学科边界在哪里?国家安全学的学科边界在哪里?是物理学、化学还是生物学?是公安学还是外交学?是农业生产还是环境保护?能回答吗?如何回答?同样道理,区域国别学作为跨学科的交叉学科,它的特点就是突破边界,从而产生新的知识,形成新的领域。国人在这个方面确实认识不够,跟不上时代步伐。

三、学科设置与研究方法

刘军:是的,非常有道理。钱老师您所提到的这样一种区域国别学的人才培养以及学科的边界,给我印象深刻的是:需要理解交叉学科最大的特点是交叉,最大的潜力是突破边界。您曾提及,国别与区域研究至少由 10 个以上不同的传统学科构成,主要涵盖哪些学科?根据目前区域国别学一级学科的顶层设计,接下来如何推进二级学科的设置与建设？在学科体系和组织机构建设上，如何协调可能涉及的这么多传统学科？

钱乘旦："国别与区域研究至少由10个以上不同的传统学科构成"，这是对我以前说过的一句话的误解。我曾经在一些场合提到过，如果区域国别学成为一级学科，那么按照现有的规定，各个学校若想设立这个学科，需要经过申请、评审、投票、审批等一系列程序，才能最终设立。我当时说的是：如果区域国别学成为一级学科，不能任何单位想设就设，尤其是在刚刚开始的时候，需要严格把关，需要有一些基本条件。在这些基本条件中，有一个我认为是非常重要的条件，就是这所学校至少已经有10个不同的一级学科，才能得到申请这个新学科的资格。因为如果没有一定数量的现有学科的存在，怎么能形成交叉学科呢？也就是说，没有学科，谈何交叉？我当时说的是这个意思，并且以"10"这个数量来打比方，"已经有10个不同学科的学校可以去申请，只有1个学科就不能申请"，并不是说"10"是一个确定的标准。重要的是，交叉学科要以现有学科为基础、为支撑。

那么，如何推进区域国别学的二级学科的设置与建设？首先，从学科规范方面来说，目前我们的学科目录规定，一级学科之下设置二级学科，二级学科下面还有若干个方向。这是在我们建立学科制的时候就形成的规矩，时至今日也依然有它的生命力，因此当区域国别学作为一个新的学科出现时，也没有理由要去破坏这个规矩。但是，这一规矩在几十年的学科建设实践中也逐渐发生了一些变化。比如过去一级学科和二级学科的设置，一度都需要经过非常繁杂的步骤才能够得到批准并最终设立。现在二级学科的设置是开放的，申请单位有一定的自主权，因此二级学科已经不再是固定的；一级学科的设置也渐渐灵活，有一些公认的质量好的学校可以自设一级学科。这些开放与灵活也说明，在学科制建立以来的几十年实践当中，人们逐渐意识到，学科制度的固化如果达到一定程度，不仅发挥不出推进学术发展的作用，反过来还可能形成障碍。

如果申请设立区域国别学一级学科，我认为，在开始的时候需要严格一些，否则有可能出现一哄而起的乱象，会偏离我们的初衷，甚至南辕北辙。所以，应该在起步时严格一些，在找到正确的方向并且运行平稳之后，再慢慢松开。最初以严格的规范来使大家知道应该怎么做，在这一基础上形成一种自律。正因为如此，新学科下面的二级学科设置是需要考虑的，要有一个基本的范围。关于二级学科怎么设置，现在已经有一些讨论。有的认为可以按照国家、地区去设置，例如设置欧洲研究、美国研究、日本研究这样的二级学科。但这种设置的弊病是难以全面涵盖所有国家和地区，世界上有 200 多个国家和地区，难道要设置上百个二级学科吗？就算设置几十个二级学科，也是不现实的。另外，也有人提出按照专题来设置二级学科，当然还有许多其他的方案。

关于二级学科的合理设置还有很大的讨论空间。我认为，在思考如何为一个新学科设置二级学科时需要考虑以下几个方面：第一，新学科的理论方法和基本规范，例如，历史学必须要有史学史、史学理论，政治学也要有政治学的基本理论，这是设置二级学科时必须考虑的一个基本方面。第二，综合考虑专题和国家、地区因素，例如有的二级学科以地区为参照，但是地区不能简单划分为中东、东欧、西欧、东亚、南亚……而是要考虑更大的地区单元；或者将发达国家作为一个类型，发展中国家作为另外一个类型，等等。二级学科的数量不宜过多，因为由此带来的杂乱无章最终会使学科建设失去统一的标准，这对学科发展是没有助益的。这些是我对区域国别学二级学科设置的一些初步想法。

刘军：您刚刚强调了学科建设当中学科理论方法和基本规范的重要性。那么，就区域国别学这一学科的交叉特征而言，除了多学科或跨学科研究方法,还有其他比较适宜的研究方法吗? 中国在这个领域的学科建设上,可以或者应该向其他国家学习借鉴哪些经验?

钱乘旦:交叉学科的交叉特征,不仅体现在研究内容、研究对象上,在研究方法方面也有互通互融的交叉特点。首先,我认为学科目录上的很多现有学科的研究方法都可以运用到区域国别学的研究中来,在一定时期的实践当中把它们融合起来,这也是交叉的一个重要方面,同时也是一个重要的特点。另外,文科以外的研究方法其实也是需要借用的。在我们最初的讨论当中已经提到,对一个国家或地区的知识积累,不仅限于我们一般所说的"文"的方面的知识积累——需要的是全面而立体的知识积累。因此在一定意义上,理工科的研究方法其实也是需要借鉴的,但如何借鉴则需要经过一段时间的实践去逐渐摸索。

我们刚才提到的现有学科,它们的边界非常明确,从而方法也变得非常固定。例如政治学研究,现在国际学术界的政治学研究方法越来越倾向于定量式的研究方法,就是以数据和事例去支撑模型,证明结论。而历史学是一种实证的学问,需要在史料、事实中总结出某些见解,或者得出某些结论。政治学和历史学的研究方法确实有很大的区别,如果交叉了,选择哪一种方法更好呢? 也许把这两种方法结合在一起才是更好的。这就是我所强调的交叉,不仅是内容的交叉、对象的交叉,也是方法的交叉。

四、北大的建设思路与实践

刘军:目前,我国已有 400 多个教育部设置的培育基地和备案中心,还有相当数量已建多年的各校自设的国别与区域研究中心。北京大学区域与国别研究院在推动全国国别与区域研究方面做出了重要贡献,能否请您谈谈北京大学区域与国别研究院的运行模式、发展特色及培养宗旨？

钱乘旦：北京大学区域与国别研究院是 2018 年正式成立的，但意识到应当建立这样一个机构要远远早于 2018 年。北大有一个特点，就是做事再三思考。学校领导很有前瞻性，很早就意识到中国缺少对外部世界的了解。而关于如何弥补这一缺陷，却思考了很长时间，终于在 2018 年建立了区域与国别研究院，为北京大学提供一个平台，无论哪一个学科、哪一个院系，所有研究外国问题的工作都可以利用这个平台，相互沟通，打破原有的边界，完成一些有协调性的、互帮互助性质的研究课题。到目前为止，我们基本上是按照这样的思路在建设区域与国别研究院。

在建院之后的几年里，我们所做的工作主要包括以下几个方面：

第一项工作，培养人才。之前我们已经讨论过缺乏人才的问题，北京大学的校领导意识到这方面的人才太少——并不是说北大没有研究外国问题的学术力量，是有的，而且相当丰厚。但是这些力量分布在不同的院系，比如有的在外国语学院，有的在历史学系，有的在社会学系，有的在国际关系学院；甚至公共卫生学院，虽然这个学院属于医科，但是有大量的研究国外公共卫生问题的人才存在；环境科学与工程学院也有许多研究全球性的气候、地区性的自然环境的人才。所以，研究外国问题的学术力量不仅在文科有，理工科也有，医科也有……他们分布在不同的领域、不同的院系、不同的学科，结果各自关注的就是本学科的内容、本学科的课题，做不到对一个特定国家或地区进行全面了解、全面研究和全面认知。所以，我们搭建这个平台的第一步设想是，培养一种可以突破某一个学科限制，尽可能全面了解某一国家或地区的人才，这也是我们建院以后做的一项非常重要的工作，学校专门拨了招生指标，每年按照这个指标招收以国别与区域研究为学科方向、学科定位的学生。

　　大家可能有一个疑问,培养出来的是什么样的人? 要求对对象国有全面了解、全面认知,是不是培养出的是"杂家"——什么都知道,但其实什么也不知道? 如果处置不当,这种情况是有可能出现的。但我们的想法非常明确,我们培养的人,他们的学术定位不是学科,而是国家或地域。什么意思? 比如说,政治学培养的人,他的学术定位是研究政治问题,如果他研究外国政治问题,未见得是专门研究某一国家或地区的政治问题,多数情况是研究普遍性的"政治问题";他很可能鲜少甚至不会关心其他学科范畴内的问题,因为他只关心"政治问题"。政治学是这样,其他学科差不多也是这样。

　　可是北大区域与国别研究院的人才培养方案,其学术定位不是某个学科,而是某个国家,或某个地区。所以在课程学习阶段要对这个国家、这个地区有尽可能多的全面了解,尽可能完备地积累各方面的知识——从天上到地下、从物质到精神,尽可能做到应知尽知。从这个角度说,他是"通才",比如美国通、德国通、埃及通、印尼通、巴西通,等等。

　　但仅有普遍性知识是不够的,一旦进入学术研究阶段,也就是进入论文写作阶段,就需要有具体的研究方向,这个方向就是他以后的专业,是学术方向。因此对这个学生来说需要有两个方向,第一是国别方向(或者地区方向),第二是专业方向(比如经济学、历史学、民族学、宗教学等);这两个方面是结合在一起的。我们培养的人,应当既是通才,又是专才。这个难度很大,远远超出了我们现在任何一个单学科的培养目标。但我们希望能培养出这样的人,只有这样的人才能胜任或者去完成我们国家现在所需要甚至亟待人去完成的那些工作和任务。而现在我们恰恰没有这方面的人。最后,这个学生还需要有外语能力,不仅是英语能力(现在英语已经普及了),而是要掌握研究对象国家或地区的语言。区域与国别研究院培养的人需要同时具备以上三项能力,显然对学生的要求非常高,培养的难度也很大。这是我们做的第一项工作。

第二项工作,平台建设。刚才已经提到,区域与国别研究院是全校性的学术平台,为整个学校包括各个院系、各个学科研究外国问题的学者教师提供一个沟通、交流的平台,一起工作的平台,共同从事学术研究的平台。学术研究是我们工作的重要方面,我们会举办很多学术活动,会出版学术专著,也有学术期刊,这些都是围绕着学术研究展开的具体工作。学术活动是我们的一个工作重点,是很重要的工作方面。

第三项工作,智库建设。按照当前的国家需要和学校的具体工作部署,我们会参与到智库工作中,尤其最近两三年的进展比较明显,成绩也很显著。与国内其他智库有所区别的是,我们的智库工作既对上,也对下,不仅向各级党政机关提供咨询报告,同时也向国民提供各种外国相关的知识,使他们了解域外的情况或正在发生的事,我们认为这也是智库工作。在智库对下方面,我们做了很多工作,例如在《澎湃新闻》上有我们自己的专栏,建院4年来,已经有差不多600篇文章刊出,都是既有学术性又有普及性的文章。每篇文章大概5000字,针对某一个问题、某一个现象、某一个国家的某一些方面进行讨论和介绍,非常受欢迎,点击量很高,已经超过9000万次。这是智库建设工作。

另外,协助学校其他工作部门加强对外学术交流也是我们的一项工作。这些就是北京大学区域与国别研究院工作的一些基本方面和大致情况。

五、静观他国,立足社会

刘军:谢谢钱老师。虽然您说这是北大区域与国别研究院工作的一些基本方面,但已经涵盖了许多重要内容。尤其是您提到,要培养"既是通才,又是专才"的人,尽管难度很大,但这样的人才对我们的国家、社会发展而言的确非常重要。北大区域与国别研究院的具体实践值得我们学习。

现在普遍认为美国的国别与区域研究做得好,但我认为欧洲起步要更早,并且有一定的经验积累,因为在欧洲对外扩张与殖民时期,美国还是一片美丽的大荒原。所以我想请问钱老师,在推进国别与区域研究的过程中,有哪些国家的经验可以供中国参考和学习?您是国际国内享有盛名的英国史研究专家,我们也常常推荐学生阅读钱老师的著作,包括日前给学生上课时讲到的《帝国斜阳》①,也是钱老师翻译的。您在英国史的具体研究中,有怎样的国别与区域研究心得?就具体研究实践而言,如何平衡宏观层面与微观层面的研究?对于做好俄罗斯与欧亚地区研究,您有怎样的建议?

钱乘旦:国别与区域研究的学术史的确可以追溯到欧洲。因为当欧洲开始向海外扩张时,特别是在攫取了许多殖民地以后,欧洲人意识到,如果想要控制一个地方,必须了解这个地方——听得懂当地人说话,了解当地的物产、资源、历史、文化、思想……因此国别与区域研究最早是在欧洲展开的,尤其是英法等殖民大国。所以后来也就有了各种"学"的出现,如东方学、埃及学、亚述学、汉学等,都是从欧洲流传出来的。

美国是后来发展起来的大国,20世纪之前,美国人对域外的世界没有太大的兴趣,他们专注于自己的西进运动,所以一战结束后威尔逊在巴黎和会上提出的建议和想法,回国后就被国会否定了——当时美国人对外面没有兴趣。兴趣的产生是在第二次世界大战以后,作为一个拥有世界霸权的国家,美国当然需要去了解整个世界,国别与区域研究也随之出现了——地区研究

---

① 〔英〕布赖恩·拉平:《帝国斜阳》,钱乘旦等译,上海:上海人民出版社,1996年。

（Area Studies）这个概念就是在美国出现的。

从这个角度说，国别与区域研究是大国的"奢侈品"。大国往往有迫切的需求，也往往只有大国有能力做。它又是大国的"必需品"，对于一个在世界上有影响力的国家而言，国别与区域研究工作实际上也是一个大国国际地位的学术支撑，这也是为什么我们现在需要"补课"。

实际上，许多国家的国别与区域研究都有值得我们学习的经验。欧洲、美国的起步都比我们早很多，日本的域外研究也十分成熟。明治维新以后，对外扩张的野心推动日本的国别与区域研究发展。由于自身经济的发展和全球活动的增多，韩国对域外的关注度和研究水平在最近的几十年里也有一定程度的提升。虽然印度、越南等国难以与前述国家相提并论，但是他们也都在研究，在发展，这与他们的国家实力、国际地位的变化有关。因此，学习与借鉴优秀的经验很重要，我们不仅要关注美国、欧洲，还要有更宽阔的视野，其他国家的经验也值得我们学习，其中甚至有与欧美完全不同的地方。

"耐得住寂寞，坐得住冷板凳"，是欧洲、美国做得比较好的方面，许多学者不急功近利，不盲目追逐热点。国别与区域研究需要花时间，需要花精力，需要在对象国长住一段时间，了解实际情况，在此基础上才能观察到真实的情况。我曾在一篇报告中看到，一位美国学者在湖南湘西少数民族聚居区生活了 6 年，与当地居民同吃、同住、同生活，我相信，以此为基础进行的研究有可能会超过中国同行。但我们也要看到，美国的国别与区域研究也存在问题，主要是意识形态因素造成的。有的时候，意识形态就像有色眼镜一样，会使研究人员的观察与判断蒙上滤镜而失真。这是我们要引以为戒的方面。

另外，国别与区域研究也是学习一个国家、一个地区的过程。不仅要从书本上学，还要到社会上学。有些学生到了国外，马上就泡在图书馆,而我们恰恰有一些评判的标准认为:一个学生到了一个国家哪儿也不去,就泡在图书馆,很用功,很好。这的确是用功。但是做好国别与区域研究也要到社会上去——要跟当地人聊天,跟他们交朋友,去游历,去观察。从书本上学到的知识是别人写出来的,在社会当中的学习(观感、体验、调研……)有助于将所学的知识与实际情况结合起来,形成自己的知识。我们在培养人才时也需要注重这一方面,这是我自己的体会。

刘军:谢谢钱老师。国别与区域研究所需要的"学习",无论是对于国家而言,还是对于学科与个人而言,都是要紧和值得投入的。

最后,非常感谢您接受华东师范大学俄罗斯研究中心和《俄罗斯研究》编辑部的访谈!

作者简介:刘军,华东师范大学俄罗斯研究中心执行主任,华东师范大学政治与国际关系学院教授,中国国际关系学会副会长、上海市俄罗斯东欧中亚学会会长。

区域国别研究文献保障：起源、概念与现状
——对欧美地区研究及地区研究文献保障的考察①

朱本军

对我国高校图书馆而言，"区域国别研究"是一个较新的事物。截至 2019 年 12 月，我国大学已有 42 个实体区域国别研究院及 395 个非正式的虚体研究中心在教育部备案②，未来几年还可能会有较大幅度的增长。它们作为高校智库主力军之一，将长期为国家的对外发展提供前瞻性思想、理论、策略、方法和当下方案。区域国别研究所需文献信息犹如"兵马"之"粮草"，不仅应该先行，而且应该得到体系化、专业化保障。随着对对象国家和地区研究文献的强劲需求，成建制出现大量"南亚图书馆""东南亚图书馆""非洲图书馆"之类的区域国别研究图书馆或图书馆东亚部、南亚部等成为一种趋势。为正确认识"什么是区域国别研究""应该如何开展区域国别研究文献保障"，本文基于对欧美地区研究

① 本文系北京市社科基项目"北京市高端智库'一带一路'地区研究文献保障研究"（项目编号：16XCB005）研究成果。首发于《图书馆论坛》，见朱本军：《区域国别研究文献保障：起源、概念与现状——对欧美地区研究及地区研究文献保障的考察》，《图书馆论坛》，2020 年第 10 期。
② 任晓、孙志强：《区域国别研究的发展历程、趋势和方向——任晓教授访谈》，《国际政治研究》，2020 年第 1 期，第 134—160 页。

及地区研究文献保障的历史考察,厘清"区域国别研究文献保障"的起源、概念及现状,为我国图书馆界开展相关文献建设提供借鉴。

一、区域国别研究及其文献保障的起源

我国的"区域国别研究"在不同时期不同学科的学术语境中亦称作"地域研究"①"区域研究"②"国别研究"③。尽管称谓各异,但其边界和内容与西方语境中的"地区研究(area studies)"毫无二致。考虑到既要方便澄清此概念的发展脉络与内容边界,又要有助于不同领域的人在一个相对统一的话语体系下探讨问题,本文在回顾欧美历史的主要篇幅中仍采用"地区研究"的称谓,而在考察当今正在发生和发展的地区研究时采用"区域国别研究"的称谓。

(一)区域国别研究的起源

虽然作为专有名词的"地区研究"在 20 世纪 40 年代才进入学术视野,但其在全球范围内不同时期不同国家针对敌对国的外交及与友邦的商贸等活动中一直存在,在欧美经历了漫长的从"经验式"到"概念化",再到"学理化"的过程。

(1)经验式阶段。欧洲自公元前 5 世纪到 15 世纪的中世纪后期,存在一个先后以"希腊"和"罗马"为中心,与周边族群此消彼长的斗争与交往的更替。欧洲不同族群之间军事扩张前对外部世界的了解,体现出一种"经验式"的地区研究,特点包括:一,基于彼时时事所做的一种"临时性""短期"研究,一旦问题得到解决,则研究停止;二,没有发展出专门的名词来概括这种对对象族

---

① 天儿慧、吴日焕、安波:《地域研究方法与现代中国研究》,《国外社会科学》,2017 年第 4 期,第 5—10 页。
② 董玥:《走出区域研究:西方中国近代史论集粹》,北京:社会科学文献出版社,2013 年。
③ 杨立华:《南非国别研究综述》,《西亚非洲》,2011 年第 5 期,第 71—76 页。

群的研究活动,故而无持续性;三,地域上带有一定的随机性和偶然性,完全依据于与对象地区军事政治关系的紧张程度。

(2)概念化阶段。欧洲从中世纪后期至二战近500年里,经历了文艺复兴、大航海和地理大发现、一战等,对本土之外世界的探究动力主要来自基督教传教事业、攫取财富和贸易需要,以及殖民统治。此阶段对本土之外国家和地区研究了解的主要特点与经验式研究了解有所不同。一是专门团体或政府专门部门中有人员持续从事此类工作,这类专业人员大多来自教会①。二是有了除周边之外更远地区的概念。按照相对于西欧的位置,将地域划分为近东(near east)、中东(middle east)和远东(far east)。三是对本土之外的国家和地区的研究属于殖民地现地研究,开始具有一定的专业性。大英帝国在此方面最先进,其对对象地区的研究专业性不仅体现在地图和航线的绘制、物产记载等方面,而且对如何针对不同对象地区进行统治,也有详细分析和具体举措。这些地区研究资料现今仍被国际关系研究者视作研究大英帝国全球治理不可或缺的档案。

(3)学理化阶段。"地区研究"在学理上的萌芽源于二战时期的美国。美国卷入二战时,西欧是其唯一熟悉的地区,中亚等地区研究甚至是一片空白②,而且极其缺乏懂得非西方语言和文化的人才,这对当时的军事行动造成很不利的影响,军方不得不在战争期间投下巨资在全国各地办了好几个大规模的外语强化培训班③。地区研究在美国的兴起,是为了满足军事、外交活动,乃

① 〔美〕杰里·H·本特利:《旧世界的相遇:近代之前的跨文化联系与交流》,李大伟、陈冠堃译,施诚校,上海:上海三联书店,2015年,第55—96页。
② 郑力人、肖珑、薛燕等:《书海同舟:中美高校图书馆合作发展论坛论文荟萃(2011—2015)》,北京:社会科学文献出版社,2017年,第187、366页。
③ 杨继东:《收藏中国文献,美国何以后来居上》,https://www.thepaper.cn/newsDetail_forward_1578681(2020-04-28)。

至商界的海外 1 需求①。美国的地区研究在建制化方面的明显强化出现在冷战初期,为继续扩大对外部世界的了解,哥伦比亚大学 1946 年 9 月成立俄国研究所,耶鲁大学 1947 年组建东南亚研究中心,哈佛大学 1948 年 2 月成立俄国研究中心,宾夕法尼亚大学 1948 年创办南亚研究系,加州大学伯克利分校 1948 年成立斯拉夫研究所,康奈尔大学 1950 年组建东南亚研究中心。②

地区研究在美国专业化的迅猛发展源于 1958 年《国防教育法案》(*National Defense Education Act*)的出台。二战后全球形成了以美国为主导者的"北大西洋公约组织"(North Atlantic Treaty Organization,简称"北约")和以苏联为主导的"华沙条约组织"(Warsaw Treaty Organization,简称"华约")两大阵营尖锐对抗。1957 年苏联发射第一颗人造卫星,呈现出对美国的压倒性优势,美国大受刺激。为避免在对抗中落后,以及避免对华约组织成员国的一无所知,美国国会通过旨在增强美国国防竞争能力的《国防教育法案》③,第 6 款(Title VI)明确规定联邦政府须对外语教育和地区研究(Foreign Language and Area Studies,FLAS)项目进行实质性资助,在全国建立一批资源中心。这加速了美国地区研究的兴起,匹兹堡大学、印第安纳大学、布朗大学、俄亥俄州立大学、马里兰大学、威斯康星大学、亚利桑那大学、堪萨斯大学、北卡罗来纳大学、伊利诺伊大学、明尼苏达大学等相继设立研究机构。

这一时期美国地区研究的特点包括以下几点。一是建制化

---

① 牛可:《地区研究的创生及其学术制度和思想意义》,见陈洪捷:《教育观念与思想史研究小组活动简报》,北京大学教育学院,2015 年第 9 期,第 2 页。

② 梁志:《美国"地区研究"兴起的历史考察》,《世界历史》,2010 年第 1 期,第 28 页—29 页。

③ The History of Title VI and Fulbright-Hays: An Impressive International Timeline, https://www2. ed. gov/ about/ offices / list/ope/iegps/history. html(2020 – 04 – 28).

发展,这意味着美国不仅开始拥有一批长期从事对象国和地区研究的人员,同时不断培养后继人才。二是将"问题意识""实学取向"贯穿地区研究的始终。无论是二战时期面向军事、外交和商贸,还是冷战时期为研究苏联和华约组织,美国开展地区研究的目的极为明确:为政府或企业的现实问题提供对策。三是在"地区"划分上,继承欧洲大航海时期和 19 世纪欧洲语言学比较学派关于全球七大语系的划分成果①,将全球分为"近东""中东""远东"等大地区概念,或者按照阿尔泰语系、乌拉尔语系等划分对象地区,如印第安纳大学 1962 年成立"乌拉尔-阿尔泰学系"(Department of Uralicand Altaic Studies)。

(二)区域国别研究文献保障的起源

由于地区研究"出于英而成于美"②,如何开展地区研究文献保障,以美国为案例可以观其大略。美国对本土之外的外部世界研究文献的收集者,早期主要是私人、宗教机构、政府和高校,带有一定的随机性,后来才逐步转移到图书馆,变得具有计划性。

(1)私人和宗教机构。欧洲中世纪以降,基督教信徒为传教,有大量第一手的地区研究资料。早在鸦片战争前,美国新教长老会(Presbyterian Church)就开始向中国派出医务传教士,战后这种派遣更加频繁,当时美国有关亚洲的第一手知识,尤其是关于亚洲民俗、语言、文化、宗教等方面的知识大多由传教士传播③。其中部分信件被整理出来,如卫理公会(Methodist Missionary)传教士在非洲、欧洲、印度和马来西亚的信件是早期地区研究非常重要的文献。大航海和地理大发现时代,殖民国家的商船为贸

---

① 张记彪:《文化地理》,北京:企业管理出版社,2014 年,第 31 页。
② 赵宏伟:《地域研究|帝国之学》,https://www.thepaper.cn/newsDetail_forward_1480325(2020-04-28)。
③ 郑力人、肖珑、薛燕等:《书海同舟:中美高校图书馆合作发展论坛论文荟萃(2011—2015)》,第 332 页。

易、冒险家为探求未知世界亦搜集有大量文献。例如,法国探险家伯希和(Paul Pelliot)、英国探险家斯坦因(Marc Aurel Stein)等在中亚细亚、中国新疆和甘肃搜集到的大量图书、影像资料和考古勘察记录,柔克义(William W. Rockhill)对中亚阿姆河流域和中国库页岛的考古资料,1908 年汉学家劳费尔(Berthold Laufer)从远东带回芝加哥菲尔德自然史博物馆(Field Museum of Natural History)的中、日等书籍。①

(2)政府与高校。早期政府和高校对外国文献的收藏多来自捐赠和交换。例如,1869 年同治皇帝向美国赠送 933 册中文线装书②;1901 年李鸿章代表慈禧太后向哥伦比亚大学捐赠 5044 册中文线装书③;1916 年江亢虎向加州大学捐赠其祖父收藏的 1600 种图书 13600 余册④;1918 年查尔斯·华生(Charles W. Wason)向康奈尔大学赠送 9500 册有关中国的图书、550 册手稿和其他类型文献⑤。早期美国对地区研究文献的收藏带有一定的偶然性,并非在固定财政预算下有计划地采购收集。

(3)高校图书馆。二战前后,由于美国在地区研究方面的觉悟以及在高校设立培养外语人才和地区专家的院系或中心,产生了地区语言教学、学习和地区研究的需求。以哈佛大学为例,中文文献采购需求源于 1879 年邀请戈鲲化(Ko K'un-hua)讲授中文

---

① 郑力人、肖珑、薛燕等:《书海同舟:中美高校图书馆合作发展论坛论文荟萃(2011—2015)》,第 332—334 页。

② TsuenHsuin, Tsien, " Trends in Collection Building for East Asian Studies in American Libraries", *College & Research Libraries*,1979,40(5):405.

③ 邵长兴:《集海外散存方志谱牒展历代修志编谱全貌——哈佛大学燕京图书馆、美国国会图书馆、哥伦比亚大学东亚图书馆考察见闻与思考》,《中国地方志》,2010 年第 4 期,第 53—56 页。

④ 周欣平:《东学西渐:北美东亚图书馆(1868 - 2008)》,北京:高等教育出版社,2012 年,第 72 页。

⑤ 郑力人、肖珑、薛燕等:《书海同舟:中美高校图书馆合作发展论坛论文荟萃(2011—2015)》,第 142—143 页。

课程，日文文献采购需求源于 1914 年东京帝国大学的服部宇之吉（Hattori Unokichi）和姉崎正治（Anesaki Masaharu）前来讲课。①

私人、宗教团体收集的海外文献和捐赠文献为随后真正意义上的地区研究文献的发展奠定了基础②。哈佛大学中日文图书于 1928 年并入哈佛燕京学社（Harvard-Yenching Institute）的汉和图书馆（Chinese-Japanese Library），此后中日文文献采购有较强的计划性，拥有一定配额的财政预算。1936 年芝加哥大学为配合中文教学需要，在顾立雅（H. G. Creel）藏书基础上成立"远东图书馆"③。1937 年普林斯顿大学在葛思德（Guion Moore Gest）中文图书的基础上建成"葛思德东方图书馆"。1947 年华盛顿大学在 1937 年洛克菲勒基金会（Rockefeller Foundation）捐赠资金及 1938 年哥伦比亚大学捐赠 2000 册中文图书基础上建成"远东图书馆"④。

由于二战对地区研究的需求，美国高校对地区研究文献的采购目的性和计划性变得很强。二战时期和冷战初期，地区研究文献是在私人基金会资助下采购，而 1958 年《国防教育法》规定对外语教育和地区研究（FLAS）项目进行实质性资助后，美国联邦财政直接资助地区研究文献的采购。今所见美国大学图书馆总馆之下专门成立的地区研究分馆或文献部，如东亚图书馆、东南亚图书馆、南亚图书馆，都是该时期的产物。

---

① Harvard-Yenching Library Collections History，https：//projects. iq. harvard. edu/yenchinglib/history（2020－04－28）.

② 郑力人、肖珑、薛燕等：《书海同舟：中美高校图书馆合作发展论坛论文荟萃（2011—2015）》，第 143 页。

③ 钱存训：《东西文化交流论丛》，北京：商务印书馆，2009 年，第 158 页。

④ 程焕文、沈津、王蕾等：《2016 年中文古籍整理与版本目录学国际学术研讨会论文集（上）》，桂林：广西师范大学出版社，2018 年，第 10 页。

二、区域国别研究及其文献保障的概念与内容

(一) 区域国别研究语词的来源

从前文对欧美地区研究沿革的爬梳可以看到,西方语境下的"地区(area)"有着特殊含义,所指范围为"本土以外"。对二战及冷战时期的美国而言,"地区"指的是"美国以外(尤其是不包括西方盟国在内)的国家和民族的研究,而不是指对美国境内各地区的研究"[①]。汉语语境下,"地域研究""地区研究""区域研究"等均源于对"area studies"的直译。这种直译容易让人望文生义,以为是指对本土某"地域空间",如"长三角""珠三角"之类的研究。为避免混淆,近年有些文章意译为"国别研究",此种意译又往往被认为只是"对一个个国家分别进行研究"[②]。为避免以偏概全,中国现今普遍采用"区域国别研究"译法,完整地表达了西方语境中"area studies"包含的内容。

(二) 区域国别研究的概念与内容

所谓"区域国别研究",可以简单从"地区"概念衍生,界定为对本土以外地理区域所开展的研究。不过,随着学理讨论的深入,"区域国别研究"的内容与内涵需要不断剖析和解构。此概念的具体指称,不同时期不同人员的界定不一样,兹选取具有代表性的进行讨论。大卫·桑顿(David L. Szanton)[③]将"地区研究"概括为"一系列学术领域和活动的总称",这些领域和活动致力于

---

① 郑力人、肖珑、薛燕等:《书海同舟:中美高校图书馆合作发展论坛论文荟萃(2011—2015)》,第 338 页。

② 赵宏伟:《地域研究|帝国之学》,https://www.thepaper.cn/newsDetail_forward_1480325(2020-04-28)。

③ David L. Szanton,"Introduction:The Origin,Nature,and Challeges of Area Studies in the United States", in David L. Szanton, *The Politics of Knowledge:Area Studies and the Disciplines*, Los Angeles:University of California Press,2004. p. 3.

深入的语言学习；以当地语言进行深入的实地研究；密切关注当地的历史、观点、材料和解释；测试、阐述、批判或发展基于细致观察的扎根理论；多学科对话，这种对话通常跨越人文学科和社会科学的界限。赵宏伟[1]通过将"地区研究"与"国际关系研究"进行比较来界定地区研究的领域范畴，认为"地区研究"不是集中讨论"国与国的关系"这个点，而是全方位地研究一个国际地域的里里外外、方方面面。在研究方法上，与传统的学科研究不同，区域国别研究运用"复合接近法"，即运用人文社会科学各学科的理论和方法对研究对象进行跨学科综合性研究，如研究一个国际地域的文明、文化、政治、社会、经济等。维基百科（Wikipedia）对"area studies"的定义是：与特定地理、国家或联邦、文化区域等有关的跨学科研究和学术领域[2]。

尽管诸家定义各异，但也有相同的部分，结合前述发展脉络爬梳来看，"区域国别研究"内容至少包括以下要点：研究对象为"本土之外"的国家或地区；地理单元上，针对具有一定地域共性的地区或国家，以及那些对本国事务有特别意义的地区或国家（对他国未必）；研究方法采用多面向，包括政治、经济、社会等；实学取向，尽管研究中不可避免涉及对象国家和地区"过去的""历史的"内容，但基本理念是注重研究过去的现有意义，强调能够在"眼前""当下""为我所用"的实学取向。简而言之，所谓"区域国别研究"，是指以本国之外具有一定地域共性和对本国事务有特别重要意义的地区或国家为对象，在注意共性的同时注意地区的特性，深度挖掘该地区的政治、经济、产业、法律制度、社会、文化、民俗、历史、地理、军事、外交、教育、科技等相关信息为我所用的研究。

---

[1] 赵宏伟：《地域研究｜帝国之学》，https://www.thepaper.cn/newsDetail_forward_1480325(2020 – 04 – 28)。

[2] Area Studies, https://en.wikipedia.org/wiki/Area_studies(2020 – 04 – 28).

（三）"区域国别研究文献"的概念

所谓"区域国别研究文献"，即开展区域国别研究所需的文献。由于"区域国别研究"固有的特性，区域国别研究文献从理论上亦体现出一些继承性：一是专题性，文献信息围绕"本土之外"的对象国家和地区展开，搜集全球不同国家不同语种关于同一对象国家和地区的文献信息；二是针对性，特别注意共性中的"特性"文献，以及"对本国事务有特别意义"的文献；三是时效性，所搜集的文献信息能够支撑区域国别研究解决"眼前""当下"问题。

三、北美区域国别研究及其文献保障现状

（一）北美区域国别研究现状

由于具有强烈的实学取向，从 20 世纪 70 年代至今，美国区域国别研究相关系、科、中心的改、撤、并一直随着国际局势和美国关注的对象国家和地区的变化而调整。从其调整和完善中可以瞥见区域国别研究不断走向精细化和专业化。

（1）原欧洲学术体系下的大地区概念和语系划分逐渐精细化。美国对东方、近东、中东、远东、印欧语系、汉藏语系等大概念进行细化。比如，将"远东"具体为东亚研究（East Asia Studies）、东南亚研究（Southeast Asia Studies）等中等概念，或细化为"中国研究"（Chinese Studies）、"日本研究"（Japanese Studies）、"朝鲜研究"（Korea Studies）小地理单元，甚至到粒度更小的族群，如中国研究细化到"汉学""蒙古学"等。此种细化早在二战初即出现过端倪。比如，不再把巴尔干（Balkan）国家称为近东国家，而以"东南欧"或"南欧"代称①，只不过在东欧剧变后这种细化变得更加必

---

① 朱晓中：《从巴尔干到东南欧——冷战后巴尔干地缘政治变迁》，《东欧中亚研究》，1998 年第 3 期，第 48—57 页。

要。这不仅带动了美国高校地区研究相关院、系、所和中心的改名,也带动了成立更加细化的地区研究中心,如前述印第安纳大学"乌拉尔-阿尔泰学系"1993 年改名为"欧亚内陆研究系(Department of Central Eurasian Studies)"①。

(2)地区研究的范围更大。冷战时期美国地区研究不包括美国本土及西欧盟国,1993 年欧盟诞生后,原先的欧洲盟国也成了美国新的研究对象,亦即美国的地区研究中的"地区(area)"变成了美国本土之外的"全球",在名称上"area studies"开始向"国际研究"(International Studies)、"全球研究"(Global Studies)、"地区与国际研究"(Regional and International Studies)过渡。美国杜克大学、印第安纳大学、密歇根大学、宾夕法尼亚大学、芝加哥大学、伊利诺伊大学香槟分校、明尼苏达大学、北卡罗来纳大学教堂山分校、华盛顿大学和威斯康星大学麦迪逊分校均设置了全球研究中心②,原有的"东亚研究"(Asia Studies)、"斯拉夫研究"(Slavonic Studies)等地区研究隶属于"International Studies"③,这些都反映了美国地区研究的当下务实。

(3)北美区域国别研究的转向。北美区域国别研究的转向主要是大学区域国别研究转向"学术研究"。从 20 世纪 70 年代开始,美国大学在 20 世纪五六十年代成立的区域国别研究系呈现萎缩和边缘化趋势,人文社会科学院系(人类学系、艺术史系、地理系、历史系、语言文学系、音乐系、社会学系、政治学系等)培养的国

---

① Department of Central Eurasian Studies(Indiana University),https://en. wikipedia. org/wiki/Department_of_Central_Eurasian_Studies_(Indiana_University)(2020 - 04 - 28).

② 郑力人、肖珑、薛燕等:《书海同舟:中美高校图书馆合作发展论坛论文荟萃(2011—2015)》,第 413 页。

③ Duke University | Center for International & Global Studies,https://igs. duke. edu/centers(2020 - 04 - 28).

际问题专业学生比专门区域国别研究系培养的学生更受青睐①。以至于有一种观点认为,到 20 世纪 90 年代,由于苏东剧变和美国政府政策需求发生转向,区域国别研究无用武之地甚至"趋向衰落"②。大学区域国别研究转向"学术研究",实际上是将区域国别的重心从"研究"转向"区域国别研究人才培养",以至于真正具有传统"实学取向"的区域国别研究大规模转向布鲁金斯学会(Brookings Institution)、美国对外关系协会(Council on Foreign Relations)等民间智库和美国中央情报局(Central Intelligence Agency)等官方机构。

(二)北美区域国别研究文献的保障现状

美国区域国别研究在大学和社会的转变使得所需文献保障呈现两种截然不同的走向。以美国中央情报局评估报告和美国国务院情报研究所(Office of Intelligence Research)情报报告征引文献、北美大学东亚研究文献为例,综述其区别。

(1)基于美国中央情报局评估报告和美国国务院情报报告征引文献的研究。美国中央情报局是美国官方开展区域国别研究的机构,通过各种渠道搜集对象国家和地区的文献信息,形成研究报告呈送给美国政府。20 世纪 60 年代美国中央情报局有专门的文献信息搜集部门,如负责对象国广播监听、翻译并分发这些资料且加以分析的国外广播新闻处(Foreign Broadcast Information Service)③、负责从国内渠道收集对象国家情报以及获取和分析对

---

① David L. Szanton,"Introduction:The Origin,Nature,and Challeges of Area Studies in the United States",In Dauid L. Szanton, *The Politics of Knowledge:Area Studies and the Disciplines*.

② 〔美〕F. 福山:《学术界何以有负于国家:区域研究的衰落》,《国外社会科学》,2005 年第 3 期,第 92—94 页。

③ Foreign Broadcast Information Service, https://www. cia. gov/library/center-for-the-study-of-intelligence/csi-publications/books-and-monographs/ foreign-broadcast-information- service/(2020 - 04 - 28).

象国语种研究成果的国内联络处(Domestic Contact Service)①。下面以《美国对华情报解密档案(1948—1976)》②为对象,分析美国中央情报局和美国国务院报告中征引文献信息,归纳区域国别研究所需文献信息特点。

第一,文献信息的来源。报告所征引的文献信息除来自美国驻外机构(使领馆)提供的信息、对象国公开出版的报刊和电台广播的信息、利用职业间谍和高空侦察机等技术手段得到的资料,以及情报人员消息③,还有一些内部文件。以《美国国务院情报研究所关于中国民盟当前立场的报告》④为例,"IRIS R&A 3472,1945 年 12 月 17 日"和"Source S,1946 年 1 月 5 日",一个是内部的评估报告;另一个是从其他渠道采集并存放在内部的文献信息。

第二,文献的时效性。由于研究的时效性强,对文献时效性的需求亦相当强。美国中央情报局时事情报处(Office of Current Intelligence)关于中国的研究报告有每日摘要(daily summary)、每周摘要(weekly summary)、每周评论(weekly review)、每月政治报告(monthly report)和不定期的特别备忘录与简报⑤。中央情报局关于中国的研究报告所征引的大量文献都具有强烈的时效性。例如,中情局 1945 年 12 月 27 日的《国务院关于中国政治协商会议的评估报告》大量征引了 1945 年 7—12 月的新闻报道和评论⑥。

第三,文献的分级。由于对对象国研究所需文献信息的来源

---

① What is the CIA Domestic Contact Service, https://www.washingtondecoded.com/files/dcs.pdf(2020 - 04 - 28).
② 沈志华、杨奎松:《美国对华情报解密档案(1948—1976)(壹)》,上海:东方出版中心,2009 年。
③ 沈志华、杨奎松:《美国对华情报解密档案(1948—1976)(壹)》,第 8 页。
④ 沈志华、杨奎松:《美国对华情报解密档案(1948—1976)(壹)》,第 227 页。
⑤ F. Church,John G. Tower, *Supplementary Detailed Staff Report on Foreign and Military Intelligence*(*Book IV*), Washington:U.S. Government Printing Office,1976,p.78.
⑥ 沈志华、杨奎松:《美国对华情报解密档案(1948—1976)(壹)》,第 211—219 页。

多元,美国中央情报局对所引用文件(file,包括外国政府与组织的原始文件,由参谋人员对这类文件进行的复制或翻译,或由参谋人员从这类文件中节选出来的信息)的来源可信度、内容可信度有评估分级(见表 1)。这样,在"信息来源"和"信息内容"之间就建构了 36 种可信等级:有的信息来源虽然"不能判断"(F),但内容"很可能为真"(2);有的信息来源"完全可信"(A),但内容"很可能为假"(5);有的信息来源"相当可信"(C),但内容"令人怀疑"(4),凡此种种组配,不一一列举。

表 1   美国中央情报局文献可信度分级①

信息来源	信息
A - 完全可信	1 - 由其他来源证明
B - 一般可信	2 - 很可能为真
C - 相当可信	3 - 可能为真
D - 不太可信	4 - 令人怀疑
E - 不可信	5 - 很可能为假
F - 不能判断	6 - 不能判断

(2)基于对北美高校东亚文献的考察。北美高校的东亚图书馆实际上围绕北美高校东亚区域国别研究人才培养和东亚研究展开。北美东亚研究文献的总体面貌,根据北美东亚图书馆理事会(CEAL)官方网站的数据,自 20 世纪 20 年代起至 2018 年 6 月 30日,东亚图书馆或图书馆的东亚部文献信息的总量:印本书藏书总量累计超过 2000 万册,电子图书达 885 万册,缩微胶片、图片、音频、视频、流媒体等亦有相当规模。仅 2017 年 7 月 1 日至 2018 年 6月 30 日财政年度,从事东亚文献保障的专业馆员总人力达 412.59人,年总财政投入超过 1382 万美元。从表 2 可见北美东亚地区研究文献具有相当规模,一方面体现了美国大学对东亚区域国别研究的持续性;另一方面也显示出了文献保障的专业性和集中性。

---

① 沈志华、杨奎松:《美国对华情报解密档案(1948—1976)(贰)》,上海:东方出版中心,2009 年。

文献资源累计(图书单位:册;期刊单位:种)

表 2　北美东亚图书馆资源总览及投入概览(截至 2018 年 6 月 30 日)

	项目	中	日	韩	非 CJK	合计	
47 馆	纸本图书	10845432	6358703	1886501	1482589	20573225	
	电子图书	—	—	—	—	8851779	
45 馆	纸及其他格式刊	—	—	—	—	88707	1102464
	电子刊	—	—	—	—	1013757	
46 馆	微缩胶卷	450446	429216	51814	77582	1009058	
	地理制图	16719	25065	7205	23135	72124	
	音频	6306	7896	3293	5743	23238	
	视频	19904	18857	12713	4965	56439	
	DVD	62531	20433	30037	5007	118008	
	在线地图	298	4725	53	48	5484	
	在线图片、照片	40899	5889	542	32918	80248	
	流音频	391	277	75	491	1234	
	流视频	938	513	1193	9406	12050	

人力资源(单位:人/年)

46馆	中	日	韩	非中日韩	合计
专业人员(FTE)	62.78	31.81	29.43	21.7	165.72
支持人员(FTE)	66.59	35.64	27.32	23.55	153.1
学生助理	23.41	23.31	11.33	11.95	69.99
其他					25.78
					413.59

财政资源(单位:美元/年)

44馆	中	日	韩	非CJK	合计
财政支出	5598423.96	4220522.67	1388722.88	1754040.73	13828453.19

注:根据 Doll, Vickie Fu and Liu, Wen-ling(2019), "Council on East Asian Libraries Statistics 2017—2018 For North American Institutions (Revised)," *Journal of East Asian Libraries*, Vol. 2019: No. 168, Article 5 整理。见:https://scholarsarchive.byu.edu/jeal/vol2019/iss168/5(2020－04－28)。

值得注意的是，北美大学东亚图书馆的东亚地区研究文献和中央情报局区域国别研究文献有相当大的不同。北美东亚图书馆的文献更体现出一种"学术倾向"，在文献的时效性上主要是历史文献，文献来源以公开出版的学术文献为主，亦没有分级的必要。究其原因，殆是因为美国的"区域国别研究"是依托高校成长起来的，而高校的目的中最重要的是培养地区研究人才：所培养的人既要懂得对象地区和国家语言，又要了解对象国家和地区的历史、文明、文化。

四、思考

通过对欧美"区域国别研究"和"区域国别研究文献"起源、概念和现状的考察，可以澄清一些关于"区域国别研究"所需文献保障的误区。

（1）"区域国别研究"与"学术研究"所需文献差别大。区域国别研究具有侧重于解决当下问题的"实学取向"特征，因而开展研究所需文献在时效性、专题性、针对性、分级和内容多面向上均有较高要求。学术研究侧重于叙述、阐释或探究过往历史的真相，往往以"学科"为中心。以历史研究为例，大学学术研究视野下的"历史研究"主要为探清过往历史的真相，而区域国别研究很少探讨发生很久的历史，即便有所涉及，也是从历史中寻求能解决"眼前""当下"问题的借鉴。典型的例子，如本尼迪克特的《菊与刀》看似纯粹研究日本历史与民族习性的学术著作，实际上是为美国如何处置二战战败国日本提供决策依据。

（2）"区域国别研究文献"不等于"对象国语种文献"。尽管区域国别研究所依赖的文献中会存在相当大比例以对象国语言写成的文献，但区域国别研究文献侧重于文献内容的"多面向"，即搜集全球关于对象国家和地区的文献信息，不管它以何种语言表达。

（3）"培养区域国别研究人才"与"开展区域国别研究"所需文献的差别，尤应引起我国已设立区域国别研究相关院、系和中心的大学注意。我国 437 个区域国别研究机构的文献保障基本来自保障学术研究的大学图书馆。是否需要单独开展区域国别研究所需文献的保障以及如何保障，应注意区分"区域国别研究"和"区域国别研究人才培养"：如果大学成立区域国别研究院的目的在"研究"，由于研究人员已经对对象国家语种、对象国家历史文化等有专门的训练和知识素养，并且真正的区域国别研究很少关注已经过去很久的历史，那么大学对其所需文献的保障则应像前述美国中央情报局的研究文献那样，在时效性、专题性、针对性和分级上有高要求；如果大学区域国别研究院的重心放在"区域国别研究人才培养"，或从事研究的同时还肩负着区域国别研究人才培养的任务，那么大学应该既重视传统以学科为中心的学术研究文献保障，又开展区域国别研究文献的保障。

尽管本文只是对欧美地区研究和地区研究文献保障历史的考察，但可以看出区域国别研究文献的保障对当今高校图书馆而言是一个新领域，构建中国视野下的区域国别研究文献保障体系已成为高校图书馆亟待解决的问题。

作者简介：朱本军，北京大学图书馆副研究馆员，中国高校人文社会科学文献中心秘书长。

第二部分　理论方法

关于区域与国别研究方法论的思考[①]

李　强

随着中国改革开放的发展,中国参与世界事务的程度愈来愈广泛深入,区域与国别研究在学术界迅速兴起,成为一门显学。区域与国别研究对于人文社会科学学科的发展以及国家内政外交政策的研究都具有重大意义。一方面,显而易见的是,区域与国别研究有助于理解世界上不同地区、不同国家的政治、经济、社会、文化与历史,这是开展对外交流不可或缺的知识。另一方面,区域与国别研究有助于拓展人文社会科学各学科的视野,在新的起点上发展人文社会科学理论。今天的人文社会科学理论,在相当大程度上是基于西方国家的发展经验抽象而来的。近年来,国内学术界强调本土化,致力于基于中国自身的历史与经验拓展乃至矫正人文社会科学诸学科的理论。区域与国别研究的意义在于,将不同地区、不同文化、不同国家的经验纳入比较研究范围,这样可以大大扩展社会科学的经验基础,提升社会科学的研

---

① 本文首发于《欧洲研究》,见李强:《关于区域与国别研究方法论的思考》,《欧洲研究》,2020 年第 5 期。

究水平。

　　为了理解区域与国别研究在人文与社会科学知识体系中的地位与价值,我们有必要探讨区域与国别研究的方法论问题。

一

　　在世界范围内,区域与国别研究的发展经历了若干阶段。近代具有学科意义的区域与国别研究最早出现在欧洲。随着欧洲殖民主义活动的扩展,殖民者希望了解殖民地的风俗、人情、社会、经济与政治,于是出现了对他者的研究。人类学、考古学、地理学以及语言学是这一阶段区域与国别研究的主要领域。可以说,区域研究乃是"帝国的产儿"。当一个国家处于"帝国"地位或具有"帝国"野心时,对他者的关注便成为必然。[①]

　　不过,尽管有这些早期的先行者,区域与国别研究作为一门学科或系统的学问直到 20 世纪初才出现。最早制度化的区域与国别研究出现在英国。第一次世界大战之后,随着奥斯曼帝国、奥匈帝国的解体和俄罗斯帝国的灭亡,一批新型的民族国家诞生。这些国家有其独特的语言、文化和政治传统。作为日不落帝国的大英帝国认识到理解这些新兴民族国家的政治、经济、社会与文化对于英国国家利益至关重要,区域与国别研究便应运而生。作为制度化区域与国别研究的先驱,英国于 1915 年建立了斯拉夫学院(School of Slavonic Studies),1916 年建立了亚非学院(School of Oriental and African Studies),并于 1920 年建立了英国国际事务研究院(British Institute of International Affairs),即皇家国际事务研究所(Royal Institute of International Affairs)

---

① 见 Bert Hoffmann,"Area Studies,"Britannica Academic,https：//www.britannica.com/topic /area-studies(2022 - 05 - 19)。

的前身。①

　　第二次世界大战后，区域与国别研究的重镇转移到美国，成为美国对外政策的重要知识支持。在二战之前，美国只有少数学者从事欧洲以外国家或地区的研究，这些研究者大多是传教士、前外交官或外国移民。二战之后，随着美国跃升为超级大国，出于对外政策的需要，美国政府开始大力支持对世界各国的研究，区域与国别研究在美国大学如雨后春笋般发展起来。据有关研究显示，到1990年左右，即美国区域与国别研究发展的高峰时期，全美国大学中有不同规模、不同性质的区域与国别研究中心或机构约600个，其中80多个高水平区域与国别研究机构得到美国政府的资助。②

　　冷战结束后，特别是随着发展中国家在国际舞台上的活动日益频繁，区域与国别研究逐步带有更强的全球化色彩。一方面，区域与国别研究的机构从西方向非西方国家扩展；另一方面，区域与国别研究愈来愈关注诸多全球化的议题，如全球性金融危机、恐怖主义和全球气候变化等。③

二

　　伴随着区域与国别研究的发展，方法论也发生很大的变化。二战之前传统的区域与国别研究在很大程度上是基于人文学科方法的研究。这种方法的显著特征是：以对象区域与国别的语言

---

① Lesley Pitman, *Supporting Research in Area Studies: A Guide for Academic Libraries*, Oxford: Chandos Publishing, 2015, p. 8.

② Richard Lambert, "Blurring the Disciplinary Boundaries: Area Studies in the United States," *American Behavioral Scientist*, Vol. 33, No. 6, 1990, p. 715.

③ Katja Mielke and Anna-Katharina Hornidge, eds., *Area Studies at the Crossroads: Knowledge Production after the Mobility Turn*, New York, NY: Palgrave Macmillan, 2017, pp. v – vi.

训练为基础；对研究对象进行深入的实地考察；高度重视对象区域或国别的历史，重视本土资料的收集与解释；采用多学科或跨学科的研究方法。① 这种方法至今仍是区域与国别研究的基础。

不过，二战之后，尤其是最近几十年来，区域与国别研究愈来愈倾向于运用政治学、经济学和社会学等社会科学的方法，试图以理论分析的方法、比较的方法甚至量化的方法构建区域与国别研究的分析框架。

这样就产生了两种区域与国别的研究方法，即人文的方法与社会科学的方法。以西方的中国研究为例，以人文方法研究中国问题的学者通常被称为"汉学家"（Sinologist）。所谓"汉学家"大多受过中国语言的训练，或者在语言的基础上有较好的中国文学及历史知识。用社会科学方法研究中国问题的学者一般不愿意被称为"汉学家"，甚至颇为鄙视"汉学家"这个称谓。他们是某一学科的专家，只是碰巧在比较研究中选择中国作为对象而已。这类学者具有良好的某一学科的知识背景，但对中国实际情形的了解比汉学家逊色许多。他们中不少人不能阅读中文，在相当大程度上依赖二手材料研究中国。

在很长时期，这两种研究方法并非十分和谐，而且不乏相互批评。在相互批评中，社会科学对区域研究的批评声音最为响亮。社会科学自诞生以来，便以所谓"研究普遍规律"为宗旨。它假定存在制约人类社会行为的一般法则，并试图通过严格的科学方法尤其是系统的方法，通过个案研究及分类研究，找出这些制约人类行为的一般规律。②

当然，在社会科学诸领域中，对于区域与国别研究的态度并

---

① David L. Szanton, ed., *The Politics of Knowledge: Area Studies and the Disciplines*, Berkeley, CA: University of California Press, 2004, p. 5.
② 〔美〕伊曼纽尔·华勒斯坦等：《开放社会科学》，北京：生活·读书·新知三联书店，1997 年，第 32—33 页。

不完全相同。如果我们把经济学、社会学和政治学作为社会科学的三个核心学科的话①,经济学对区域研究的亲和力最差。诚然,在二战后初期,当现代化理论和发展经济学颇为流行之时,经济学者曾是区域研究的重要力量。但是,随着经济学在方法论上愈来愈高度依赖量化分析和规范性模式,区域研究在经济学领域日益边缘化。经济学家往往倾向于将特定区域与国别的经济纳入统一的分析框架,用统一的方法论分析不同的个案。②

　　社会学的情形较为复杂。在社会学领域中,传统的基于理论和历史分析的方法与目前颇为时髦的量化分析方法对区域与国别研究的态度明显不同。基于量化分析的社会学研究倾向于用一套分析模式去观察不同的国家与社会。在这种情况下,区域与国别研究的价值充其量不过是将特定的分析模式运用于不同的地域或国家而已。

　　与其他学科相比,政治学是和区域与国别研究交织最多的社会科学学科。以美国为例,在比较政治领域有众多以区域或国别政治为研究对象的学者。在政治学研究领域,关于区域与国别研究的方法论之争最为激烈,其中诸多理论或观点对我们今天思考区域国别研究方法论具有借鉴意义。

　　在相当长时间内,政治学界的主流学者对区域与国别研究不时发出轻蔑与批评之声。其中最典型的批评是区域与国别研究的学者不愿或无法将其研究上升为具有普遍意义的理论高度,而且一般缺乏量化研究的方法。曾任美国政治学学会主席的罗伯特·贝茨(Robert Bates)的观点很具有代表性。贝茨作为政治学

---

① 根据沃勒斯坦对社会科学的起源与发展的分析,"社会学、经济学和政治学构成了一个以国家为中轴的三一体,从而巩固了它们作为核心社会科学(以研究普遍规律为主旨)的地位"。参见〔美〕伊曼纽尔·华勒斯坦等:《开放社会科学》,第 31 页。
② David L. Szanton, ed., *The Politics of Knowledge: Area Studies and the Disciplines*, p. 14.

科学化的虔诚信奉者,致力于在政治学研究中推行当时盛行的
"理性选择"方法。正因为如此,他对区域与国别研究的方法提出
强烈批评。① 贝茨在 1996 年写给美国政治学会的一封信
("Letter from the President"in the American Political Science
Association) 中写道:"学术界已经形成的共识是,区域研究无法
产生科学的知识。我们看到,区域研究的专家背离了社会科学,
投入了人文学科的阵营……他们在统计知识和数学方法领域、在
理论追求方面落后于社会科学其他学科。"尤其令贝茨不满的是,
区域研究学者大多拒绝接受理性选择这样具有学科前沿的方法
论。贝茨的结论是,区域研究不仅不是对政治学研究的贡献,而
且是政治学研究的包袱。对于贝茨和他的支持者来说,区域研究
本身不具有社会科学价值,它的价值充其量在于"收集一些素材,
社会科学家或许可以利用这些素材做出有价值的研究"。②

　　贝茨这种态度在很大程度上折射出"原教旨主义"社会科学
家的理性主义傲慢。在政治科学发展的历史中,自威尔逊
(Thomas Woodrow Wilson) 以来,就有一种理性主义的追求,期
望政治科学能够揭示一些像物理学那样清晰而确定的规律,这些
规律可以帮助我们将良善的制度传播到整个世界。当然,威尔逊
的乐观主义并未成为现实。

　　这种理性主义傲慢导源于西方近代兴起的"科学主义"。根
据当代著名政治哲学家沃格林(Eric Voegelin) 的分析,"科学主
义"智识运动兴起于 16 世纪下半叶并在 19 世纪开始在社会科学
研究中占据主导地位。"这场运动伴随着现代数学和物理学的兴

---

① Chalmers Johnson,"Preconception vs. Observation,or the Contributions of Rational
Choice Theory and Area Studies to Contemporary Political Science," *Political
Science and Politics*,Vol. 30,No. 2,1977,p. 170.

② Robert H. Bates,"Letter from the President:Area Studies and the Discipline,"
APSA-CP,*Newsletter of the APSA Organized Section in Comparative Politics*,
Vol. 7,No. 1,1996.

起。"这些新兴科学的伟大成就激发了人们巨大的热情。人们开始狂热地追求新的科学方法,并坚信新科学可以创造一种新的世界观,取代宗教的和形而上学的世界观和方法论。① 科学主义的基本信条包括:"(1)认定将自然现象数学化的科学是所有其他科学应该遵循的范式科学;(2)所有存在领域都可以通过现象科学的方法加以理解;(3)所有无法通过现象科学的方法加以理解的实在都是没有意义的,甚至用更极端的教条来表述,都是虚幻的。"②

　　哈耶克曾对"科学主义"做过专门研究并提出强烈批评。他认为,尽管现代科学的诞生可以追溯到文艺复兴时期,但将科学的方法等同于自然科学方法并致力于将自然科学方法应用于社会科学研究却是 19 世纪出现的现象。③ 19 世纪实证主义的兴起是运用自然科学方法研究社会政治问题的里程碑。"既是现代实证主义也是现代社会主义开端"的圣西门首创"物理学主义"的理念,追捧"物理学的语言",试图构建"统一的科学",并将其作为道德学说的基础。④ 受圣西门的影响,孔德提出"社会物理学"的概念。"社会物理学的目的是找出文明进步像万有引力一样必然而不可避免的自然规律。"⑤后来,他将自己的学说称作"实证主义",并将人类对社会知识的探索划分为三个阶段,即"神学或幻觉状态;形而上学或抽象状态;科学或实证状态,即一切知识的确定状态"。⑥ 从圣西门到孔德的实证主义学说在 19 世纪欧洲社会政

---

① Eric Voegelin,"The Origins of Scientism,"*The Collected Works of Eric* Voegelin, Vol. 10,Columbia,MO:University of Missouri Press,2000,p. 168.

② Ibid.

③ 〔英〕弗里德里希·A.哈耶克:《科学的反革命:理性滥用之研究(修订版)》,冯克利译,南京:译林出版社,2012 年,第 8 页。

④ 同上书,第133 页。

⑤ 同上书,第152 页。

⑥ 同上。

治研究领域产生了巨大影响。

　　这种科学主义方法论对政治学研究具有极为重要的影响,这在美国尤为明显。早在 20 世纪 40 年代,美国政治学家梅理姆(Charles Merriam)与拉斯韦尔(Harold Lasswell)便倡导一种经验的、实证的政治学研究方法,以区别于当时占主导地位的哲学与历史的方法。50 年代后,经过"行为主义"革命的冲击,实证政治科学方法逐步成为美国政治科学的主流。这种方法的核心信条是按照自然科学的方法论模式来发展政治科学。[①]

　　区域研究学者大多拒绝社会科学家对区域与国别研究的批评,并对其理性的傲慢持强烈的拒斥态度。这些学者认为,对区域研究的责难反映了政治社会研究中一种狭隘的科学主义方法。这种方法预设在任何地区,人们的行为动机与方式都是相同的,社会科学家可以基于这种相同的动机和行为模式构建适用于一切地区的普遍主义理论。社会科学家全然忘记一个基本的事实,在不同文化、不同历史背景下的不同国家和区域的人们,其政治行为的动机和行为模式可能全然不同。对特定区域的分析必须建立在对区域与国别文化与历史背景的深入了解之上。离开这种了解,就不可能深刻理解该地区的社会政治秩序与社会政治变迁。

　　在这方面,颇具代表性的是著名中国问题研究专家史华慈(Benjamin Schwartz)的观点。史华慈在 1980 年以亚洲学会会长的身份发表了题为"区域研究作为一个关键学科"的演讲。在演讲中,他集中批评了社会科学学科对区域研究的偏见。史华慈敏锐地分析道:社会科学批评区域研究缺乏严格的理论框架与方法论基础,其实质是一种试图将社会科学科学化的狭隘见解。他指出,自启蒙运动以来,社会科学便企图模仿自然科学,探求某种

_____

① "不论何种原因,就目前而言,政治哲学已经死亡了。"参见 Peter Laslett, ed., *Philosophy, Politics and Society*, Oxford: Blackwell, 1956, p. vi.

具有确定性的原则,以便像自然科学那样将原则普遍应用于所有现象。这种努力在最近几十年愈演愈烈,经济学家、政治学家都企图构建一系列理论、模式、阐释框架与研究方法,使自己的学科科学化。以政治学为例,政治学家从世界各地找出一些政治数据,似乎并不需要了解这些数据是否可以脱离不同地区的文化与历史环境而被孤立地考察。在史华慈看来,这种研究方法貌似注重科学,实质上是将研究者自己的经验视作普遍经验,将自己社会的行为预设为其他社会的行为。①

史华慈尽管并不认为区域研究可以解释所有问题,但他坚持认为,区域研究是将人类的所有经验纳入关注视野的重要努力,它代表了试图对其他社会、文化和历史经验做出全面而深刻理解的努力。区域研究专家有资格积极参与所有比较研究事业并对那些受特定文化局限和束缚的理论做出批评。②

三

区域与国别研究方法论的争论在很大程度上反映了关于演绎和归纳逻辑、普遍主义与特殊主义的争论。今天,我们有必要超越这些争论,探索将区域与国别研究的人文方法与社会科学方法相结合的路径。在这方面,我们或许可以讨论韦伯著名的理想类型(ideal type)概念。韦伯是典型的社会科学家,他对我们今天诸多社会科学的概念,诸如现代国家、官僚制、新教伦理与资本主义都有过奠基性贡献。但是,韦伯并未展示出社会科学的理性主义傲慢。他提出理想类型的研究方法,很好地回应了当时德国

① Benjamin Schwartz, "Presidential Address: Area Studies as a Critical Discipline," *The Journal of Asian Studies*, Vol. 40, No. 1, 1980, pp. 1—11.
② Benjamin Schwartz, "Presidential Address: Area Studies as a Critical Discipline," p. 11.

思想界关于历史与社会研究是否可能成为科学的问题。作为新康德主义者,韦伯拒绝接受那种以为可以从社会现象中探究出规律的理论,但他也不认为客观社会现象是全然随机、毫无联系、无法通过理论来认识的现象。韦伯运用理想类型方法提出一系列抽象的概念,如资本主义、封建主义、家产制、现代国家、官僚制和新教伦理等概念,力图在概念和范畴层面构建因果联系,譬如新教伦理与资本主义的关系。但韦伯深知,没有一个社会可以在完全意义上符合资本主义、封建主义或家产制,但这些关于理想类型的分析可以帮助我们在理想类型的层面构建因果联系,并借助这些因果联系分析具体的社会现象。当然,我们也可以在分析具体社会现象时挑战、矫正甚至推翻原有的关于理想类型之间因果联系的理论。人类对社会的认知就是在这种不断从理论到具体现实再到理论的过程中获得进步。①

　　韦伯这种方法深受当代一些从事比较研究的社会科学学者的认同。已故著名政治学者、美国芝加哥大学政治学教授、中国政治研究专家邹谠先生曾对这种运用社会科学方法进行个案研究的路径做过十分精彩的概括:"具有理论背景及理论相关性的个案研究"(theoretically informed and theoretically relevant case study)。"称其'具有理论背景',是因为它们在构建分析框架、提出预设、论证主题、选择数据、解释经验的或历史的发现时,都有意识地运用社会科学的理论与概念。称其具有'理论相关性',是因为这些发现与解释对他们在研究之初构建的或在研究过程中引入的理论与概念形成反馈——这种反馈意味着证实或证伪(falsify)原来的理论,展示概念的重要性或不相关性,扩大或缩小这些理论与概念的适用范围,扩展或限定理论预设的重要性或

———————————

① 关于韦伯理想类型概念的分析,可参见顾忠华:《韦伯学说的当代诠释》,北京:商务印书馆,2016 年,第 295—304 页。

含义,修正或扩充理论架构与概念体系,重构一个全新的理论体系,甚至在将来促进'范式转换'(paradigm shift)。"①

　　对于中国的区域与国别研究而言,邹谠教授的概括包括两方面的含义。

　　一方面,对于具体区域与国别的研究,尤其是政治、经济和社会等领域的研究,社会科学方法能够提供有价值的贡献。第一,社会科学长期发展出一些概念、框架,可以用来在区域与国别研究中描述、分析具体的社会现象、制度、传统、文化甚至心态。譬如,政治学家在分析一国的政治治理状况时,常常会考察对象国的国家构建(state building)状况、民主状况、法治与宪政状况。这些基本概念为区域与国别政治研究提供了不可或缺的分析框架。离开社会科学长期发展出的一系列概念、范畴和理论范式,很难设想如何描述、分析一个国家或地区的政治、经济或社会状况。第二,社会科学在长期发展中揭示出一些社会政治现象之间的因果联系,可以为区域与国别研究者探究特定问题的因果联系提供可资参考的框架。第三,值得提及的是,社会科学研究中的一些新的理论探索、理论突破可以为区域与国别研究提供研究启迪,帮助区域研究专家凝练问题意识,设定研究议题和研究路径。譬如,冷战结束后,社会科学家关注到世界范围内从意识形态冲突到文明冲突的转变,关注到从阶级利益政治到认同政治的转变,关注到民粹主义的兴起。这些新的理论观察对于区域与国别研究显然具有启迪意义。如果我们考察今天世界的政治发展态势,就会发现在全球范围内,自启蒙运动开始的世俗化、理性化的思维方式和自由主义民主的政治经济理念到处受到挑战。无论是美国和欧洲右翼思潮和右翼政治势力的兴起、俄罗斯新欧亚主义的崛起、伊斯兰激进主义的迅速传播,以及印度、土

---

① 〔美〕邹谠:《中国革命再阐释》,何高潮等译,香港:牛津大学出版社,2002 年,第253 页。

耳其等国民族主义、民粹主义和权威主义的兴起,都指向一个极为重要的全球性现象,即启蒙运动所代表的现代性在前现代主义和后现代主义的双重夹击下正处于衰退之势。如果不理解这种全球性趋势,就很难对一个地区或国家出现的政治变化有深刻的理解。第四,社会科学的一些方法论可以帮助区域与国别研究进行更为细化的研究。譬如,社会科学的量化分析方法,经过长期的发展已经比较成熟。尽管我们不应过分迷信量化分析方法,忽视传统研究方法以及定性研究方法,但也必须看到,当研究某一地区或国家的政治、经济与社会状况时,基础数据的收集和基于数据的研究是不可或缺的。

　　另一方面,我们也必须认识到,运用社会科学方法研究区域与国别问题不可能代替传统的人文式研究。

　　第一,区域与国别研究本身具有独特的知识价值,它提供关于某一区域及国别的制度、人民和观念的系统知识,是了解对象区域及国家独特历史环境、文化传统、社会发展进程的必备路径。这些知识本身构成人类知识宝库中弥足珍贵的财富,是一个国家从事对外经济、文化与政治交往中不可或缺的知识。罔顾这些知识,机械地迷信社会科学理论会造成颇为严重的后果。以美国在 21 世纪初的伊拉克战争为例。美国政治学界的普遍共识是,自由民主乃是人性之普遍追求。这种理念在当时占意识形态主导地位的新保守主义中更为盛行。新保守主义者认为,萨达姆·侯赛因政权是典型的暴政,用武力将伊拉克人民从暴政中解放出来,伊拉克人民会箪食壶浆"迎接王师",并很快建立自由主义民主制度。① 但

---

① 最能体现新保守主义这一观念的是劳伦斯·卡普兰(Lawrence F. Kaplan)和威廉姆·克里斯托尔(William Kristol)于 2003 年出版的《对伊拉克的战争:萨达姆的暴政与美国的使命》(Lawrence F. Kaplan and William Kristol, *The War over Iraq: Saddam's Tyranny and America's Mission*, San Francisco, Calif: Encounter Books, 2003) 一书。这是一部讨伐伊拉克的檄文,是新保守主义原则的宣示,也是布什主义的理论阐释。

令这些新保守主义者始料不及的是,伊拉克复杂的宗教与民族情势使得推翻萨达姆之后的伊拉克不仅未成为自由主义民主的样板,反而成为宗教激进主义泛滥的温床。

第二,区域与国别研究对于社会科学学科的理论构建和验证具有重要意义。社会科学的理论,如民族主义、国家理论、民主理论、革命理论以及关于认同的理论都会在区域与国别研究的经验中得到检验、矫正甚至证伪。①

第三,更为重要的是,区域与国别研究可以拓展现有社会科学理论的地域性,增强其包容性。只有借助区域研究,社会科学才能真正成为普遍主义的,才能消除社会科学理论的狭隘地域特征。现有的社会科学理论大多建基于学术界对此前社会政治经验的分析之上。而且,就我们今天所接触到的社会政治理论而言,更多的是以西方国家发展的经验为基础。在这个意义上,现有社会科学理论具有颇强的地域性特征。将这些理论应用到非西方国家时,研究者必须考察这种理论在多大程度上可以解释研究对象的独特情形,在多大程度上无法解释研究对象的实际。这样一种个案研究的结果反过来又可以修正原有理论的内涵,使社会科学的理论具有更强的包容性和解释力,从而促进理论的发展。

第四,区域与国别研究具有跨学科研究的特征,可以帮助社会科学各学科克服学科的狭隘性。在通常情况下,不同学科的社会科学家会关注并研究自己领域的现实,区域研究为社会科学家提供了跨越自身领域的机会。著名社会学家帕森斯曾敏锐地注意到,只有跨学科的研究才可能构建"科学知识的整体结构"(total structure of scientific knowledge)。帕森斯指出,区域研

---

① John W. Harbeson et al.,"Symposium—'Area Studies'and the Discipline: Towards New Interconnections,"*PS: Political Science & Politics*,Vol. 34, No. 4, 2001, p. 787.

究颇似医学研究。人类社会的整体恰似人体的整体。理解人的整体健康问题需要多学科的协作,如解剖学、生理学、生物化学、细菌学甚至心理学和某些社会科学。同理,区域研究也会为社会科学诸学科以及相关的人文学科和自然科学学科提供一个具体的聚焦点,从而促进整体性科学知识的形成。①

中国的区域与国别研究作为一门学科面临前所未有的发展机遇。一方面,中国的国际地位迅速提升,参与全球政治经济及文化领域的活动日益频繁,对区域国别研究人才和学术成果有巨大需求。另一方面,多年的学科建设积淀为区域与国别研究奠定了良好的基础,这在语言与人文学科尤为突出。中国在外国语言、文学、历史领域的学科基础、队伍建设以及人才培养规模在国际上也可以说处于前列。但是,我们也必须清醒地看到,区域与国别人才培养质量和研究水平与国家的需求还有很大差距。就方法论而言,最明显的短板是,社会科学研究方法在区域与国别研究中的运用相当不足。中国的社会科学各学科在最近几十年取得长足进展,尤其表现在:第一,介绍、引进国外的社会科学理论,构建了比较完整的社会科学各学科理论体系与方法论框架;第二,运用社会科学理论研究中国的经济、社会甚至政治,并根据对中国国情的研究充实、矫正、批评乃至推翻社会科学中现有的理论。然而,在区域与国别研究领域,类似运用社会科学方法开展研究的努力尚不多见。除了在少数发达国家的研究中可以看到社会科学家和社会科学方法的影子外,在大多数非西方国家的研究中,社会科学家的参与以及社会科学方法的运用颇为有限。正如本文力图展示的那样,人文方法和社会科学方法都是区域与国别研究不可或缺的重要方法。缺乏社会科学知识背景与方法

---

① David L. Szanton, ed., *The Politics of Knowledge: Area Studies and the Disciplines*, p. 58.

论的区域与国别研究不可能行稳致远。只有发扬并提升既有的人文学科优势,尽快加强社会科学方法在教学和研究中的运用,实现人文学科和社会科学方法的有机结合,才可能实现学科的健康发展。

作者简介:李强,北京大学政府管理学院教授。

中国区域国别学知识生产的多重逻辑与系统升级

翟　崑　杨体荣

　　不同的时代需要不同的知识生产方式,我国社会的高质量发展呼唤知识生产的系统性变革。中国的区域国别学正在进入新一波上行发展阶段,即"以学科建设为纲,推进我国的区域与国别研究"的学科发展阶段,肩负着弥合国家知识供需矛盾和提升知识创新水平的时代使命。任何一个学科的发展都不是线性的,在我国区域国别学发展的新时期,需要对一些根本性问题进行反复讨论和推进,才能少走弯路顺利发展,提高学科建设的综合效益。当下,我国关于区域国别学的学科建设的文章和评论迅速增加,但是对于区域国别学学科建设和该领域高质量发展中的一个核心问题,即知识生产的系统化问题还较少提及。本文将探讨中国区域国别学知识生产的多重逻辑、系统化路径和发展路向。

一、中国区域国别学知识生产的多重逻辑

　　根据我国区域与国别研究知识生产面临的系统性需求,把握其中知识生产的逻辑及其变化,是推动区域与国别研究高质量发

展,进而构建中国自主知识体系、建设知识强国的必要条件。作
为服务特定时空下国家建设、社会进步和个体自由发展的活动,
中国区域国别学的知识生产有其特定的目标与使命,面临确切的
外部压力。我国区域国别学知识生产因而具有自身的历史逻辑、
学术逻辑和实践逻辑。

(一) 历史逻辑

变化发展是世界演进的根本特性,区域国别学的知识生产也
一直处在变化的状态,但不同时空下的知识生产具有各自的特
征。探讨区域国别学知识生产的历史逻辑,在于以时间和空间为
经纬,分析这类知识生产发生发展的规律,探讨知识生产的性质、
主体和矛盾等核心问题。从时间维度看,中国区域国别学的知识
生产在进入 21 世纪以来有了更为明显的系统化演进,具有更为
稳定和广阔的体制、更加丰富和多样的机制。中国区域国别学的
知识生产一直承载着国人认识和理解外部世界的渴望。我国的
区域与国别研究起步于 20 世纪 60 年代,以服务国家外交工作为
重要动力。[1] 当时国家缺乏外交工作的知识积累,亟待通过专门
的研究为认识世界发展的情况提供咨询。1963 年时任国家总理
周恩来在出访亚非十四国前向中共中央提交了《关于加强研究外
国工作的报告》,随后促成了中央"国际研究指导小组"的设立,以
及北京大学、中国人民大学和复旦大学改建国际政治系和设立研
究所等改革措施。[2] 此后我国区域与国别研究的发展几经周折,
在改革开放后实现了新的增长,以相关研究机构、学术期刊和学
术协会的复办和创办为代表。

---

[1] 钱乘旦:《以学科建设为纲,推进我国的区域研究》,《大学与学科》,2021 年第 4 期,
第 82 页。

[2] 赵宝煦:《关于加强外国问题研究的一点史料》,《国际政治研究》,2004 年第 3 期,第
142—143 页。

进入 21 世纪后,我国区域与国别研究稳步发展,相关的制度建设和资源投入都发生了很大变化。2011 年在全国设立的首批国别和区域研究培育基地,成为推进该领域知识生产系统化发展的一次重要探索。2017 年以来,大量增设的区域与国别研究机构和密集开展的知识生产活动,都指出了我国区域与国别研究知识生产不断系统化、专业化的特性。2021 年,教育部公布将在"交叉学科"门类下设立"区域国别学"一级学科,是我国区域国别学知识生产迈入系统化发展新阶段的时代标志。因此可以进一步提出,伴随着区域与国别研究转入我国区域国别学制度化建设的新阶段,加之世界发展格局呈现变乱交叠的时代特征,中国区域国别研究的知识生产正处于走向更高水平系统化发展的阶段。2022 年 4 月 25 日,习近平总书记在中国人民大学考察时强调,加快构建中国特色哲学社会科学,归根结底是建构中国自主的知识体系,需要主动进行知识创新、理论创新、方法创新以应答时代需求。推动区域与国别研究知识生产的系统化发展,就是为了提升我国知识创新能力,推进知识强国建设。

需要注意的是,我国区域与国别研究中知识生产的历史发展在内外部具有鲜明的异步异频特性。一方面,因为我国相关研究机构在发展基础、资源配备等方面的差异,国内不同层次、不同地区研究机构的知识生产呈现差异性。这就决定了我国知识生产还存在着发展不均衡不充分的突出问题。另一方面,20 世纪 60 年代以来,我国区域与国别研究的知识生产与国外同类活动多数时候不在一个步调。这是我国区域与国别研究发展的一个重要历史特性,决定了我们长时期处在"借鉴学习"的研究状态,直接影响了知识生产的关注对象、研究理论,等等。这一特性最直接的表征,是我们长期在学习西方的理论以及范式,进而导致了理论创新不足、话语体系脆弱等知识生产困境,缺乏自主性和竞争力。北京大学区域与国别研究院副院长昝涛认为,需要认识到当

下我国的区域与国别研究和西方更早实践过的"区域研究"之间
存在时空错位与差异性,要警惕西方殖民主义、帝国主义的负面
遗产。[①] 当前我国区域与国别研究以及国家现代化发展迈入了高
质量发展的新阶段,知识生产应当走向更大规模、更深程度的系
统化。相关研究者应当根据新阶段的历史特征调整知识生产的
心态,从主要关注重要国家、组织和议题转向对世界各国、各类机
构和丰富议题的全面覆盖,从学习借鉴西方的理论转向探索"爱
国关天下"的中国自主知识体系。

(二)学术逻辑

学术逻辑关注的是知识生产的内在规律,需要我们在思考人
类活动的普遍联系与具体区别的基础上,解释为何生产知识、如
何生产知识以及知识生产的阻力等问题。知识是一个国家创新
发展的根本动力,新知识为国家的现代化发展提供了新力量,助
力一个国家寻找到经济社会发展的新技术和新道路,并且为一个
国家的文化传承和创新提供了关键支撑。区域与国别研究的知
识生产,应该在世界经验和中国实践的基础上形成一种新的区域
国别的知识生产范式。在这方面,韩震教授在《中国社会科学》上
发表的《知识形态演进的历史逻辑》一文具有启发意义。一是从
战略层面,启示我们理解我国区域国别知识生产的重要性和必要
性。该文谈道:"我们也希望有机会重回世界知识生产的前列,即
使有这样那样的困难和阻挠,我们也不会退却,也不可能按照霸
权国指给中国的路径退出知识生产竞争者的行列,甘心永远做一
个世界历史的'跟跑者'。"二是从哲学层面,启示我们理解中国区
域国别学知识形态的演进方向。他认为,知识形态演进的历史逻
辑是经验形态的知识、原理形态的知识以及信息技术介入的交叠

---

① 昝涛:《区域国别研究:学科建设如何走出新路》,《光明日报》,2022 年 1 月 15 日
　（10 版）。

形态知识。区域与国别研究本身跨学科且学科界限不明显,因此可以运用"知识形态"这一概念,按跨学科的方法,建立交叠形态的区域国别学知识形态,这是该学科知识生产的发展方向。基于交叠形态的区域国别学知识形态,他还指出了知识形态的进化逻辑,即多样性不断提升、形态持续升级的知识是国家创新发展的重要动力。而区域与国别研究知识生产核心的学术逻辑之一,就是在区域与国别研究知识生产新范式中提升知识的多样性,为我国社会的现代化发展注入新的知识催化剂。

此外,区域国别学知识生产展现的系统性需求,还表明需要思考这类知识生产活动内在学术逻辑的变迁。最直接的体现是,与其他领域的知识生产以及整体上的人类智识活动相比,区域国别学知识生产的"学"与"术"发生了怎样的变化,在理论、方法和技术层面的联系性和差异性是什么。例如,知识生产中都重视交叉学科的发展模式,通过交叉学科来寻找新的知识生长点和解决旧问题的新方法。钱乘旦教授提出,学科交叉是知识发展的一般规律,具有知识交叉、思想交叉和方法交叉三个层面的内涵。① 重视在学科交叉的基础上推进知识的发展,是我国哲学社会科学现代化的一个重要特征。在联系性之外,区域与国别研究的知识生产还有不同于其他领域知识生产的差异性。这种差异性集中体现在研究环境、问题和目标等维度,而这些都对区域国别研究知识生产的开展提出了系统性要求。例如,相关研究中大国和小国、内陆国家和临海国家、文化单一国家和文化多元型国家,其研究环境都有着明显的差异,知识生产不能一概而论,更不能简单照搬现有经验。区域国别学知识生产如何面对知识政治中的分工问题,同样是一个重要的议题。具体来说,知识分工至少包括

---

① 钱乘旦:《文科为什么要交叉——兼论知识发展的一般规律》,《文化纵横》,2020 年第 5 期,第 135—136 页。

区域与国别研究与国内其他学术研究活动的关系和互动问题,中国区域与国别研究与世界各国各地区同类活动的关系和互动问题。伴随着中国国际地位的提高和世界格局中变化性的骤增,相关知识生产的目标是"学习借鉴、效法他国",还是"增进理解、加强合作"抑或"寻找短板、强势输出",都需要保持清醒和辩证的系统性思维。

面对推进区域与国别研究知识生产系统化发展的要求,主要挑战是探索中国自主知识体系面临的系统性挑战。推进区域与国别研究知识生产的更新迭代,指向的是提升中国的知识创新能力,建设中国特色的哲学社会科学体系。2022 年 4 月发布的《国家"十四五"时期哲学社会科学发展规划》指出,在建设中国特色哲学社会科学体系的进程中,应当以提升学术原创能力为主线,以加强学科体系、学术体系、话语体系建设为支撑。中国崛起和世界变局已然将我国知识创新的需求推至新的高点,但优秀的中华文化并未及时有效地转化为我国知识创新的成果。区域与国别研究的知识生产,需要应对历史文化挖掘不足与当前发展快速变革的矛盾,长期依赖西方知识和人才供给与自主知识创新的矛盾。因此,构建有利于自主知识生产的支持体系和氛围仍面临艰巨挑战。区域与国别研究需要完善的支持体系,以鼓励更多研究者从事自主、长期的知识生产。

（三）实践逻辑

推动中国区域国别学知识生产的系统性升级,还需要明确其在弥合知识供需矛盾时的实践逻辑。这一实践逻辑指的是应当把握知识生产系统性需求的变化,依据国家新需求、世界新形势和个体新方式等条件,开展知识生产活动。与英美等国家相比,我国区域与国别研究起步较晚,初期发展中的知识生产存在"人员少、资源寡、创新弱"等问题。但自从改革开放以来,伴随着我国经济社会的高速发展,区域与国别研究机构的人员规模大幅增长,资金资源投入明显提升,相关的学术期刊、专业团体得以恢复和新建。中国的改革开放仍在不断深化,对域外知识的需求,以及对向外传播中国知识和提升自主知识创新的需求空前高涨。面对这样一种知识生产的需求变化,本文提出中国区域国别学的知识生产需要坚持"惠己及人"的基本原则,具体而言就是"起自学术、终及国家、惠及世界、服务社会"。中国区域国别学的发展,所体现的是中国与世界关系的性质,即要尊重和平视他者。

第一,起自学术。区域与国别研究的知识生产以认识外部世界、他者,寻求知识为最基本的目的,这是人类发展和探索未知世界的永恒需求。上文从推进交叉学科知识生产、探索交叠形态的知识等方面,论述了区域与国别研究知识生产的学术逻辑。"起自学术"的意义则在于将上述理论和具体实际相结合,在区域与国别研究知识生产的实践中践行学术研究的职责使命,运用学术研究提供的理论与方法,寻求知识创新。区域与国别研究知识生产是一项基于现代科学研究进展的专业活动,其知识生产的实践受益于学术研究的确切范式。这往往表现为相关研究者接受过专业、系统的训练。此外,这还表现为知识生产以纯学术成果为基础和原型,发展出多种类型的成果。笔者曾在相关研究中提出,中国区域与国别研究应当发展基础型、政策型和社会型的知识生产,其中基础型知识生产体现为纯学术研究的成果,政策型和社会型知识生产受益于基础型知识生产在理论、观点和方法等方面的贡献。

第二,终及国家。关于知识的运用,首要的是服务中国的国家利益。在现代国际关系中,世界是由国家组成的,国家是最基本的行为体,维护国家利益是首要目标。有关学术研究民族性与世界性、学术自由的讨论,不时地带来一些对知识生产服务国家利益的质疑。但是纵观现代科学的发展,不论是人文社会科学还是自然科学,都在资源支持、制度设计和发展环境等方面受到国家的高度影响,并为维护和争取国家利益做出不可替代的贡献。无论是英美俄欧,还是其他发展中国家,都尽量做涉及本国利益的区域与国别研究,也都毫不讳言服务自身国家利益。需要指出的是,区域与国别研究知识生产的国家性和国际性应当能够相互兼容,因为在人类命运共同体中,相关知识生产追求的是可以共享共促的全人类共同价值。

第三,惠及世界。中国区域国别学的知识运用必须立足于造福世界,能带动世界的共同发展,这是中国作为大国应尽的责任。达成惠及世界的目标,知识生产需要大力弘扬习近平总书记倡导的和平、发展、公平、正义、民主、自由的全人类共同价值。"一带一路"倡议、全球发展倡议、人类命运共同体和全人类共同价值,都是以"惠及世界"为目的"善知识"的集合。近年来,全球发展充斥着各种危机和不确定性,变乱交叠时代的"乱特征"愈加凸显。中国区域与国别研究的知识生产不但要立足中国,更要惠及世界。这种知识是治理全球发展问题提供的一种多样性,体现为我们常说的"中国智慧"和"中国方案"。从这个角度来看,从事区域国别知识生产的中国研究者使命艰巨、责任重大,既需要各自领域的中国经验,还需要把握世界走势的主要矛盾,以及研究对象地区或国家的历史与发展需求。

第四,服务社会。这里所说的"社会"指的主要是国家和市场以外的公众、企业等。人民大众要了解外部世界,企业要走出去、引进来,中国区域国别学的知识生产也必须要服务他们。在了解和参与全球发展的过程中,我国大众和企业等表现出空前高涨的需求和能量,进而也提出了巨大的知识需求。从更深层看,"爱国关天下"越来越成为中国国民素质教育重要的组成部分。提高中国公众的国际意识,也是中国区域国别学发展的重要动力。为此,在中国区域与国别研究知识生产的具体实践中,需要更加重

视社会的知识需求,开展多种类型的知识生产。在当前我国致力
于构建高水平对外开放格局的背景下,面向公众生产和普及知
识、提升中国公众的国际理解力。

二、中国区域国别学知识生产的系统升级

基于对我国区域国别学知识生产系统性需求的判断,以及对
其历史逻辑、学术逻辑和实践逻辑变化的分析,本部分提出推进
区域国别学知识生产系统升级的路径。

(一)中国区域国别学的知识生产需要坚持双向赋能的路径

我国区域与国别研究有悠久的历史,进入 21 世纪以来,国家
又大力扶持。2011 年教育部启动区域与国别研究专项,在全国范
围内建立区域与国别研究机构,并走上学科化发展之路。区域国
别学是关于各国国情或世界区域性情况的专门知识体系,是以政
治、经济、外交、安全、历史、社会、人文、宗教等领域问题研究为基
础,以政策性、战略性、综合性问题研究为指向的社会科学研究,
旨在系统探究区域国别发展中基础性、关键性因素的规律作用,
深度揭示影响区域国别现实发展的内在动因和趋势,为国家制定
宏观政策、应对复杂紧迫国际问题提供学术支持。区域国别学属
于交叉学科门类,既依托和融合相关领域的基本情况和研究理
论,又区别于一般性知识梳理介绍和专业方向微观研究,是以战
略性、现实性问题研究为导向的综合性独立学科,是对国别或区
域问题的立体化、多元化、透视性研究。其中,学科交叉性集中体
现在研究视角、研究范围和研究手段等跨领域或新拓展融合领域
的交叉。

由此可见,区域国别学具有典型的中国特色,强调"学以致
用,用以强学"。一方面,该交叉学科需要扎实系统的基础知识、
基本理论和基本架构;另一方面,该交叉学科又带有强烈的现实

关怀,要运用区域国别的知识,服务本国国家战略。在当前中国学术研究发展的大环境下,学术机构尤其是高校给国家提供大量能用、好用的理论基础和实践知识,促进国家发展,才能"有为有位",获得更多的国家政策支持。其实,过去 10 年中国区域与国别研究的发展,也基本遵循了这一路径。这种路径延续了我国"学"以致"用"的传统,又通过"用"来加强"学",形成一个相互促进的闭环。在学用双向赋能的过程中,还应当注意分类和协同发展,建立一种全局性更强的知识战略观。例如,有关区域国别研究知识生产的实践与研究,应当提升智库和企业的参与度,不断优化各相关方的沟通和协调机制,增强不同主体对接知识生产工作的效能。这也有利于围绕我国区域与国别研究建立一个政府、高校、智库和企业等相互协同的知识生产系统。总之,未来中国区域国别学的知识生产依然需要强调"学以致用,用以强学"的双向赋能路径,持续完善知识生产系统的结构和提升知识生产效能。

(二)中国区域国别学知识生产需要完善多种产品类型

根据以上原则,中国区域国别学知识生产的产品可分为基础型、政策型、社会型三类。发表期刊论文和出版著作是常见的基础型知识生产,撰写政策咨询报告、提供专业咨询服务则是主要的政策型知识生产。伴随着我国对外开放的纵深发展,人民大众越来越需要有关外部世界的知识,这就激发了社会型的知识生产。当前三种类型的知识生产还存在明显的不平衡,为更好发挥区域与国别研究服务国家和社会现代化发展的作用,需要建立更加平衡和协调的知识产品系统。目前我国区域国别学的知识产品生产中,基础型和政策型是研究者投入较多的两个领域,社会型知识生产则相对薄弱。这是因为目前区域国别学的发展主要源于两种动力,政策动力和学界动力,也就是上文所说的"学以致用,用以强学"路径。其实,"用"有两个层面,一是为国家战略建言咨政,一是为社会大众提供公共知识产品,后者更是区域国别学发展的底层动力。

我们不能忽略社会型学术的知识产品,为进一步加强区域与国别研究中"学"与"用"的互动,促进区域国别学的学科建设,应在基础型和政策型的基础上,大力发展社会型学术的知识生产。社会型学术的主要目标是生产面向大众的知识,例如在网络媒体和主流媒体发表关于外部世界的普及性研究成果。这需要增强面向人民大众的知识生产,提升社会型学术文章在评价体系中的认可度。比如,北京大学区域与国别研究院创建了"燕南 66 优创团队",为推广社会型知识产品做了诸多尝试,搭建了不同类型知识生产间的转化渠道与工作机制。基础型、政策型和社会型知识生产相辅相成、彼此助益,构成了区域与国别研究中知识生产和人才培养的生态系统。①

(三)中国区域国别学的知识生产需要一专多能的知识生产者

针对中国区域国别学的知识生产,培养一专多能的知识生产者是理想状态而不是普遍要求。第一,坚持长期主义。这可能是对国别问题专家最基本的要求。以我国首批高端智库中国现代国际关系研究院为例,该院是目前国内区域与国别研究覆盖面最广,单一机构研究人员规模最大的一家智库。该院对区域与国别研究的最基本要求就是长期跟踪一个或多个国家,要求对一个国家的掌握要做到"如数家珍"。进入 21 世纪以来,该院向全国高校、各社会科学院等机构输送了不少区域与国别研究人才,其中不乏一些国家级区域与国别研究机构的领导。查阅我国最著名

---

① 杨体荣:《发展中国区域与国别研究中的社会型学》,https://m.thepaper.cn/newsDetail_forward_16428091(2022 – 06 – 06)。

的国际关系普及型读物《世界知识》半月刊,会发现每期都有不少作者来自该研究院,大概占到总数的 1/4 左右。培养区域与国别研究人才,尤其是研究小国问题的人才通常需要更多的资源投入。精心培养的人才一旦选择从事其他职业,还将在我国区域国别研究知识生产中留下影响深远的人才缺口。机构与研究人员坚持长期主义理念,才能源源不断地培养出从事较高级知识生产的高端人才。

第二,不断迭代。中国区域国别学知识生产者的知识输入和输出要快速迭代。在数字化时代,国家发展及其环境日新月异,知识生产者必须是终身学习者,进行知识输入的快速迭代。而国家和社会对区域国别的知识需求也日新月异,需要知识生产者不断输出与时俱进的知识,进行知识输出的快速迭代,形成"多快好省"的知识生产效应。

第三,一专多能。从目前国家对"学"与"用"都重视的情况看,相关机构尤其是高校区域国别学应该培养基础研究和应用研究的"双能人才"。北京大学区域与国别研究院的高端人才培养目标,就是培养既能跑田野做学术,又能服务国家战略出谋划策,也能在具体部门从事专业事务的人才。

（四）中国区域国别学的知识生产需要持续完善支持体系

满足系统性的知识需求,需要持续完善有利于区域与国别研究知识生产的支持体系。

第一,需要为区域与国别研究者提供完善的资金和政策支持。充足的资金和利好的政策,是知识生产者长期开展区域与国别研究的必要支持,是创新知识成果的必要条件。当前,我国教育部、外交部等各级政府部门为区域与国别研究机构提供的资金支持不断增长,明显多于 21 世纪以前。与此同时,相关部门还在 2017 年以来制定和出台了大量指引性政策。省市地方政府的配套政策建设也在积极跟进。企业开始更加积极地和高校开展区域与国别研究合作,为联合人才培养、田野调查等提供了丰富的资金和实践机会。但是我国区域与国别研究中的知识供需远未达到动态平衡,知识产出的体量和质量都还存在巨大的提升空间。特别是在建设中国自主知识体系的进程中,还需要长期投入资金和政策资源,助力将我国建设为有拥有自主创新学科体系、学术体系和话语体系的知识强国。

第二,需要深化改革我国知识生产的评价体系。学术评价体系应当成为区域与国别研究的指挥棒和催化剂,而不是束缚知识生产多样化、高质量发展的枷锁。为此,首先,学术评价体系改革要能够解决知识生产者备受评价体系束缚的困境,正视学术发表中存在的限制,鼓励更为多样的知识探索。只有学术评价体系发生质的变化,才能够为相关研究者从事多种类型的知识生产创设有利环境,允许研究者将长周期的基本学理研究和紧跟时势的政策研究更有机地结合起来。其次,区域与国别研究的支持体系还需要为知识生产者提供扩展研究空间的充分自由,在积极服务国家战略和回应国际变革的同时,能够在"冷门绝学"和"小国小岛"上投入更多研究。最后也是最为艰巨的,是在区域与国别研究中形成主动探索知识生产和创新的氛围,尤其是能够利用中国的知识遗产和丰富文化去探索域外地区和国家的发展问题,为世界的发展提供一种新解释。

第三,这种支持体系还应当着眼于优化我国区域与国别研究的整体发展环境。在资源有限、学科知识政治边界明确的背景下,优化区域与国别研究发展环境是一项任重道远的工作。但是未来发展中却亟须通过人才培养和就业体系、学术发表与评价体系、教研人员聘任和晋升体系等领域的持续改革,一方面做好区域与国别研究的内涵建设,另一方面提升其社会认可度和影响力,形成更好的"学用互促"环境。

三、中国区域国别学知识生产的发展路向

区域与国别研究的知识生产是一个复杂关联的快速发展过程。在内部能力、治理体系与治理能力、外部环境与世界格局发展变化的影响下,这一知识生产将展现如下发展趋势。

(一)数字化

数字化转型不但是我国未来经济社会高质量发展的重要趋势,同时也是世界各国在推动经济社会转型时的关键方向。区域与国别研究作为我国哲学社会科学体系中的重要组成部分,未来将在知识生产上实现更深深度、更大范围的数字化。数字化发展并非简单的"知识生产+数字化",而是知识生产要适应数字化的系统性变革,并且要通过新型知识生产和人才培养活动来引领数字化时代的社会发展。2021 年发布的《国民经济和社会发展第十四个五年规划和 2035 年远景目标纲要》强调,数字化发展要做到以数字化转型整体驱动生产方式、生活方式和治理方式变革。①对我国区域与国别研究的知识生产而言,未来的数字化发展需要通过数字技术的深度赋能全面升级知识的生产方式,扩展知识生产的价值空间,加强知识的传播和应用。其中,围绕域外地区和国家政治、经济、历史和人文各个方面信息的数据库建设,是未来一定时间内需要重点加强的工作。数据库建设关乎我国区域与国别研究知识生产的基本质量,是其行稳致远的核心保障。

数字化发展还是全球各国知识生产以及社会转型的重要趋势。数字化发展的一个重要理念和方向是以数字技术赋能知识生产,提升知识生产的效率和创新性,构建知识生产与经济社会

---

① 新华社:《中华人民共和国国民经济和社会发展第十四个五年规划和 2035 年远景目标纲要》,http://www.gov.cn/xinwen/2021-03/13/content_5592681.htm(2022-06-14)。

发展协同增效的良性生态。美国国际开发署（US Agency for International Development，USAID）是美国负责实施和管理对外援助的组织，同时也是美国对内生产域外知识和对外传播美国知识的组织。该组织就在其数字化发展战略中提出，要以技术赋能发展与人道主义援助，并增强数字生态系统的开放性、包容性和安全性。[①] 新加坡更是从 20 世纪 80 年代就开始有意推进政府及社会的智能化，近年更是在相关的人才培养、教育改革以及社会发展的各个方面深入推进数字化转型。我国在推进知识生产数字化发展上有自身的优势，特别是数字技术设施建设、大数据的生产与转化等方面。这些都是推进区域与国别研究知识生产数字化纵深发展的有利条件。

（二）品质化

伴随着我国区域与国别研究学科化、系统化的不断推进，其中的知识生产将走向更高水平的品质化。在未来发展中，我国区域与国别研究知识产品的质量将持续提高，更好地服务多相关方的知识需求。最近 10 年，中国区域与国别研究的知识生产规模扩大，专业知识生产者大增，但整体上专业知识生产仍远远跟不上需求。从调研情况看，政府、企业和民众均认为缺乏区域国别的理论支撑和专业知识。与此同时，也出现了劣质知识充斥思想市场、优质公共知识匮乏的现象。比如，我国推动构建人类命运共同体就需要大量区域与国别知识。从学术上看，构建人类命运共同体，无论是双边、地区性还是海洋、网络空间及卫生健康命运共同体，都以国家和区域为基底，相互联系，互相影响。而在这些领域，人类的知识生产才刚刚起步，中国的相关知识生产还处于初级阶段。人类命运共同体构建需要与之相匹配的区域国别学

[①] USAID，"Digital Strategy 2020—2024"，https://www.usaid.gov/sites/default/files/documents/USAID_Digital_Strategy.pdf(2022－06－03)。

专业知识生产,这个供需问题不解决,我国就难以适应和应对百年未有之大变局。

另外,区域与国别研究知识生产的品质化还表现在知识生产系统建设上。可以推测的是,区域与国别研究知识生产的系统将纳入更多的元素,也就是这一系统的网络将扩展至更大更多样的空间。政府、市场和社会的三方力量将在知识生产中扮演核心的角色。在区域与国别研究"学用互促"的双向循环中,专业工作者的知识生产为政府、市场和社会的国际交往提供更高质量的知识支撑。经历长期投入和快速迭代的发展积累,区域与国别研究的知识生产系统将获得更高水平的韧性,对内部的知识需求和外部的秩序变化表现得更加应对自如。

(三)双向国际化

中国区域与国别研究的知识生产具有内在的国际化特征,因为知识生产活动中的研究对象、活动范围等基本都是跨越了国家的边境。然而,就目前的发展现状来看,我国区域与国别研究知识生产的国际化更多是"请进来",而不是"走出去"。也就是说,这一过程中存在明显的"知识逆差"。为建设我国自主创新的知识体系、加强知识的国际传播,区域与国别研究知识生产还将加强外向的国际化,进而搭建结构更加合理的双向知识循环。2017年我国在国务院发展研究中心框架内设立中国国际发展知识中心,向外传播中国发展经验。2022年,该知识中心为建设中国—东盟发展知识网络做出了重要探索,是中国知识向外传播的新动向。推进知识生产的外向国际化,并且建立双向赋能的知识循环,才能够更好地发挥区域与国别研究"终及国家、惠及世界"的作用。区域与国别研究内置的国际性,决定了它相比于单纯的本国问题研究,更能够在我国知识的国际传播中发挥作用。刘鸿武教授曾提出,区域国别学应当延伸知识的价值,区域与国别研究应当具有一种文明发展的时间意识和空间意识,通过双向建构的研究构建出全人类可以共享的知识体系。[①] 我国的非洲研究为非洲的地区和国家发展输送了大量有益知识,这是其他的区域与国别研究需要借鉴和加强的地方。

诚然,区域与国别研究知识生产的双向国际化还受到诸多内外部因素的影响。从内部因素来看,我国相关研究者的知识生产和国际传播能力与当前发展目标之间还存在明显的供需矛盾。调和这一矛盾还需要长期主义的资源投入和守正创新。与此同时,在我国哲学社会科学体系的建设中,还需要通过持续深入改革学术发表与评价体系等具体措施,进一步完善发展环境、建立知识生产的支持机制。从外部因素来看,我国区域与国别研究知识成果的国际传播,面临着牢固的长期结构性困境和突发的不确定因素。在复杂的历史和现实因素作用下,以大国竞争为代表的国际政治张力塑造了结构稳固的知识传播环境,知识的竞争性被进一步放大。在西方知识占据主导地位的环境中传播中国区域与国别研究的知识,无异于"虎口夺食"。此外,近年来世界发展格局的不确定性飙升,于变乱交叠的新秩序中推进区域与国别研究知识生产的外向国际传播,在迎来机遇的同时也面临着层出不穷的新挑战。

结 论

本文讨论了中国区域国别学知识生产中的系统化需求与系统化升级之间的矛盾,探讨如何推进区域国别学知识生产的系统化发展,提升区域与国别研究"惠己及人"的能力。在建设我国自主知识体系的进程中,这样的探索显得十分紧迫和重要。碍于文

---

① 刘鸿武:《中国区域国别之学的历史溯源与现实趋向》,《国际观察》,2020 年第 5 期,第 56—57 页。

章篇幅和作者能力,区域国别学知识生产中的学科与权力、知识贡献率、国内与国际的互动等议题还有待更进一步的讨论。

　　作者简介:翟崑,北京大学区域与国别研究院副院长,北京大学国际关系学院教授;杨体荣,北京大学区域与国别研究院博士后。

浅谈高校区域研究的"德性"①

昝　涛

　　今天,我想讨论一个跟具体的实证研究关系不太大的问题,这就是高校"区域研究"(Area Studies)的定位和做法问题。在当下中国高等教育领域(其实也包括其他相关研究机构),可以看到某种提倡和推动区域国别研究(这里,我统称为"区域研究")的努力,甚至,目前已经有声音在讨论"学科"意义上的"区域学"了。这说明,当代中国高等教育领域已经热烈讨论了一些年的"区域研究",似乎正进入一个新的阶段。跟其他研究机构或智库不同的是,高校在其属性上主要是"学科"本位的,而放眼世界,传统区域研究的特点是其"非学科性",如今要在"学科"的意义上讨论区域研究,那应该就是要"动真格儿"的了。如是,就应该考虑,在高校,区域研究的定位和做法应该是什么样子?

---

① 根据笔者在 2021 年 5 月第二届"红海区域研究"学术研讨会上的发言整理而成。

一、高校发展区域研究的可能性

区域研究是关于"境外"的研究,不管是研究语言、文字、宗教、文明还是国家或地区的问题,区域研究首先不是本国研究。近些年来,中国教育界对区域研究的重视,虽然因素很多,但反映出的一个重要事实,就是知识界在应对涉外的现实需求方面智识供给能力的不足,在深层意义上,实际上也反映出中国对外研究的某种薄弱状况。

从国际经验来看,跟繁盛的本国研究相比,区域研究或对外研究之处于相对薄弱状态,应该是一个普遍状况,甚至可以说是一个正常状态,并不是所有国家都必须要发展大规模的区域研究。涉外研究的广度和深度,跟一国之综合国力、国家定位/地位等现实和历史因素是紧密相关的。

回顾已有的对社会科学史的研究就会发现,在美国的主流社会科学领域之内,也是长期缺乏对涉外研究的学术兴趣的,这是大学里坚持"学科"本位的主流社会科学的普遍特点,对它们来说,区域研究往往是从属性的,一定意义上是从本国研究出发的学术范式的"延伸",即区域研究主要是用来验证由本国经验提出的理论和范式。

不过,对中国来说,这一点几乎又是不能成立的,因为,我们还不能说已经可以成功地"讲好中国故事",也就是说,我们的本国研究,在理论、范式和话语方面,其实也是深受国外尤其是美国的主流社会科学的影响,甚至就是其"延伸",因此,虽然我们的本国研究在体量上也占据了高校人文社会科学的大部分,但由于其先天对西方范式和话语的依赖性与依附性,故并不能延伸影响到本国的区域研究。换句话说,我们的本国研究尤其是社会科学的多个学科,在源头上就是(现在依然是)效法和追随西方的,我们的并不发达的区域研究也是这样。中国还有一个特殊的情况，就是长期以来在自己的主流学术传统和人才培养体系中，由于历史传统、地理环境和语言等因素，我们没有发达的对外研究或海外知识的系统积累；此外，中国也不是个移民国家，也就是说，中国可以调用的对外研究的历史和现实资源本来就少。而问题是，当代中国自身的全方位发展速度之快，又大大超过了以往相关知识和理论发展的速度。

既然，在国内外高校中，区域研究都是主流的传统学科所不热衷的事物，那么，看起来并不冷寂的、涉外的区域研究又是怎么发展起来的呢？简单来说，就是现实的需要。这现实需求，既有商业资本主义性质的，比如大企业的海外拓展，也有国家权力的，比如服务于国家的对外策略或战略，等等。冷战期间，美国的区域研究就是在来自政府或企业基金会的资本及现实需求下，获得了巨大发展的。20世纪70年代的石油危机后，在大企业的资助下，日本的中东研究也快速发展起来。这些都是现实需求促进一国特别是其高校的区域研究发展的明证。易言之，在现代高等教育体系中要发展区域研究，无论是在非学科的还是在学科的意义上，大概都离不开来自高校之外的某些现实需求的强大推动和助力。这是讨论高校的区域研究发展之可能性时，不能被忘记的一个前提。

二、高校区域研究的特殊性

虽然历史的经验表明，区域研究最终推动了高校多学科及交叉学科研究的发展，使高校的学科建设受益了，但是，大学的主流传统人文社会学科自身仍没有发展区域研究的主动性，这就是前述所谓大学的学科本位属性的问题。但在大学的行政体制层面，还是会在特定的时期愿意支持区域研究，因为，在国家和社会发展到某个阶段时,对区域研究的需求与兴趣会迅速增多,提供这方面的知识产品自然会为学校带来更多的资源和声望。

换句话说,大部分的区域研究天然是非学科属性的,因此,只有依靠某些外力的助推,它才能在大学里得到发展。因此,从大学的角度说,区域研究面临两个方面的问题,一是传统学科意义上的学科归属不清晰,二是面对来自传统大学/学问定位的挑战,即区域研究在很大程度上往往被视为一种过于关注现实的知识生产,是一种与大学传统的智识主义(intellectualism)所追求的中立性和客观性不太一致的事物,毕竟,在过去,智识生活早已成为一种大学里的"政治正确"、一种传统,即便是服务于现实,大学可能也会做得比较"含蓄"。

但大学里除了传统的大学科,并非只有直接服务于现实需求的区域研究,大学还有看起来和现实离得很远的区域研究,其中最具代表性的应该就是所谓的"东方学"。顾名思义,"东方学"是关于东方的学问,源头也是在西方,就其传统来说,主要是语文学(philology)。不过,由于萨义德(Edward Said,1935—2003)对"东方学"(Orientalism,其实是东方主义)的批判影响力太大,加之他所关注的"东方主义"被很多人等同于"东方学",这就造成了对东方学的简单化理解,好像"东方学"都是直接服务于殖民—帝国主义的物质或意识形态利益的学术或学说。实际上,萨义德所批判的那部分,并不是研究古代东方的语文学,就像我的老师、土耳其著名历史学家图逸姗(Isenbike Togan)教授所言,如果没有语文学的那种科学的东方学学术,很多文献我们可能至今还无法准确阅读,遑论深入理解。在这个意义上,可以说,大学里的"东方学"中也有并不太直接服务于现实的像语文学、历史学等较为纯学术的、科学的部分。而这部分其实也在广义上属于区域研究,我们可以称之为区域研究的基础研究部分。从现在国内高校的局面看,它们虽然不如传统西方的东方学那么发达,但仍散落在历史学特别是世界历史及外国语言文学等"学科"之中。

从西方大学的区域研究的发展史来看,除了我们提到的关于服务于国家或资本的现实利益与需求的知识,除了语文学或历史学意义上的、科学的"东方学",还有一个方面值得注意,那就是衍生自大学传统的智识主义的批判精神,也就是说,大学的区域研究不只是服务于现实,它也批判现实。北京大学历史学系牛可教授关于美国社会科学史的研究,一再证明这种批判性的存在。这种批判性,不只是指向现实政策,也指向智识活动本身。通过这种批判,我们或可摆脱既有框架的束缚和偏见,从而更好地理解区域与文明。此外,这种批判,也在某种程度上确保了区域研究在大学智识生活中的某种"合道性"(legitimacy),可能这也是大学的区域研究的一个独特方面。下面,我举例子来说明。

三、区域研究的例子

(一)《史记·匈奴列传》

区域研究虽然是近代学术范畴的内容,但是在古代也可以找到某些有益的参考。如果要挖掘中国历史上区域研究的传统,单从研究"异己"的角度来说,2000多年前,司马迁对匈奴的记载和描述,或许算是开创了某种"范式"。《史记·匈奴列传》所建构的阐述方式,成为之后其他中国历史著作记载北方民族和亚洲内陆诸国的范例。按照美国学者狄宇宙的观点,这个"范式"至少有两个层次:一是在民族志历史的意义上搞清楚北方游牧民族的实际情况;二是以理性化的方式将北方游牧民族纳入中国历史的范畴(从血统与宇宙论两个角度),从而消解中原王朝对其(匈奴)因陌生感而产生的恐惧感,使其被置于一个能够被理解和控制的知识谱系之下。

在关于匈奴人的描述方面,司马迁的首要目的是做客观的

"研究"。按照狄宇宙的看法,对于匈奴,后来的班固实际上比司马迁表现得更具有"战斗性"和"进攻性",相比较而言,司马迁更像是一个"和平主义者"。比如,班固进行了具有强烈贬损性的描述,说匈奴"人面兽心",而司马迁并未表现出此种强烈的道德批判,从"匈奴列传"在《史记》篇目中的顺序也可以看出,司马迁主要还是基于记事的"方便",而不是根据什么意识形态或道德好恶进行安排的。更不必说,《史记·匈奴列传》中,还借一个服务于匈奴的名叫中行说的汉人之口,给予"他者"某种发声的机会:"匈奴之俗,人食畜肉,饮其汁,衣其皮;畜食草饮水,随时转移。故其急则人习骑射,宽则人乐无事,其约束轻,易行也。君臣简易,一国之政犹一身也。父子兄弟死,取其妻妻之,恶种姓之失也。故匈奴虽乱,必立宗种。今中国虽详不取其父兄之妻,亲属益疏则相杀,至乃易姓,皆从此类。且礼义之敝,上下交怨望,而室屋之极,生力必屈。夫力耕桑以求衣食,筑城郭以自备,故其民急则不习战功,缓则罢于作业。嗟土室之人,顾无多辞,令喋喋而占占,冠固何当?"

(二)《红海:寻找失落的空间》

阿列克谢·维克(Alexis Wick)是一名"80后"的青年学者,他2010年毕业于哥伦比亚大学,曾任贝鲁特美国大学的助理教授,现在任职于土耳其考赤大学。维克在2016年以博士论文为基础出版了一本书,叫《红海:寻找失落的空间》(*The Red Sea: in Search of Lost Space*),这一研究呈现出一种很有趣的进路,尤其是对传统历史学的史料的理解非常不一样,包括对档案的理解也很不一样。但更重要的是,作为区域研究的一个例子,他还表现出明显的批判性。

一般的历史学研究,都是根据史料,分析和解读一个史实意义上的问题。那么,在一般情况下,那个作为研究对象的问题应该是存在的,甚至应该是客观存在的。但维克关于奥斯曼帝国

"红海地区"的研究,是从"无"开始的,简单来说,维克发现并提出的问题是:为什么对我们来说是如此熟悉的红海地区,作为奥斯曼帝国长期控制的"内海",它竟然没有作为一个区域研究意义上的对象而存在? 也就是说,为什么在奥斯曼帝国的大部分时间里没有一个"红海区域/地区"的分类存在,以及为什么在以往的区域研究中没有人提出研究"奥斯曼帝国的红海区域史"?

而更晚时期的奥斯曼帝国史料中出现的红海这样一个区域划分,是从外部也就是西方借用来的,不是奥斯曼的。所以,维克的这个问题很清楚:为什么没有? 他不是在研究奥斯曼帝国的红海"战略",或者这个地区发生了什么大事。在这本 200 多页的英文书里,作者以很大的篇幅讨论了一些看似边缘的问题,比如,近代的历史学、地理学这些长期被视为客观的、科学的"学科"是怎么出现的? 这些学科和殖民主义、欧洲帝国的历史关系是什么? 为了研究"为什么没有",作者还讨论了有关奥斯曼帝国的史学史。

这本书给我们的启发是多方面的。大概在 18 世纪末以前,奥斯曼帝国并没有一个整体意义上的"红海区域"概念,只有苏伊士海(Bahr-ı Süveys)、库勒祖姆海(Bahr-ı Kulzum)、麦加海(Bahr-ı Mekka)、希贾兹海(Bahr el Hedjaas)、吉达海(Bahr el Judda)、也门海(Bahr el Yemen)这样的划分。看得出来,这些名称是跟当时红海周边的一些重要的城市联系在一起的,基本上,红海可以划分为北方、中间和南方这几个区域,而没有一个总体的红海概念。在奥斯曼时代,总体的红海(Bahr-ı Ahmer)的概念偶尔出现过,是在 1799/1800 年,但是,实际上是在 19 世纪中期以后才较多出现。以前,奥斯曼人用的那些名字都是阿拉伯语的,现代土耳其语的"红色的海"(Kızıl Deniz)是一种翻译。

在讨论为什么没有奥斯曼帝国的红海区域研究这个问题时,维克探讨了与奥斯曼帝国有关的史学史及其预设。首先,因为红海被现代人认为是"海洋",而海洋的属性是欧洲的尤其是现代性的专属。其次,奥斯曼帝国被视为伊斯兰国家,而欧洲人的长期观念是,伊斯兰和海洋是不相融的,作为伊斯兰国家的奥斯曼帝国的专有属性是陆地的,而欧洲人认为,这个陆上帝国的经济哲学,主要就是确保一些核心地区或部门的供应,比如说首都、军队、国家官僚体系等,所以,被认为和海洋有关的、资本主义性质的东西,都和奥斯曼帝国没关系。再次,与红海这个地方的位置有关,红海正好处在欧洲地理学的两个区域的分界线上,即阿拉伯地区和非洲的分界线,所以,长期没有办法建设一个独立的、整体的红海区域观。最后,维克指出,还有一个因素是,在现代,红海也没有成为某一个民族国家所专有的区域,因此,红海不可能出现在一个国家的档案里。基于上述原因,维克解释,在奥斯曼帝国历史的研究中,为什么红海区域没有被作为一个专门的研究对象。

这本书的核心部分是第三部分。奇特的是,维克就用了一篇史料,是1777年的10页左右的原始资料,而这竟是支撑他这本书的最重要史料。一般情况下,我们做传统的历史学研究,都是要尽可能地占有史料,用这么一篇简短的史料来支撑一篇博士论文,几乎是不可思议的。

维克的视角不一样。首先就是"文本化"。历史学专业的学生常见的基本方法,就是区分一手资料和二手资料。一手资料的用处,主要是搞清具体的史实和原委,二手资料则被视为一种"叙事",维克说这个区分是可以打破的,这样的话,一手资料也可以被当作"叙事",这就是所谓的"文本化",它的用途就不再是史学家关心的所谓特定具体的史实,而可能是和其他不太具体的问题有关。其次,维克推崇对文本的"过度阅读"(over reading),具体说,就是慢读(slow reading)和深读(deep reading)的结合。

维克希望用一篇简短的普通史料做什么呢? 当然,他不想讨论奥斯曼帝国的所谓红海战略之类的问题,而是把这个普通的史料/文本"日常化",也就是,把它当成奥斯曼帝国日常生活的一部分,而不是像传统史学所做的那样刻意地要去寻找某个特殊的"事件",人为地对史料进行剪裁,而是要将这份普通的历史文本里的每一个字及其背后所蕴含的信息,都如实地解析出来,从而建立一个有关奥斯曼帝国的"红海区域"的日常图景。而这个 10 页左右的文本反映出来的信息,竟可以支撑一个很大的场面,其中包括了奥斯曼帝国的日常生活、政治运作的机制,以及关于这个地区,奥斯曼政府关心的是什么,奥斯曼人对所谓的"红海"地区,虽然没有整体观念,但有其特殊的观念,甚至,在这个文本反映出来的信息中,还包括了红海的生态、洋流、造船业,等等。而分析这个文本,显然不是为了全面地讨论这些问题,这只是在涉及某个具体问题的时候,不经意地附带的相关历史信息,而对叙事的主体来说,这些都是历史的常识。

就文本涉及的具体"事件"来说,也不是什么战争或冲突,而是一个国家管理者日常要处理的事务,简单来说,就是苏丹政府让埃及的总督去购买比较便宜的船。这就和我最近研究的穆斯林朝觐问题有关。1517 年以后,奥斯曼帝国把包括圣城麦加在内的大部分阿拉伯地区纳入了自己的版图。因为有麦加,红海这个地区,对奥斯曼帝国来说就有了特殊意义。作为理论上全体穆斯林的哈里发,奥斯曼帝国的皇帝就必须维护其权威,这首先就是在多个方面要确保与麦加有关的事务能够顺利进行。在维克使用的这个文本中,奥斯曼中央关心的问题,就是让埃及的总督去买相对比较便宜的船,用途是确保圣城的粮食等日常供应。为什么皇帝要强调买相对比较便宜的船?原因很简单,是因为当时发生了第五次俄土战争,奥斯曼帝国财政日益困难,所以,在这个文本里,身份尊贵的皇帝强调船的价格要公道。

以上就是维克这一研究的大致情况。对今天的区域研究来说,不管是研究过去还是关注现在,人们大多喜欢强调研究的"用处",比如,是为了某某战略,是有利于某种利益,等等。但维克的这个研究,显然不想讨论奥斯曼帝国到底如何"经略"红海,那是麦金德意义上的地缘政治出现后,欧洲殖民主义的"帝国之眼"的关切。而维克的目的似乎相反,也就是想通过讨论为什么之前没有关于奥斯曼帝国红海的区域研究,来揭露所谓客观的近代历史学与地理学的本质,以及它们与近代欧洲殖民帝国主义的关系,奥斯曼帝国"红海区域"的"不在场",恰恰反映出欧洲殖民—帝国主义学术对非西方的偏见(非客观性与非中立性)。

那么,难道没有可能出现另外一种关于红海区域历史的叙述吗? 通过解读那篇简短的奥斯曼帝国文本,维克认为是可能的,即便奥斯曼人长期没有关于红海区域的整体性观念,但是,奥斯曼人对这个"区域"有其自己的关切,而这个关切,不是帝国主义的思维,也就是说,在奥斯曼帝国的日常生活里,面对红海这个"区域"时,不是一般"区域研究"理解的帝国中央如何控制或经略某个地方的问题或思路,而是一系列关系的叠加。

阿列克谢·维克从奥斯曼帝国时代的红海区域历史出发,对西方中心主义的政治和学科的深刻批判,就是我前面提到的批判性区域研究的一个非常好的案例。此种类型研究的存在,使得区域研究有了某种"德性"。

(三) 现代早期中国知识精英的土耳其研究

下面,我讲另外一个例子,这就是现代早期中国知识分子对土耳其的关注与研究。近代以来,中国积贫积弱,被称为"东亚病夫",而在更早的时候,奥斯曼-土耳其帝国已被称为"欧洲病夫"。在没有实质性的接触和交往的情况下,土耳其对近现代中国的意义何在? 应该说,它是众多"镜子"之一,而且是一个非常特殊的"镜子",从 19 世纪末以来,中国先进知识分子一直在努力寻找不同的"镜子",俄国、波兰、日本都是,但更重要的可能还是土耳其。

这主要是因为,中国与土耳其的近现代命运更为相似,但土耳其的自强运动和反帝反封建革命也比当时的中国更早、更成功。

大致上从康有为开始,有很多中国人致力于探讨奥斯曼-土耳其的历史教训和成功经验。康有为看到的是奥斯曼帝国从强大走向贫弱的教训。1908 年青年土耳其革命的成功、一战后凯末尔民族独立运动的胜利与现代化改革的成效,则令先进的中国人不免心生艳羡。

1927 年,柳克述出版了《新土耳其》,1929 年,柳克述在原著的基础上出版了《土耳其革命史》。1927 年 12 月,梁启超鸿雁传书于梁思成、林徽因,建议他们回国途中能去一趟土耳其,到土耳其考察并代购关于土耳其的书籍。1937 年,戴望舒编著的《现代土耳其政治》出版。

在上述过程中,中国的知识界先后提出"新化""欧化""西化"等主张,到 20 世纪二三十年代中国知识界又提出了"现代化"的口号。柳克述在《新土耳其》一书中首次将"现代化"与"西化"相提并论,他把土耳其仿效欧美的政体改革,以及摈弃本土文化传统的变革视为"现代化"。1931 年 7 月,《申报月刊》出了一期《中国现代化问题号》特辑。

显然,中国人在当时对土耳其的兴趣,主要是出于寻找中国自身出路的需要,成功地进行了民族独立运动和现代化改革的土耳其,成了某种意义上的"榜样"。柳克述强调中、土同病相怜,但结果不同,他在《新土耳其》中说:"可是到了这几年来,近东方面的那位兄弟力自振奋,竟能霍然病已;最惭愧的只是僭称哥哥的我们,一向依然故我! 纵未获以身作则,宁不能见贤思齐? 我中国的志士仁人,其将何以善自处呢?""以过去的政治、经济、司法、外交各种地位论,土耳其与中国最相类似;现在中国状况尚陷纷乱,而土耳其对内对外的革命却已告一段落:艰苦卓绝,卒底于成! 尤觉处处可供参考,事事可资效法。"

柳克述在 1929 年出版的《土耳其革命史》中再次忧心忡忡地说："吾华受国际帝国主义侵略有年,一切一切,均与土耳其有同病;今土耳其人努力革命,已能独立自由,反观吾人,何以自处?诗有之曰:'风雨如晦,鸡鸣不已。'丁此艰危,愿我新时代之国人其共勉之!"

柳克述写《新土耳其》及《土耳其革命史》,除了有希望以土耳其的独立与变革成就来激励和唤醒中国民众的愿望,还有一种别样的世界意识,如其所言:"然而帝国主义究竟不能万寿无疆,弱小民族亦终有觉醒之日,故在本世纪中,土耳其曾先后发生两度热烈之革命:其一在一九〇八年;又其一则起自一九一九年,以迄于一九二三年土耳其民主国之成立。"

虽然在当年对土耳其的研究,很少能够达到利用一手资料进行学术研究之程度,今日也已绝少从事类似的研究。但从当时中国自身情景出发的问题意识,使中国知识精英对土耳其的观察可谓入木三分。这种形态的区域国别研究,是一个第三世界国家关注另外一个第三世界国家的现代化进程的结果,既不同于西方人的东方主义,也不是今日的纯学院派的研究,但它仍留下丰富的思想遗产,比如共情意识、平等视野,等等。改革开放后,北京大学历史学系著名史学家罗荣渠先生提出了"一元多线历史发展观",并开创了世界现代化进程研究,在某种程度上,这也是继承了现代早期中国知识精英研究"他山之石"的思想传统。

四、高校区域研究的"德性"

我以为,从以上他山之石和历史经验延伸开去,可能使区域国别研究拥有某种"道德性"。

道德性,或者简单地说,德性是人类文明的一个普遍特征。也就是说,人类对自己的言行不只是有直接的利益关切和考量,而且还有道德的考虑。"德性"与羞耻心、分寸感和良知有关。比如，虽然大学都非常关心升学率、创收、科研经费等"实在"的东西，但在一般情况下，大学还是会将办学理念或目标叙述得更为"高、大、上"，比如，现代教育家梅贻琦就曾说过："所谓大学者，非谓有大楼之谓也，有大师之谓也。"这是很多人都知道的一句话，而这里面的"大师"，显然是就学术与学问来说的，不是用权位或经费的标准来衡量的。大学的这个特征，体现也迎合了很多人内心不曾泯灭的对德性的某种坚守，或者就是所谓的"情怀"。换句话说，一般人也不会喜欢一所赤裸裸地展现其铜臭味儿的、媚俗的大学。近些年来，社会上对大学校长的形象日益关注，开学、毕业季的各种大学里的演讲，传阅者甚众，这也体现出社会大众对大学的期待。归根到底，还是那句老话："大学之道，在明明德，在亲民，在止于至善。"

了解了大学的上述特征，就不难体会，在大学里搞具有强烈现实关切的区域研究，是应该符合或至少要考虑到大学的一般特点的，也就是要考虑到大学不同于党政机关及其附属研究机构的诸多方面。2018 年，习近平总书记在北京大学师生座谈会上的讲话中提到，"世界一流大学都是在服务自己国家发展中成长起来的"，他同时强调，"学习就必须求真学问，求真理、悟道理、明事理，不能满足于碎片化的信息、快餐化的知识"。这提醒我们，大学要服务国家与社会，必须通过求真学问、求真理来实现，要甘于"板凳要坐十年冷"，不能满足于搞短平快的事务。

所以，高校进行区域国别研究，应该发挥与一般性社会智库不同的优势，高校的优势主要体现为长期性和战略性的学科积累。高校的区域国别研究应该侧重对一些基础性或根本性问题的研究。比如，一般的社会智库可能会面临很多应急性的问题，而高校的区域国别研究更侧重于像是民族心理、社会文化、历史记忆、地缘战略等问题。

不能否认的是,近些年来,中国的高等教育领域中不断有人提出要加强"区域国别研究",有一个很重要的背景,那就是"一带一路"倡议的提出,它使人很快意识到,以往对"一带一路"沿线的区域国别的研究,远远跟不上国家战略的现实需求。而从高校的角度来说,要对接这样的现实需求,就得结合自身的学科传统和优势。

在近年来关于高校区域国别研究学科建设的讨论中,可以听到一些基本的共识,比如,很多专家提出,要重视语言、历史等基础学科的作用,要在人才培养中强化通识教育,要走跨学科或交叉学科的路子,要重视加强与"一带一路"沿线国家的国际学术交流和教育合作,等等。这些共识都鲜明地体现出高校区域国别研究的学术特色和底色,有利于避免搞短平快的操作,也是未来中国高校区域国别研究学科建设需要高度重视的。

2021年5月,中共中央政治局就加强我国国际传播能力建设进行第三十次集体学习,习近平总书记主持学习并发表重要讲话指出,要加强我国国际传播能力建设,全面提升国际传播效能,采用贴近不同区域、不同国家、不同群体受众的精准传播方式,推进中国故事和中国声音的全球化表达、区域化表达、分众化表达,增强国际传播的亲和力和实效性。国际传播力的建设,自然离不开区域研究。从这个方面来看,大学可以发挥其重要且特殊的作用。但首先需要考虑的是,接受方毕竟基本上都是被欧美传统的学术话语和理论体系覆盖和长期影响的地方,他们对世界尤其是对中国的认知,往往也是基于西方的意识形态成见和话语体系,这是一个短期内难以改变的现状。这就提出了区域研究如何助力"民心相通"的问题。

中国从来不是殖民主义、帝国主义国家,相反,作为最大的发展中国家,中国是长期深受殖民主义和帝国主义之苦的国家,对亚非拉国家和人民,天然地有着第三世界立场的共情,在进行"区域国别研究"时,也需要有这样一种自觉意识。罗荣渠先生开创的世界现代化进程研究,也可以被视为自觉地以第三世界立场进行的区域国别研究的重要探索。

就区域研究本身来说,人们基于所谓"国际经验"对区域研究的理解,主要也是区域研究曾经服务于殖民—帝国主义的一面。对这一面的反思,也已经使得传统的区域研究在现有的国际学术体系中发生了转型,概言之,这个转型有两个特征,一个是走向国际研究或全球研究(Global Studies/Transnational Studies/International Studies),另一个就是呈现出鲜明且内在的后现代、后殖民批评的特征。如今,我们普遍使用"区域研究"这个旧时代的旧标签,并赋予其过多服务于现实政策的色彩,就需要意识到这个标签所具有的那些"负面性"的历史遗产。不过,到目前为止,人们还较少注意我在前面提到的中国要搞的"区域国别研究"和西方更早实践过的"区域研究"之间的时空错位与差异性。认识到这一点,或可使我们在承认西方以往区域研究中的历史成果的同时,得以避免西方殖民主义、帝国主义留在其中的负面遗产。

这里我们可以假设一个未来的虚拟研究对象来继续分析:

我们以往传统的丝绸之路研究主要是中西交通史和唐中期(8世纪中期)之前的西域研究,就学科参与看,中国传统的丝绸之路研究是以考古、历史、文献等学科为主。在未来,我国高校开展丝绸之路相关区域国别研究,或可在如下几个领域取得进展:第一,更多采用多语种资料和多学科及跨学科的方法对8世纪中期以后的丝绸之路进行深入研究;第二,在全球史的视域下同时研究海洋和陆地丝绸之路贸易;第三,从区域国别研究、经济、金融、国际法、国际关系等角度研究目前涉及的重大现实问题;第四,在哲学/社会科学理论的高度上,研究我国相关倡议,赋予其能够为世界所理解和接受的学理内涵,服务于我国软实力建设;第五,近年来源于欧美的一些与传统丝绸之路研究、内陆亚洲区域研究密切相关的新观点不断出现(比如所谓的"新清史"),高校进行相关主题的研究时需要关注这些新观点,并进行及时的探讨和回应;第六,在比较研究的意义上,最终回归到关于建构中国自身的认同／身份(identity)的问题上来。

大学的区域研究,应该是既包括对策研究,更具有基础研究的特点。而从国家和社会对大学的一般期待来看,大学的那种非功利性的德性是同样重要的,而在这个方面,大学里区域研究的基础科学研究的"硬核"部分,就是确保大学的区域研究不同于一般智库工作的部分,是确保大学区域研究之特色、底色或"德性"的部分,是其基于大学智识生活传统的"德性"。建设和发展有中国特色的区域研究,离不开对这些前提性问题的关注。

区域与国别研究的国际经验与范式

李　昀　刘　萌　王凯华　殷金琦

　　基于国家需要,"区域与国别"研究已经在西方发达国家中得到了充分的发展。虽然他们所进行的研究并不全冠以"区域与国别"的名称,但实质内涵覆盖了"关于本国以外其他国家的研究和教学工作"[①]。20 世纪中叶,美国由于其军事、政治、经济和社会环境的影响,在国内形成了地区研究,开启了"一场包涵丰富理念和多重关切,并夹带着激切变创意图和明确规划目标的知识构建事业和学术思想运动"[②]。随后,美国对于地区研究的范式和组织形式逐渐随着其国家力量、经济实力以及学术影响力的扩大,对全球的学术研究都产生了影响。除美国之外,许多欧洲国家如英国、法国、德国等对于地区研究的历史更加久远,并且同样具有借鉴意义。对于这一研究领域内涵的界定,学界进行着多样化的讨

[①] R. D. Lambert,"Area and International Studies in the United States: Institutional Arrangements", in Neil Smelser and Paul Baltes eds., *International Encyclopedia of the Social & Behavioral Sciences*, first edition, Amsterdam: Elsevier, 2001, pp. 689—692. 此处译文由姚念达译,牛可校。

[②] 牛可:《美国地区研究创生期的思想史》,《国际政治研究》,2016 年第 2 期,第 10 页。

论。由于本研究重点针对不同国家大学中关于"区域与国别"研究的实践进行解析,因此将使用外延最广的定义以覆盖较大范围的国别、研究组织和学科。

中国对于其他国家和区域的研究,一直集中在语言、历史、文化等方面,对于某些大国的研究也延伸至经济、社会等。然而,中国对于别国的学术研究仍然以学科为主要划分方式,如某国语言、历史、政治等,而不以某个国家或地区为单位进行全方位、多学科的深入理解和系统探析。随着中国"一带一路"倡议的提出,"区域与国别研究"逐渐在国内社会尤其是学界快速发展。2017年,教育部办公厅发布了《关于做好 2017 年度国别和区域研究有关工作的通知》,提出"高等学校开展国别和区域研究工作,对于服务国家战略和外交大局,全面推进'一带一路'建设,具有十分重要的意义"[①]。在实践中,不同形式的与"区域与国别研究"相关的组织纷纷成立,如东北师范大学的东北亚研究中心、上海外国语大学的全球治理与区域国别研究院、北京大学区域与国别研究院等。中国的学术界期待对于别国的研究能够在国家政策的支持下,开启跨学科的发展模式。而这种发展在国内尚属较新的学术尝试,需要我们在借鉴别国成熟经验的基础上,结合我国自身需求和现状,发展出真正适合自身的研究范式。

组织分析能够为快速有效分析从而发展一个新兴的学术领域提供良好的视角。目前,国内对于区域与国别发展现状的研究较少。有的研究针对某一国别或地区领域的研究现状进行综述,如王泰对中国特色中东国别区域研究学术体系的构建进行概述[②];汪宁对目前俄罗斯东欧中亚区域的研究现状、主要内容和学

---

① 《教育部办公厅关于做好 2017 年度国别和区域研究有关工作的通知》,http://www.gov.cn/xinwen/2017 – 03/14/content_5177345. htm(2022 – 05 – 29)。

② 王泰:《"文明"视野下的中东与复杂多元的"交往"——中国特色中东区域国别研究学术体系构建刍议》,《西亚非洲》,2018 年第 1 期,第 135—160 页。

科分布进行了总结①;罗仪馥对我国东南亚研究的论文发表情况进行了统计梳理,并分析研究人员的现状,指出东南亚研究未来需要进一步进行跨学科发展,培养复合型人才②;钱乘旦和胡莉以中国的欧洲研究为例,从区域与国别研究的视角出发,提出了欧洲研究的未来发展方向,主张加强跨学科研究,扩大研究区域,深入实地研究,加强研究对象国的语言训练,推动欧洲研究的进一步发展。③

　　一些学者对发达国家的区域与国别研究进行了梳理,总结发达国家区域与国别研究的发展历史、学术机制和优势。张杨通过对美国区域研究的学术团体和学科机制建设的历史梳理,指出美国区域研究既得益于政府与民间多元力量的推动,也是冷战背景下美国政府的战略需求,因此美国的区域研究范式在全球发挥着影响力,中国需要结合自身的文化传统、学术积累、社会意识、政治需求和时代背景,发展区域与国别研究的中国范式。④ 于铁军通过梳理日本地区研究的历史脉络、机构建设和学术发展,总结了日本地区研究的特点与优势,强调日本地区研究重视田野、重视资料、重视对象国语言、重视综合方法、重视研究成果的应用价值、重视实证基础上的理论创新等,对中国区域与国别研究的建设与发展具有重要意义。⑤

　　部分学者对区域与国别研究的知识背景、理论和方法进行了

---

① 汪宁:《丝绸之路大文化背景下俄罗斯东欧中亚区域国别研究的学科构建》,《新疆师范大学学报(哲学社会科学版)》,2017年第3期,第105—115页。

② 罗仪馥:《中国的东南亚研究现状(2007—2017)——基于国内主要国际关系期刊论文的分析》,《战略决策研究》,2018年第5期,第74—104页。

③ 钱乘旦、胡莉:《区域与国别研究视野下的"欧洲研究"——关于欧洲研究发展方向的讨论》,《欧洲研究》,2020年第4期,第138、150—158页。

④ 张杨:《我们需要什么样的区域国别研究——基于美国实践的省思》,《史学理论研究》,2022年第2期,第11—18页。

⑤ 于铁军:《日本特色的地区研究及其对中国的启示》,《国际政治研究》,2018年第5期,第35—49页。

梳理和分析。汪卫华从比较政治与区域研究的学科关系入手,通过比较两者的学科发展历程,认为美国比较政治与区域研究经历了早期携手并进的"耦合"状态和后期"解耦"乃至"脱钩"的过程,这与政治学科内聚度的不断提升有关。然而汪卫华认为,为了推进政治学的知识进步,需要保持两者良性的"低耦合"互动。① 李强从区域与国别的方法论入手,通过比较传统人文学科和社会科学对区域与国别问题的研究,借助马克斯·韦伯的理想类型概念,强调利用社会科学的概念、范式、方法,结合人文式研究,探索出区域与国别研究的新方法。② 王志从比较地区主义入手,探讨国际关系学者参与区域与国别研究的新途径,通过对比较地区主义概念、理论与方法的介绍,探讨在开展区域与国别研究过程中,构建中国学派理论的可能。③

　　随着区域与国别学科建设步伐的加快,部分学者对区域与国别研究学科建设和人才培养提出建议。钱乘旦从学科建设的角度探讨了区域与国别研究的发展历史、概念内涵以及学科建设的必要性和重要性,从人才培养的角度入手,强调学科建设是发展中国区域与国别研究发展的重要方向。④ 孙江通过对区域与国别概念的厘清,对区域与国别研究的历史、理念与实际开展情况进行分析,指出区域国别学作为一门交叉学科可以推动跨学科研究的发展,但是必须通过标志性成果才能凸显其跨学科特性。⑤

① 汪卫华:《"解耦"还是"脱钩"?——比较政治与区域研究的关联》,《国际政治研究》,2021年第6期,第9、32—35页。
② 李强:《关于区域与国别研究方法论的思考》,《欧洲研究》,2020年第5期,第153、162—168页。
③ 王志:《比较地区主义:区域国别研究新思路——兼论中国学者的视角和贡献》,《教学与研究》,2022年第2期,第59—70页。
④ 钱乘旦:《以学科建设为纲 推进我国区域国别研究》,《大学与学科》,2021年第4期,第82—87页。
⑤ 孙江:《区域国别学发凡》,《学海》,2022年第2期,第22—26页。

　　因此,本文将利用组织分析的视角,选取国外较有代表性的
区域与国别研究机构——牛津大学全球与区域学院、柏林自由大
学拉美中心、普林斯顿大学地区中心、法国巴黎东方语言文化学
院、东京大学的区域与国别研究组织以及莫斯科国际关系学院的
欧洲研究院进行描述,以呈现他们的现状与经验,从而为北京大
学区域与国别研究院的自身发展及学术研究提供借鉴。

一、牛津大学全球与区域研究院(Oxford School of Global and Area Studies,OSGA)①

　　牛津大学全球与区域研究院拥有全球最大数量的区域研究
专家群体。该研究院自身作为一个独立的机构存在,整合牛津大
学七个地区研究组织。研究院拥有自己的管理团队,设置院长、
行政与财务院长、研究生教学主任、科研主任和荣誉女性学术代
表(Athena SWAN Champion),同时七个地区研究组织各自的主
任也在研究院管理团队的建制之中。研究院定期制作新闻简报,
收集各中心的消息进行发布。
　　研究院所整合的七个地区研究组织包括:非洲研究中心、当
代中国研究、拉美研究中心、中东研究、日产日本研究院、俄罗斯
和东欧研究以及南亚研究。虽然从网页设置上看,每个研究中心
都标注自己是研究院的一个部分,但每一个研究单位都拥有自己
的组织架构、独立的学术活动、学生群体和独特的研究范式。各
研究中心松散地归属该研究院管理。研究院拥有 93 名研究人
员,但这些研究人员均分属不同的院系或中心,因为其研究领域
和国别的背景,成为某一地区研究中心的参与者,之后被划归为

---

① Oxford School of Global and Area Studies,https://www.area-studies.ox.ac.uk/
(2022－05－28).

研究院的学术力量。因此,研究院自身没有专职的研究人员。

研究院功能主要集中在学生培养及学术研究。学生培养是整个研究院整合和提供资源,吸引优秀学术力量的主要渠道。研究院拥有区域研究博士项目、研究型硕士课程、应用型硕士课程、与牛津大学萨义德商学院合作的"1＋1"MBA 课程,同时还开设区域研究的选修课。研究院还为学生提供申请奖学金的机会和平台。

（一）区域研究博士项目（DPhil in Area Studies）

牛津大学自主设立了区域学研究博士学位,学制三年,学生运用社会科学的方法针对一个国家、地区进行研究,或对多个国家进行比较研究。该项目培养的目标为:培养区域研究相关的学术技能,搭建跨学科的、比较的区域研究体系,利用原本存在的研究为区域研究做贡献,将研究成果向公众开放从而对现实世界产生影响。在培养内容上,研究院将邀请社会科学及语言中心的师资进行联合培养,面向的主要学生群体为希望开展跨学科研究的学生,如拥有历史、文化、人类学、政治、政治经济学、国际关系、环境研究等领域背景的申请人。每位学生将有 1—2 位导师进行指导。在博士第一年,学生将在导师的指导下,参加学院提供的系列课程和讲座,进行相关研究方法的培训。第一年结束时,学生需要明确自己的研究问题、概念框架以及方法论。博士学习第二年,学生将进行理论研究或田野调查。第三年中,学生必须参加最少一次学术会议,将自己的研究成果向非专业听众进行呈现,最终通过博士论文答辩获得博士学位。

（二）研究型硕士项目（MPhil Courses）

该研究院研究型硕士项目学制约为两年,分为六个不同的方向:全球和区域研究、当代中国、拉美、日本、当代南亚、俄罗斯和东欧。这个项目主要为了培养在区域与国别研究中有志于从事未来研究工作的研究人才,因此其培养的内容与导向以学术为主。除了在牛津大学进行课程培训,学生也将有机会赴研究对象国进行为期约三个月的学习和交流。根据每个不同区域的研究现状,硕士项目的培养方案也有很大的差异。例如,当代中国研究型硕士,主要针对学生的语言能力进行培养,同时兼顾学术训练,毕业生既可以进行中文语言方面的相关工作,也可以进一步进行深入研究。拉美方向研究型硕士不偏重语言能力的培养,而重视跨学科理论的积累与研究方法的训练,学生毕业时需要提交三万字以上的研究论文。日本方向研究型硕士是在授课型硕士项目结束后,为有意愿从事研究工作、进行博士阶段学习的学生所进行的第二年硕士学习的培养。

(三)授课型硕士(MSc Courses)

该研究院授课型硕士学制基本在一年之内,由各地区中心提供课程和培养方案。研究院下设的七个中心开设这类硕士项目,在本科学习之后,向学生提供对于不同地区的相对深入的介绍课程体系。

(四)"1+1"工商管理硕士(Oxford 1+1 MBA)

这一项目是该研究院与牛津大学萨义德商学院联合举办的双硕士项目。学生将进行区域研究院提供的授课型硕士项目的学习,之后进入萨义德商学院的 MBA 项目学习,最终获得该研究院和萨义德商学院两个硕士学位。这个项目是应用型的,培养对某一地区拥有深入了解知识体系的商业人才。该项目还给部分学生提供奖学金。

(五)课程体系

研究院整合了学校与区域研究相关的课程建立自身的课程体系,进行统一管理和使用。整合之后的课程打破了地区的区分,重新使用学科领域进行分类,设置了包括人类学、文化研究、发展研究、经济与政治经济、环境、性别、历史、艺术、国际关系、语言、法律、文学、政治、公共政策、宗教、社会学以及青年研究,共计 88 门课程。

除人才培养的功能之外,全球与区域研究院也在建设自身的学术研究集群,通过与各类顶尖的研究机构和力量合作,支持研究项目、举行学术研讨会等形式,形成自己的研究网络和力量。此外,他们还希望通过自身的研究,为社会、国家和非学术环境下的各类问题提供建议。例如,研究院拥有比较政治、经济增长与工业发展、家庭教育和社会政策、性别、健康、安全与外交政策、治安、毒品和犯罪、贫困不平等这些研究项目。通过一个拥有学术与现实双重意义的题目,集合针对不同国家的同一问题和领域的研究者,进行跨国家的比较研究。通过研究项目的设立和支持,研究院将相对独立的各地区中心进行整合,既实现其学术研究的目标,同时也拥有解决现实问题的有效方法。

二、柏林自由大学区域研究中心(Center for Area Studies,CAS,Free University of Berlin)①

　　柏林自由大学拥有较长的地区研究传统,其几个地区研究中心都具有一定程度上大学学院的组织特征,如独立的组织架构、课程、教学科研人员、学位项目等。如柏林自由大学拉丁美洲研究所,甚至拥有从本科课程到硕士、博士学位等全链条的人才培养项目。柏林自由大学区域研究中心为配合德国"精英动议"计划而得以建立,从而成功申请到德国政府"精英动议"中学术精英集群项目的资助。中心目标是通过利用跨学科研究的方法,对当代世界跨国家、跨地域、跨文化交流的实际现象进行分析。此中心的成立,希望能够整合全校 70 余个地区中心的力量与资源,在原本存在的地区中心的基础上,将需要进一步发展的学术组织滋养强大。

　　该区域研究中心利用课题和科研项目来吸引全校地区中心

---

① Center for Area Studies, https://www. fu-berlin. de/en/sites/cas/index. html
　(2022-05-29).

及世界知名学者的加入,搭建与区域研究相关的学术网络。其学术成果面向专业的学术人事,同时也面向公众,解决现实问题。

该区域研究中心提供博士后名额,用于培养区域研究的高水平年轻人才,增强这一领域的学术竞争力。通过博士后项目,中心为来自国内外的研究人员提供平台,以发展新的学术增长点和领域。博士后将归属不同的地区研究中心,在其所在的中心内开展教学或科研工作。

该中心存在的必要性为通过提供各种平台和资源,整合各中心的力量。但从实践角度来看,它并没有充分发挥其整合学术力量平台的有效作用。原因在于各中心力量已经非常强大且地位稳固,并不需要学校顶层的制度设计来满足它们对于资源的需求。柏林自由大学地区研究中心的成立,是政策导向下的组织产物,但这种自上而下的组织形式,在相对松散和自由的学术环境下,所产生的积极作用需要更长时间的实践后才可以进行评估。

三、普林斯顿国际与区域研究院(Princeton Institute for International and Regional Studies,PIIRS)[①]

美国拥有当代最强大的区域研究学术体系,普林斯顿大学国际与区域研究院是研究机构中较具有典型意义的一个学术组织。PIIRS是普林斯顿大学在世界文明和全球事务上进行研究、学习和对话的中心和平台。研究院研究的领域包括非洲,中东和北非,亚洲,俄罗斯、欧洲与欧亚,以及拉美。该研究院通过课程等教学项目、研究课题、学术活动、颁发区域研究课程培训证书以及提供经费支持等形式,进行人才培养以及科学研究等学术行为。研究所还出版杂志和年度报告,对其学术成果进行学术和非学术

---

① PIIRS,http://piirs. princeton. edu/(2022－05－28).

形式的呈现。

从组织架构看,普林斯顿国际与区域研究院由主任领导,接受执行委员会和咨询委员会的指导,行政团队支撑研究所的运行。在研究和教学力量方面,研究院有来自各院系的语言导师、学者库以及访问学者,学生涵盖了本科生和研究生,这些学生在研究院上课和进行研究,但归属在不同的院系中。研究院的领导团队中,包括一名院长,其他主任面向不同的研究方向如欧洲、南亚、中国、东欧等,他们有各自的研究领域,但共同领导研究所的运行。执行委员会由18名委员组成,他们研究的地区并没有明显区分,却拥有各自较强的学科背景,如人类学、政治学、宗教、历史、工程与应用科学等,可以对研究院跨学科的发展进行指导。咨询委员会拥有18名委员,多为商界和社会人士,利用外部的视角为研究院的发展提供建议。行政管理团队有20位工作人员,由行政院长领导,针对财务、项目运行、文字编辑、国际事务、技术支持,以及不同地区研究项目等事项的运转提供支撑。研究院还整合了来自大学内25个院系的175名教学科研人员参与相关活动。

研究院为学生提供两种形式的培养方案。一是短期的学术讲座项目,二是提供课程培训证书的项目。学术讲座项目分为两类,一类是针对本科生推出海外学习项目,学生将在老师的带领下,赴对象国进行为期六周的交流学习。通过讲座和实地考察的形式,对所在地区进行深入了解。目标地区包含非洲、东亚、南亚、欧亚、欧洲、南美。另一类是拓展类讲座课程,通过在校讲座与海外短期考察相结合的形式,培养学生在任何一个学术领域对某一地区或国家的研究兴趣。第二种学生培养方案是提供修课证明。学生可以通过选修研究所课程,获得诸如语言培训、跨文化交流以及政治学等相关领域的修课证明。研究院提供的课程内容包括非洲研究,当代欧洲政治和社会,俄罗斯、东欧和欧亚研究,南亚研究以及翻译和跨文化交流项目。

在学术研究方面,研究院通过不同形式的支持,整合多个学科针对不同区域的研究项目,促进教师和学生对于全球事务更深入的理解和对话。支持形式包括"研究实验室"、"研究社区"、学者动议、学术会议、研究生课题、本科生授课以及交流驻访学者。其中,较为新颖且资助力度较大的形式为前三项。通过"研究实验室",研究院提供多学科的研究和针对某一地区进行历史、政治、文化乃至健康、医疗等学科的教学尝试,以促进和孵化新的学科增长点。"研究社区"是一个学术集群的概念,通过设置一个前沿的学术问题,研究院用大量的资金吸引不同学科的人员加入,通过会议、研究以及发展课程等形式,促使学术问题得以解决。例如"印度洋、气候变化和流行病"这一课题,得到了研究院为期三年总计 75 万美元的资助,集合了来自校内外医学、环境、区域研究的专家。研究院还对学者提出的研究课题进行小额资助,鼓励其针对自己感兴趣的前沿领域进行研究,资助期限最多三年,总额在 50000—75000 美元之间。

该研究院通过提供行政、学术和资金支持,吸引和整合学术力量进入该研究院。研究院的学术组织形式虽然很松散,但由于其资源具有很强的吸引力,因此组织形式非常有效。同时,美国区域研究较为成熟的学术环境也是教师和学生参与研究院学术活动的有利制度环境。

四、法国巴黎东方语言文化学院(Institut national des langues et civilisations orientales,Inalco)①

创建于 1795 年的巴黎东方语言文化学院历史悠久、底蕴深厚,是法国一所专门研究世界各区域与国别的语言和文化的高等

---

① Inalco,http://www.inalco.fr/en(2022 - 05 - 28).

教育与科研机构。该学院的外语教学内容涵盖了上百种民族语言,区域与国别研究范围涉及历史学、人类学、社会学、考古学、文献学、经济学、政治学等诸多人文与社会学科。作为法国精英教育系统的知名学府,数百年来,巴黎东方语言文化学院为法国培养了许多外交官、政治家和东方学家,知名汉学家伯希和(Paul Pelliot)、葛兰言(Marcel Granet)、谢和耐(Jacques Gernet)均曾在该校学习或任教。

在组织结构上,巴黎东方语言文化学院由十二个系和六个教研部门组成。该学院的十一个系以国别区域划分,分别是中国学系、日本学系、朝鲜学系、俄罗斯学系、阿拉伯学系、希伯来和犹太学系、欧洲系、欧亚系、非洲和印度洋地区系、东南亚和太平洋地区系、南亚和喜马拉雅地区系;外加一个为非法语学生准备的法语学系。该学院的六个教研部门则以具体内容划分,分别是:自然语言处理部、外语教学部、跨文化研究部、国际研究部、国际贸易研究部,以及美洲语言和文化研究部。巴黎东方语言文化学院共有 300 余名专职教师和研究人员,组建有 15 支跨学科的区域与国别研究团队,由校长、各系部主任和 6 名博士研究生组成的 40 人学术委员会负责管理学院的教学工作和研究事务。

巴黎东方语言文化学院通过整合自身丰富的学术资源,构建了一套以外国语言为核心,融合了众多学科内容的较为成熟的区域与国别研究人才培养体系。该学院的区域与国别研究人才培养体系涵盖了博士、硕士、本科三个层次,并根据不同层次学生的特点和需求,制定了不同的学生培养方案,具体来看:

(一)博士生培养

巴黎东方语言文化学院的博士学制为三年,致力于培养跨学科的区域与国别研究人才。该学院的博士生需要学习使用对象国的语言研究该国的文化、社会、经济、政治等问题,因此,除继续强化语言学习外,博士生还被要求选修与研究方向相关的学科课程。巴黎东方语言文化学院的一大特色是采用与外国高校合作的博士生联合培养机制。除在该学院接受培养外，博士生还需要前往另一所外国高校进行学习和科研。在导师选择方面，除本校导师外，博士生还被要求从所在的外国高校中选择一名外方导师。博士生在两名导师的联合指导下开展研究，并且只有通过该学院与外国高校专家共同组成的博士论文答辩委员会的考核后，才能被授予博士学位。巴黎东方语言文化学院的联合培养机制提升了博士生的国际化水平，帮助博士生积累了在对象国的实地研究经验，加深了博士生对于对象国的认知和理解，并且促进了法国高校与外国科研机构之间的学术交流与合作。

（二）硕士生培养

巴黎东方语言文化学院共开设了四个和区域与国别研究相关的硕士学位项目，分别是外国和地区语言、文学与文化、国际关系和国际商务。每个项目又分为学硕和专硕两种类型，学硕项目注重培养学生同区域国别研究相关的研究和教学能力，为后续的博士学习提供基础；专硕项目则侧重于培养学生的涉外工作能力和专业技巧。除此之外，学院利用自身与上百个国家高校的校际合作网络，为硕士生提供各类长期或短期的国际交换项目，鼓励硕士生前往对象国学习当地语言，开展实地研究。

（三）本科生培养

巴黎东方语言文化学院同样开设了两个和区域与国别研究相关的本科项目，分别是：外国和地区语言、文学与文化（语言、文学和文明）。文学与文化（语言、文学和文明）项目进一步分为两种培养路径：区域路径和专业路径。区域路径的本科生第一年主要学习特定区域或国别的语言，从第二年开始，除继续语言学习外，本科生需要学习四类课程模块：语言、文学和文化的核心课程模版、跨学科的区域课程模块，高级课程模块和选修课程模块。区域路径对本科生的语言学习提出了较高要求，其中，对于中国、阿拉伯和俄罗斯研究的申请者,学院要求他们必须具备一定的中文、阿拉伯语和俄语基础,或者完成语言预科的学习,才可以开始本科阶段的学习。专业路径的本科生同样需要学习特定语言和选修跨学科的区域课程模版,但从第二年开始,需要从国际商务、国际交流与培训、语言教学、国际关系、多语种自然语言处理五类方向中选择一类作为自己的专业方向,学习具体的专业技能,为之后的就业做好准备。

(四)课程体系

巴黎东方语言文化学院依托自身丰富的语言教研资源,在区域与国别的课程体系设计上注重以语言教学为核心,兼顾不同学科的交叉与融合。从学位特点上看,该学院的本科课程设置以培养学生熟练掌握特定语言和透彻理解对应文化为重点,在此基础上强调跨学科的学习和专业技能的培养;在硕士层面,该学院设置了学硕与专硕两大课程体系,并提高了具体学科和专业的课程权重;在博士层面,该学院的课程设计以基于特定语言的跨学科研究为导向,注重与外方院校的联合培养。

(五)学术研究

关注世界上不同区域与国别的语言和文化是巴黎东方语言文化学院学术研究的传统和特色。随着时代的发展与现实的需要,学院也越来越关注现实问题,强调人文学科与社会科学乃至自然科学的交叉融合,逐渐注重区域与国别内部的社会、经济、政治领域的实证研究。学院内以社会政策、经济发展、政治转型、移民问题、环境保护等主题的研究项目逐渐增多,致力于为解决各类实际问题提供学术参考。

五、东京大学的区域与国别研究机构

东京大学在区域与国别研究领域发展较早,目前已经形成了较为完备的研究体系,目前东京大学主要存在两个区域与国别研究机构,分别是东洋文化研究所和地域文化学系。前者是独立的研究机构,以学术研究见长且在世界享有盛名;后者隶属于教养学部和研究生院综合文化研究科,兼具科研与教学培养功能。

(一)东洋文化研究所

东京大学东洋文化研究所成立于 1941 年 11 月 26 日,以全面研究东方文化为主要目的。研究所于 1949 年进一步细化,研究机构具体分为哲学与宗教学系、文学与语言系、历史学系、美术史与考古学系、法律与政治学系、经济与商业学系。1951 年该研究所增设人文地理系和文化人类学系。与此同时,研究所将按照传统专业划分的研究部门改建为八个新部门,分别是泛亚经济系、泛亚人文地理系、泛亚文化人类学系、东亚政治与法律系、东亚历史系、东亚艺术史与考古学系、东亚哲学与宗教系和东亚文学系。1960 年设立南亚政治与经济系,1964 年设立东北亚系,1968 年设立西亚历史与文化系,1973 年设立东南亚经济与社会系,1978 年设立西亚政治与经济系,至此东京大学东洋文化研究所共设有 13 个研究机构。1981 年后,随着亚洲国家国际地位的上升,亚洲地区在世界上的影响力与日俱增,亚洲研究愈发重要,东洋文化研究所进一步调整了研究机构设置,采取大部门制,将当时设置的 13 个研究机构按研究地区重组为 4 个,分别是泛亚系、东亚系、南亚系与西亚系。由此,东洋文化研究所的亚洲区域研究走向成形,目前研究区域涉及东亚、东南亚、东北亚、南亚、西亚等亚洲各大区域,研究领域涵盖政治、经济、文化、社会等各方面,实现了历史学、语言学、政治学、经济学、社会学与人类学等学科的跨专业研究。为了开拓新的研究领域,充分利用地区研究的新方法和新知识,研究新对象,2011 年东洋文化研究所又成立了新世代亚洲系,向社会展现亚洲研究的新视野。①

---

① 东京大学东洋文化研究所,https://www.ioc.u-tokyo.ac.jp/(2022 - 05 - 14)。

东洋文化研究所的教师在东京大学研究生院综合文化研究系中发挥着重要作用。综合文化研究系下设的地域文化研究专业是东京大学开展区域与国别研究的另一重要阵地。东京大学在本科与研究生培养中重视区域与国别研究。本科阶段,东京大学教养学部下设地域文化研究专业,以跨学科方式培养文理兼容、兼收并包的国际化人才。在研究生阶段,地域文化研究专业隶属于综合文化研究系,该学科的培养目标是鼓励学生通过历史、政治学、经济学、社会学、哲学、文学和语言学等研究方法,从各个角度研究每个地区的特点,培养学生成为重要的国际化人才。

东洋文化研究所以学术研究为主,并没有单独的学生培养机制,该研究所主要通过与东京大学研究生院开展合作,协助其他学院开展研究生培养,目前东京大学研究生院法学与政治学系、人文社会学系、农学与生命科学系、经济学系与综合文化研究系,均与研究所的教师建立合作关系,这些教师通过举办讲座、专门授课等形式进行人才培养工作。除此之外,东洋文化研究所还积极参加东京大学交叉学科相关研究机构的建设,推动交叉学科发展。

（二）地域文化学专业

综合文化研究系下设的地域文化研究专业是东京大学开展区域与国别研究的另一重要阵地。东京大学在本科与研究生培养中重视区域与国别研究。本科阶段,东京大学教养学部下设地域文化研究专业,以跨学科方式培养文理兼容、兼收并包的国际化人才。在研究生阶段,地域文化研究专业隶属于综合文化研究系,该学科的培养目标是鼓励学生通过历史、政治学、经济学、社会学、哲学、文学和语言学等研究方法,从各个角度研究每个地区的特点,培养学生成为重要的国际化人才。

地域文化学专业以跨学科、国际化的学术理念为基础,以在人文社会科学领域进行跨学科研究为目标,进行区域与国别应用型与学术型人才培养的尝试。自 1983 年以来,地域文化研究专业为大学、研究机构、政府机关、公司和国际组织培养了许多优秀人才。目前该专业共有教职工 50 余人,在读研究生近 300 人。大多数学生获得硕士学位,平均每年有 5 人获得博士学位并担任研究职务。

在具体的学生培养中,该专业的学生需要从英国、法国、德国、俄罗斯和东欧、意大利地中海、北美、拉美、亚洲与朝韩九个地区中选择一个地区进行具体研究。地域文化研究专业培养模式强调问题导向、学科交叉,强调多语种能力的培养。在具体研究中,地域研究专业要求学生具有问题意识,希望学生根据所选地区发生的具体问题,选择最合适的学科知识进行研究,并撰写毕业论文。除此之外,该专业着重强调外语能力,要求学生必须掌握研究对象国的语言,部分研究方向要求学生以指定外语撰写毕业论文。

地域文化研究专业的学生与教养学部其他学生一样需要接受通识教育,本科前两年需要接受基础的学科训练和语言培养。按照教养学部的培养要求,该专业学生需要在本科后两年选择地域研究课程,具体学习研究区域的内容。在课程设置上,按照研究地域的不同,该专业将课程具体细分为九大课程体系,主要包括英国研究、法国研究、德国研究、俄罗斯东欧研究、意大利地中海研究、北美研究、拉丁美洲研究、亚洲与日本研究、韩国研究。

研究生阶段,地域文化研究专业以学科交叉、国际化学术为理念,强调人文社会科学各领域的交叉融合学习。研究生阶段地域文化研究专业以大讲座为中心进行授课,五大讲座分别是欧洲与俄罗斯、地中海与伊斯兰、北美与拉丁美洲、亚洲与环太平洋地区和多元世界分析。①

---

① 东京大学地域文化研究专业,https://www.c.u-tokyo.ac.jp/info/academics/grad/ask/index.html(2022 – 05 – 14)。

六、莫斯科国际关系学院欧洲研究院
（European Studies Institute）①

作为莫斯科国际关系学院较为成熟的区域与国别研究机构，欧洲研究院（ESI）开设了"一体化进程综合研究"（Complex Researches of Integration Processes）跨学科硕士项目，根据研究领域的不同，可分别授予学生法律、国际关系和经济学三类硕士学位。

该研究院致力于解决实际问题，为政府官员和研究生提供基础培训和深造，以帮助他们更好地认知和了解欧亚经济联盟，从而为深入合作提供支持。研究院还会聘请联合国或欧亚经济联盟等国际或区域一体化组织内的教授和专家进行授课，是俄罗斯与国际高等教育体系开展合作的成功范例。

出于俄罗斯政府部门和商业机构的实际需要，该研究院开设了 40 多门关于反腐举措、人权保护机制、俄罗斯与国际组织及一体化组织合作等内容的短期课程。超过 4000 名政府雇员、科学家、企业家和学术工作人员通过这些短期课程获得了欧洲研究院的高级培训证书。

自 2009 年以来，欧洲研究院在俄罗斯大学联盟的框架内增设了"国际人权保护"硕士项目。该项目的独特之处在于它是由俄罗斯大学联盟的九所领军高校联合开办的跨学科硕士项目。从该项目毕业后，学生不但能够获得硕士学位，而且能够获得相关合作大学颁发的毕业文凭，以及由联合国人权事务高级专员办事处和合作大学校长共同签署的联盟证书。

---

① European Studies Institute，https：//english. mgimo. ru/structure/schools/european-studies-institute（2022 - 06 - 08）.

自 2021 年以来,"国际关系"专业的硕士课程中引入了"全球安全"的培训内容。该培训内容是在"全球人力资本与安全"研究框架下,作为"人类与应对全球不稳定威胁"研究计划的一部分而设立的。该培训的目的是培养在外交、内政和国防政策领域工作的专业人士,使其具备国际安全领域(军事、政治、经济、环境、信息、人道主义等)、军备控制和核政策、打击恐怖主义等方面的知识素养。该计划是在俄联邦科学与高等教育部提供的拨款框架内实施的。

莫斯科国际关系学院校友会内部也创立了欧洲研究院院友会,并开展相关工作。

欧洲研究院的工作得到了俄联邦公务员和学术界的高度评价,并获得了国际认可。

创立十六年以来,为了拓宽合作伙伴网络和交流学术经验,欧洲研究院组织了 40 多场国际科研会议和专家会谈。除独立办会外,欧洲研究院还会与俄罗斯政府部门合作举办部分国际科研会议和专家会谈。

七、比较与总结

整合与跨学科研究是以上几个国别研究学术组织存在的目标与使命,如何通过有效的路径达到这一目标,是每一个组织所探求与摸索的。有效路径的存在与达成,则成为一个学术组织存在的范式和组织特征。由于不同的国家环境、各异的学术生态以及多样性的发展轨迹,每一个地区研究的存在都拥有自己的特点。总体而言,有几项特征是上述几个组织所共有的。

首先,课程设置和人才培养是为研究得以可持续发展进行人才储备。由于学校的支持力度以及各学术组织带头人的影响力不同,以上组织对于学生培养的模式存在差异。其次,利用资金支持开展科研项目或进行相关的学术活动,是聚拢研究力量,形成关系网络较为快速的方法。第三,将知识成果进行传播是扩大学术影响力的有效途径。第四,在平台上为学术力量提供强有力的行政支撑,是学术组织运行的必要条件。

　　作者简介:李昀,北京大学国际合作部部长,北京大学区域与国别研究院副院长,管理学博士;刘萌,北京大学区域与国别研究院项目官,国际新闻学硕士;王凯华,北京大学区域与国别研究院博士研究生;殷金琦,北京大学区域与国别研究院博士研究生。

区域国别研究与国际传播：从"交集融通"走向"并集共发"

靳　戈

　　自近代以来，中国每一次重大进步发生前，都会兴起"开眼看世界"的潮流。"中国自晚清以来的变革，是以'求知识于世界'为一项前提的，关于外部世界的知识获取是中国现代化进程的重要组成部分。"①近十年来，中国进一步扩大开放，不仅深度融入世界，而且日益走近世界舞台的中央。这是"开眼看世界"驱动的进步，也为看得更广、看得更深提出了新的需求。泛泛的"全球概览"和间接资料已经不能满足中国深度融入世界的需要，中国需要关于一国、一地区精深、全面的知识。区域国别学一级学科的设立正逢其时。

　　中国在深度融入世界的过程中，也迫切需要与自身实力相匹配的国际传播能力。对外宣传是中国革命的开路先锋，中国共产党成立之初，对外宣传的重要目的就是介绍中国革命的情况和中国共产党的工作，争取共产国际和国际社会的支持。中国特色社

---

① 安刚：《对中国区域国别研究的几点思考——访北京大学副教授牛可、云南大学教授卢光盛》，《世界知识》，2018 年 12 月，第 64—67 页。

会主义进入新时代，中国共产党以守正创新的姿态大力推动国际传播，从主体、机制、载体等多个方面推进改革，"努力塑造可信、可爱、可敬的中国形象"。但是，当前中国的国际形象"很大程度上仍是'他塑'而非'自塑'，我们在国际上有时还处于有理说不出、说了传不开的境地，存在着信息流进流出的'逆差'、中国真实形象和西方主观印象的'反差'、软实力和硬实力的'落差'"①。当代中国的国际传播需要更加积极主动、准确易懂，有效提升传播效能。

区域国别研究与国际传播都是中国进一步加深与各国相互联系的举措。前者事关"了解世界"，后者事关"介绍自己"，二者在当前中国的对外工作中可谓是一体两面，互为题中之义，不仅存在相互融通的交集，更有"并集共发"的可能与必要。

一、交集融通：主体、对象与方法

（一）区域国别研究与国际传播都具有比较显著的主体性

区域国别研究与国际传播都是大国崛起的"必修课"，具有鲜明的国家主体性。欧洲崛起于地理大发现之后，欧洲的非洲学也同时诞生。美国崛起于两次世界大战之后，在战争期间就已经着手布局区域国别研究。1942 年美国社会科学研究理事会与美国学术团体理事会（American Council of Learned Societies，ACLS）、全国研究理事会（National Research Council，NRC）合作组建了拉丁美洲研究委员会。② 1947 年，社会科学研究理事会的报告《区域研究：及其对社会科学研究的意义》，被称为美国地区

---

① 本书编写组：《习近平新闻思想讲义》，北京：人民出版社、学习出版社，2018 年，第147—148 页。
② 汪卫华：《"解耦"还是"脱钩"？——比较政治与区域国别研究的》，《国际政治研究》，2021 年第 6 期，第 13—14 页。

研究运动的"宪章"。① 该报告指出了区域国别研究的三大目标，其中就包括"在与共产主义急剧进入全球对抗的情势下，维护美国国家利益"②。当今人们耳熟能详的美国区域国别研究机构所关注的国家和地区，恰恰都是美国的地缘政治关切。新加坡以弹丸之地扼守战略要冲，最关注的当然是自身所处的东南亚，其国内的东南亚研究院(ISEAS-Yusof Ishak Institute)，就是全世界东南亚研究的翘楚。③ 20 世纪 70 年代的石油危机后，有赖于中东地区的石油供给与市场需求，日本的中东研究也快速发展起来。④ 中国特色社会主义进入新时代，实现中华民族伟大复兴进入关键时期，中国同世界关系发生历史性新变化，对区域国别研究的需求更加强烈。据统计，目前全国约有 50 个教育部国别和区域研究培育基地、400 个国别和区域研究备案中心。⑤ 无论是从世界经验还是中国实践来看，区域国别研究都是大国崛起驱动下的学术活动，必然带有鲜明的主体意识。国家利益驱动并不否认其学术性与科学性。以智力成果服务国家和社会，必须要通过"求真"来实现。习近平总书记曾指出，"智库建设要把重点放在提高研究质量、推动内容创新上。"⑥ 只有契合国家发展利益又坚持科学方法的研究、才能"有为有位"⑦。

---

① 牛可：《美国地区研究创生期的思想史》，《国际政治研究》，2016 年第 6 期，第 9—40 页。

② 汪卫华：《"解耦"还是"脱钩"？——比较政治与区域国别研究的》，《国际政治研究》，2021 年第 6 期，第 14 页。

③ 张振江：《国别区域学科建设中的实然与应然》，《中国社会科学报》，2021 年 11 月 11 日，第 4 版。

④ 昝涛：《区域国别研究：学科建设如何走出新路》，《光明日报》，2022 年 1 月 15 日，第 10 版。

⑤ 杜飞：《"英语＋国别与区域研究"复合型人才培养路径探索——基于英语专业本科教学视角》，《浙江外国语学院学报》，2020 年第 4 期，第 58 页。

⑥ 习近平：《在哲学社会科学工作座谈会上的讲话》，www. xinhuanet. com/politics/2016－05/18/c_1118891128. htm(2022－07－15)。

⑦ 翟崑：《论中国区域国别学的知识生产》，《国际论坛》，2022 年第 3 期，第 28 页。

国家利益是驱动国际传播的核心力量。国际传播问题专家罗伯特·福特纳认为"政治本质"是国际传播的特点之一，"从某种意义上讲，所有国际传播（对外传播）都带有政治色彩。国际传播的政治因素是其本质固有的"①。现代国际传播发源于美国，从一开始就与权力、国家的利益和目标紧密联系在一起，1927 年拉斯维尔在关于第一次世界大战中宣传术的研究中对此最早定调。对外信息传播一直是美国维护国家利益的重要手段，"9·11"事件之后，美国进一步强化国际传播工作，提出了"最终达成有利于国家利益和国家安全整体实现的状态"②的战略传播理念。在美国，国家安全战略对其国际传播战略具有重要影响。美国《国家安全战略报告》是国家安全战略的中长期规划，2010 年时任美国总统奥巴马将"战略传播"写入《国家安全战略报告》。在国际新闻领域，国家立场是欧美新闻媒体机构的一致倾向。③ 习近平总书记在中央政治局集体学习国际传播问题时提到"二为"："为我国改革发展稳定营造有利外部舆论环境，为推动构建人类命运共同体作出积极贡献"。这一论断，不仅指出了国际传播的主体性来自本国的需要，同时也阐释了坚持主体性的客观原因——处在变局中的世界需要了解"发展起来的中国将如何与世界相处"。

（二）区域国别研究与国际传播都面对复杂多样的对象

"世界是平的"只不过是资本主义对全球化的理想化想象，弗里德曼的预言并没有被实践所证实，世界依然是崎岖的——不同发展阶段、不同地缘、不同执政党领导使不同国家的政治倾向与发展利益诉求差异较大，甚至一些群体依据文化认同形成了超越

---

① 〔美〕罗伯特·福特纳：《国际传播：全球都市的历史、冲突与控制》，刘利群译，北京：华夏出版社，2000 年，第 8—9 页。

② 汤伟，施磊：《美国对缅甸战略传播行动的演进与特点》，《南亚东南亚研究》，2020 年第 6 期，第 16 页。

③ 王维佳：《中国媒体曼德拉逝世报道的问题》，《青年记者》，2014 年第 1 期，第 33 页。

国家的利益方,例如跨国环保组织。一国一策、一区一策、因地制宜等理念,在当代世界多元利益诉求之下显现出更高的合理性。

　　区域国别研究是"关于地方性的知识",这是它与国际关系学的显著不同。有的观点指出,国际关系研究旨在对国际事务进行规律性总结,强调"共性";而区域国别研究则旨在对某一国别或区域进行细致深入的全面考察,强调"个性"。① 相较于国际关系学所关注的问题,区域国别研究对一国一地区的全描式研究,更能适应当前我国日益精准化对外交往的需要。经过几十年的积累,我国对于国际关系面上的知识和世界主要大国的知识已经比较充足且形成了比较完整的生成机制。但是世界上还有一些国家,虽然国际影响力不高,但是与中国关系密切,对中国国家战略的决策也有影响。对于这些国家的深度知识,中国还比较欠缺。这些研究对象之间共同点少、差异性大,在一些方面是利益同盟,在某些问题上又分道扬镳,呈现出复杂多变的景象。

　　从当前关于国际传播研究的相关文献来看,不少成果已经发现,相同的主题、内容与话语在不同区域、不同国别,甚至不同的时代条件下,都存在显著的差异。有文献深入分析了中国共产党十八大以来的国际涉华舆论,指出由于不同国家的发展程度和发展需求存在差异,"(这些国家)对习近平新时代中国特色社会主义思想的认知阶段和需求侧重点也不同。只有深入研究对象国的需求,才能提升国际传播的精准性和有效性"②。有文献分析了当前世界舆论格局,指出了"发展中国家对中国的评价相对正面"这一现象。③ 曾几何时,我国国际传播工作受到文化、话语、人才

---

① 任晓、孙志强:《区域国别研究的发展历程、趋势和方向——任晓教授访谈》,《国际政治研究》,2020年2月,第153页。

② 孙明:《把握国际舆论,精准做好习近平新时代中国特色社会主义思想国际传播》,《对外传播》,2019年第10期,第25页。

③ 许正林、王卓轩:《十年来中国共产党政党形象对外传播的理论与实践》,《现代传播》,2018年第9期,第70页。

等方面的影响,而不得以采取"送去主义"①。时代的进步赋予了中国更加有利的条件,国际传播要立足新的条件、新的环境创新工作方式方法,实现从"送去"到"精准投递"。

同样,新中国早期的区域国别研究也有不"精准"的一面。中国早在 20 世纪五六十年代就开始了系统的国际政治研究,其中也包括了一些区域国别问题。但是,彼时中国面对的是美苏争霸的世界格局,区域国别研究局限于苏联和欧美,另因团结第三世界国家的需要也关注非洲地区。无论是学术研究还是关注的区域,都比较粗放。改革开放后,区域国别研究日渐步入正轨,其中一个显著表现就是精细化、精准化。中国社会科学院先后建立了欧洲研究所、美国研究所、亚太研究所等一批学术机构。党的十八大以来,全面开放的新格局推动区域国别研究提速发展。

(三)区域国别研究与国际传播都重视在地性的方法

在地性(site-specificity)的渊源是公共艺术设计,后来扩展到其他社会科学领域。它不仅强调艺术品与展示场所之间的联系,而且更进一步地要求参观者也亲临现场,参与到艺术的创作中来。②"'在地性'不只是研究的出发点或姿态,而是一种方法论的缘起。"③

田野、历史是区域国别研究文献中的高频词。有研究者指出,区域国别研究要把握"民心相通"的主基调④。笔者理解,所谓"民心相通"除了语言相通,特别要包括对田野调查经验和当地历史的理解能力与共情能力。区域国别研究之所以强调田野,就是

---

① 黄友义、黄长奇:《党领导下的新中国对外翻译出版事业发展回顾——以中国外文局为例》,《中国翻译》,2021 年第 3 期,第 35 页。

② 安德里亚·巴尔蒂尼:《论公共艺术的在地性》,《文艺理论研究》,2016 年第 2 期,第 78 页。

③ 孙信茹:《全球视野下的"在地性"与"文化性"》,《中国出版》,2020 年第 2 期,第 68 页。

④ 李晨阳:《再论国别与区域研究的学科建设》,《世界知识》,2021 年第 18 期,第 79 页。

考虑到研究对象的复杂性与多样性,所以更重视具体的、直观的观察与经验。同时,也是说要有下沉民间、抽丝剥茧的精神。所谓历史研究,是指打通区域与国别的横截面与纵切面,从历史文化与当前社会结构两方面见微知著,做出预测性判断,寻找煽动风暴的"蝴蝶翅膀"。笔者在社交媒体的跨国使用研究中发现,如果仅仅通过社交媒体的动员机制来分析 2010 年前后发生在北非的"茉莉花革命",就会得出这场革命具有偶然性的判断。但是如果扎根于当地历史文化和社情民意,就能看到动乱必然性的"青之末"。突尼斯国内顽疾特别是外部的影响,在特定时空里交织,预言了"茉莉花革命"的发生。① 此外,也有研究者根据美国与缅甸关系的变化以及缅甸国内政治格局的情况,准确预言了 2021年 2 月缅甸可能会发生军事政变。②

　　国际传播不能闭门造车,必须到世界各地参与传播实践。习近平总书记指出,"要广交朋友、团结和争取大多数,不断扩大知华友华的国际舆论朋友圈"③。广交朋友就要走出国门,到对方家中做客。只有在当地经验与全球视野的联结与转译之中,才能正确把握一般与特殊的辩证关系,理解传播对象行为的准确政治意义和文化意义,并做出实事求是的解读。驻外机构特别是驻外新闻机构是国际传播的重要主体,从中央广播电视总台北美总站的经营经验来看,国际传播的"在地化"至少包括三个方面。一是接近本土的"现场"。"现场"对于新闻的意义不亚于真实,它为新闻活动提供了具有支撑作用的素材。对于国际传播来说,这里的

---

① 〔突〕伊美娜:《2010~2011 年突尼斯变革:起因与现状》,《阿拉伯世界研究》,2012年第 2 期,第 51—63 页。

② 夕木:《拜登上台后,对华动作和特朗普会有何异同?》,http://mp. weixin. qq. com/s/CgGYbT9Z_6P_0_ZP65q7mA(2022－04－28)。

③ 新华网:《习近平在中共中央政治局第三十次集体学习时强调 加强和改进国际传播工作 展示真实立体全面的中国》,http://www. xinhuanet. com/politics/leaders/2021－06/01/c_1127517461. htm(2022－07－01)。

"现场"就是社会科学中的田野,即实践的具体语境。接近这个语境才能直观接触到传播对象,进而理解其知识结构、认知特点,增强传播的针对性与有效性。二是与本土合作。"要更好发挥高层次专家作用,利用重要国际会议论坛、外国主流媒体等平台和渠道发声。"①一方面,大众传播具有感性、直观的特点,在这种语境下"他证"的说服力要显著高于"自证"。另一方面,本土人士掌握的当地资源也可以为我国际传播所用。例如,中央广播电视台北美总站的当地雇员数就占总雇员数的85%。② 三是融入本土的社会关系。"国际传播的一个主要用途就是公共外交。"③借用社会科学中"作为参与者的观察者"④的说法,公共外交意义上的国际传播者即"作为传播者的观察者"。观察是否深刻,一方面取决于观察者自身的意识与能力,另一方面取决于被观察者是否能在观察者面前表现出真实的一面。显然,后一方面受观察者与被观察者关系亲疏的影响。融入当地的社会关系,能显著拉近与被观察者的距离,既能够获得更有价值的信息,传播也更容易破除偏见,获得信任。

区域国别研究与国际传播在方法上的共鸣与共通,来自两者共有的研究对象的异域性与研究对象之间的异质性。二者面向的都是外部的世界,与研究者、传播者自身成长环境的差异是先天存在的。此外,不同国家、地区的条件各不相同,研究者、传播者对于一国一地区的认识是具体的而非普遍的,那么对于不同国

---

① 新华网:《习近平在中共中央政治局第三十次集体学习时强调 加强和改进国际传播工作 展示真实立体全面的中国》,www.xinhuanet.com/politics/leaders/2021-06/01/c_1127517461.htm(2022-07-01)。

② 江和平:《驻外媒体机构国际传播力提升之路探析——以中央广播电视总台北美总站为例》,《国际传播》,2021年第1期,第37页。

③ 〔美〕罗伯特·福特纳:《国际传播:全球都市的历史、冲突与控制》,刘利群译,北京:华夏出版社,2000年,第276页。

④ 袁方主编:《社会研究方法教程》,北京:北京大学出版社,1997年,第343页。

家和地区的认识也是有差异的。这两种差异要求研究与传播工作始终要注意排除两方面认知框架的影响：来自本国的，和来自他国的。换言之，要从对象国的历史、文化以及所处的地缘政治格局理解其判断和行为，为准确的研究和传播提供前提。那么重视"在地性"的方法，就是一种降低认知干扰的工具，因此也成为开展区域国别研究和国际传播的必然要求。

二、并集共发：构建具有中国特色的战略传播体系

当下国内研究文献中的"战略传播"具有二义性。一方面，从词源上看，以国家为主体的"战略传播"来自美国的国家安全战略。"'战略传播'（strategic communication）是美国政府在'9·11'事件发生后为了适应全球化变局提出的一个新的理念。国家战略传播指的是以国家为主体，以政府部门和部分军事单位为执行方的舆论调控和对外宣传，是目标清晰的、系统化的全球攻略，有助于巩固该国在全球的领导地位。"[1]另一方面，从中国当下语境来看，中国共产党权威资料中第一次出现"战略传播"是新华社2021年6月1日关于就中央政治局就加强我国国际传播能力建设进行第三十次集体学习的新闻稿。"必须加强顶层设计和研究布局，构建具有鲜明中国特色的战略传播体系，着力提高国际传播影响力、中华文化感召力、中国形象亲和力、中国话语说服力、国际舆论引导力。"[2]比较来看，美国语境下的"战略传播"，强调有军事部门参与的信息传播行为，更接近"传播服务于国家战略"的意思，带有明显进攻性意味；中国语境下的"战略传播"传播则是

---

① U. S. Department of Defense, *Dictionary of Military and Associated Terms*, 2011.
② 新华网：《习近平在中共中央政治局第三十次集体学习时强调 加强和改进国际传播工作 展示真实立体全面的中国》，www. xinhuanet. com/politics/leaders/2021 - 06/ 01/c_1127517461. htm(2022 - 07 - 01)。

字面上的"有战略性地进行传播"的意思，强调传播的谋划、策略和布局。"对外工作要高举和平、发展、合作、共赢旗帜，积极营造良好外部环境，推动构建新型国际关系和人类命运共同体。"①从中国当前对外工作的战略定位来看，当代中国战略传播显然不能贴上"进攻性"的标签，而是偏重于强调传播的规划有序，即通过优化国际传播的系统性来提升有效性。正如有的学者所言："系统内部以及多元主体之间合力的形成，也就是国际传播能力的共建，就不是单一主体力所能及的了，需要上升到国家战略层面进行统筹考虑，这就是所谓的战略传播。"②

如本文第一部分所述，区域国别研究与国际传播之间存在诸多交集。大国的崛起必然与世界产生更紧密、更广泛的联系，为区域国别研究和国际传播提供了比较强劲"需求侧"。既然区域国别研究与国际传播在维护和体现国际利益方面同向而行，那么在国家战略传播体系中二者也应该有所配合形成合力，从"有交集"走向"求并集"。

（一）依托学术研究构建传播话语体系

习近平总书记在论及哲学社会科学工作和国际传播工作时都提到了话语体系。在哲学社会科学工作座谈会上，他指出："发挥我国哲学社会科学作用，要注意加强话语体系建设。在解读中国实践、构建中国理论上，我们应该最有发言权，但实际上我国哲学社会科学在国际上的声音还比较小，还处于有理说不出、说了传不开的境地。"③在中央政治局专题学习国际传播问题时，他强调："要加强国际传播的理论研究，掌握国际传播的规律，构建对

① 中共中央宣传部、外交部：《习近平外交思想学习纲要》，北京：人民出版社、学习出版社，2021年，第18页。
② 王眉：《从战略层面为我国国际传播建言献策——专访北京大学国家战略传播研究院院长程曼丽》，《对外传播》，2015年第3期，第30页。
③ 习近平：《在哲学社会科学工作座谈会上的讲话》，www.xinhuanet.com/politics/2016-05/18/c_1118891128_4.htm(2022-07-15)。

外话语体系,提高传播艺术。"①

话语体系本质上体现了一整套的价值观念,包含了隐性和显性两方面的多种元素,话语体系建设对增强话语权具有基础性作用。"理智而又自信地阐发本国的价值观念是一国获得话语权的根本途径。"②当前,话语体系建设是中国国际传播的关键工作,是化解"挨骂"问题的"弹药"。构建国际传播话语体系需要必要的学术支撑,通过学术研究的科学方法对世界现实进行形象化概括,对本国利益和全球趋势加以抽象提炼,形成精准、凝练、有感染力的关键词,并进行理论化的阐释与解读。"历史的终结""文明冲突""修昔底德陷阱"等都是带有鲜明特定国家价值导向的话语,这些话语在世界上很有影响力,成为推销特定观念的重要载体,有意无意地相互勾连形成一套强势的国际传播话语体系。当然,中国的国际传播无意与谁争锋,导向与此并不同,所秉持的观念也不一样。但是,这种构建话语体系的经验值得借鉴。

区域国别研究至少可以在两方面推动中国国际传播话语体系的构建。一是更深入了解对象国情况,提升国际传播话语的精准性和有效性。习近平总书记指出:"要采用贴近不同区域、不同国家、不同群体受众的精准传播方式,推进中国故事和中国声音的全球化表达、区域化表达、分众化表达,增强国际传播的亲和力和实效性。"③"关键受众"的接受程度,是决定传播效果的重要影响因素。自传播学"有限效果理论"出现以来,媒介研究很大程度

① 新华网:《习近平在中共中央政治局第三十次集体学习时强调 加强和改进国际传播工作 展示真实立体全面的中国》,www.xinhuanet.com/politics/leaders/2021-06/01/c_1127517461.htm(2022-07-01)。
② 项久雨,欧丹:《当代中国价值观念国际传播的时代考量》,《思想政治教育研究》,2021年第1期,第48页。
③ 新华网:《习近平在中共中央政治局第三十次集体学习时强调 加强和改进国际传播工作 展示真实立体全面的中国》,www.xinhuanet.com/politics/leaders/2021-06/01/c_1127517461.htm(2022-07-01)。

上就约等于受众研究。对受众特征的精准描画有助于掌握其被遮蔽的真实需求,进而有针对性地调整叙事、媒介选择等策略。这本应该是国际传播的基本常识,但是由于之前缺少区域国别研究的足够支撑,一些国际传播工作对对象国群众的特征的把握不充分、不准确,国际传播效果不佳。二是通过对在地知识的探索,构建立足各国情况的多重叙事,解构"普世价值论"和"西方文明优越论"等霸权话语,并进一步完善、推广人类命运共同体理念及配套的话语体系。"各民族的原始封闭状态由于日益完善的生产方式、交往以及因交往而自然形成的不同民族之间的分工消灭得越是彻底,历史也就越是成为世界历史。"[1]在马克思、恩格斯笔下,"世界历史"并不是由一个国家、一个文明主导的,而是各民族在交往中形成的。这是"人类命运共同体""文明交流与互鉴"的重要理论渊源,也是构建新时代中国国际传播话语体系所必须遵循的规律。正是源于此,有学者指出,国际传播应该提倡"以区域为基础(基地)"的研究(area-based studies),以结合区域的在地经验与理论知识。[2]

(二) 用好各自平台形成整合传播

整合是国家战略传播的题中之义,至少包括主体整合、媒介整合、资源整合等方面。高校、智库是区域国别研究的主要承担者,二者自身的使命任务中也有国际传播方面的工作。例如,高校五大使命任务中就包括国际交流与合作(其他四项分别是人才培养、科学研究、社会服务和文化传承与创新)。上海市社会科学院一直比较关注中国智库排名体系研究,近年来也将国际影响力

---

[1] 在纪念马克思诞辰200周年大会上,习近平引用了马克思、恩格斯在《德意志意识形态》里的话。转引自习近平:《在纪念马克思诞辰200周年大会上的讲话》,《人民日报》,2018年5月5日,第2版。

[2] 李金铨:《传播纵横:历史脉络与全球视野》,北京:社会科学文献出版社,2019年,第123—124页。

纳入智库影响力评价指标体系,成为五项一级指标之一。学术界对于与国际传播的交叉融合也有很强的愿景。"我们的日本研究学术刊物或者日本研究机构,要多负担一个使命,叫做'战略传播'。"①"学术传播具有战略性影响,学术传播应当是具有鲜明中国特色战略传播体系的组成部分,这应是今天人们认识学术传播地位和价值的基点。"②

区域国别研究位于学术的轨道,国际传播位于实务的轨道,是中国战略传播体系并行不悖、同向而行的"双轨"。区域国别研究通过学术交流与合作,既可以介绍中国近年来学术研究、思想理论方面的新进展,也可以展示中国经济社会进步的面貌,更重要的是,无论有意还是无意,学术交往中学者自身的身体力行本身就是"观念政治"传播的载体,是鲜活生动的案例。需要声明的是,笔者在此并非刻意要赋予区域国别研究"不可承受"的宏大使命,而是指出一个事实:以区域国别研究为代表的国际学术交流客观上扮演了国际传播的角色,无论承认与否,它都是对中国形象的表达。因此,区域国别研究也是中国战略传播体系的组成部分。

(三)以区域国别研究校准国际传播

国际传播面向变动中的世界,特别是当下世界百年未有之大变局,更需精准的"微操作"。把握好其中的分寸,归根结底还是要加强对对象国的研究,不断校准工作方向。"加强中文国际传播的理论研究,把握国际传播规律,提高传播效能,需要建立在对不同国家和区域中文传播生态谱系的全面了解和深刻认识上。"③

---

① 赵启正:《日本研究的"战略传播"使命》,《日本学刊》,2015 年第 4 期,第 2 页。
② 陆小华:《学术传播在中国战略传播体系中的地位与价值》,《现代传播》,2021 年第 11 期,第 26 页。
③ 李宝贵,刘家宁:《区域国别中文国际传播研究:内涵、进展与优化策略》,《语言文字应用》,2022 年第 1 期,第 45 页。

在这方面，近四十年来美国对华战略与国际传播策略的互动关系是很典型的例子。在 20 世纪 80 年代，中国处在改革开放之初，美国对华战略的重点是将中国纳入由其主导的世界经济体系，使之成为美国发展的附庸。中国的制度优势得以充分发挥后，加之美国自身发展战略失误，中美实力对比发生明显变化，美国大幅度调整对华战略，在发动对华贸易战的同时也发起舆论战。与此同时，美国学界抛出了诸如"注定一战"等新的话语，以"修昔底德陷阱"借古喻今，将中国崛起塑造为"挑战美国地位"，以此在国内争取选民，在世界上孤立中国。美国是国际传播强国，其策略、手段一直处在动态调整的过程中，不断校准工作方向，保持了很强的针对性。

当然，笔者多次声明，本文所举的美国案例并非要效仿美国，而是以此阐释区域国别研究与国际传播的关系。中国国际传播面对的对象更加复杂多样，不仅在横向上受到区域国别间异同的影响，也在纵向上因不同历史阶段而有所差异。因此，要坚持在深入研究和与时俱进基础上的精准传播。特别是在西亚、中东等民族宗教和地缘政治问题交织的地带，国际传播不仅要平衡慎重与积极，也要不断吸收区域国别研究的最新成果，跟上时代的变化，不断调试校准，提升国际传播的效能。

（四）在国际传播实践中发掘储备研究人才

我国区域国别研究队伍尚不够壮大的时候，中央主流媒体的驻外机构也承担了一部分研究工作。"从事区域国别研究的学者应该具备三种能力：专业能力、地区能力和当地语言能力，这种人才只能通过特殊培养才能出现。"[①]胜任本职工作的驻外记者一般都具有比较强的地区能力和当地语言能力，在专业能力上进行有

---

① 钱乘旦：《以学科建设为纲，推进我国的区域国别研究》，《大学与学科》，2021 年第 4 期，第 84 页。

针对性的培养,就可以成为区域国别研究的后备力量。事实上,
许多新闻记者经过多年驻外历练,积累了许多知识和人脉,成为
相应领域的区域国别问题专家。从国家发展需求和学科发展规
律来看,区域国别学培养的是"三栖"人才:具有学术功底,能开展
理论研究;具有现实关怀,能讲学术研究转化为咨政报告;具有解
决问题的能力,能从事专门性事务工作。宽口径的培养导向不仅
关乎培养过程,也需要更广泛的人才来源。此外,2021 年底区域
国别学一级学科刚刚设立,区域国别人才培养还在紧锣密鼓地推
进,不妨以更广阔的视野选拔人才(例如具有当地工作经验的国
际传播工作者)加以培养,完善人才结构、提升人才规模。

　　作者简介:靳戈,北京大学党委宣传部理论办公室主
任,教育部高校思想政治工作创新发展中心研究员,新闻
学博士。

第三部分　人才培养

关于区域国别研究人才培养的若干思考

钱乘旦

"区域国别学"设置为一级学科,是学界近期热议的话题。关于是否设置、如何设置等问题,已经有很多讨论了,本文不展开;本文讨论区域国别学,即区域国别研究人才培养的问题,因为一旦设置为一级学科,人才培养就是关键。事实上,要不要设一级学科,关键在要不要培养这方面的人;也就是说,国家是不是需要这方面的人,有没有这方面的人? 如果需要,同时又没有这方面的人,那就应该及时培养,而在我国现行教育制度下,所有人才的培养都必须得到学科的支持,没有学科支持,就无法培养任何人——至少是得到社会普遍承认的人。这是大家都明白的,是不需要展开讨论的。因此,把"区域国别学"设置为一级学科,其目的不是开展学术研究,而是进行人才培养。在当前国内外形势下,我相信大家都同意应加强对外国的研究和了解,以应对急速变化的"大变局",但要做到这一点就必须有专门的人,有专家做研究,目前我们恰恰缺乏这类人才,因此需要培养,区域国别研究学科的设置,就是为了培养这方面的人。归根结底,在中国现行教育体制下,没有学科就培养不出人。所以,要不要设一级学科的问题,在问题提出前答案就有了。

我们应该关注的,不是要不要设一级学科,应该不应该设一级学科,而是如何培养、用什么方式培养人?这是关键问题,也是本文讨论的问题。以下几点思考,求教于大方。

一、什么是区域国别研究

"什么是区域国别研究"是一个根本性问题,这个问题不解决,就谈不上区域国别研究,更谈不上为区域国别研究培养人才,所以先讨论这个问题。

在讨论"是什么"之前,先明确"不是什么",把"不是什么"排除之后,剩下来才是"是什么"。目前,国内(甚至国际)学术界都存在同样情况,即对于区域国别研究"是什么"并没有共识;特别在国内,很多说法没有把区域国别研究"是什么"说清楚,相当一部分人乃至一般公众会将其等同于国际关系或国际政治研究,或等同于外国语言文学、政治学及其他学科研究。但区域国别研究恰恰不是这种情况,它不等同于现有学科目录中的任何一个学科,也不是现有任何学科所覆盖、所容纳的。它不是国际关系研究,不是国际政治研究,不是外国语言文学,不是历史学,不是人类学,不是社会学,等等,都不是。那么它是什么?它和上述那些学科都有联系,但又不是所有那些学科的简单叠加,它是一个特定的研究领域。

根据已公布的学科目录调整方案征求意见稿,"区域国别学"放在新确定的交叉学科门类下,这个安排非常妥当。区域国别学绝对是一个交叉学科。交叉研究在最近几十年中,在国际学术界特别是理工科已成为不可阻挡的潮流,在理科、工科、农科、医科等领域已经非常普遍。理工科发展到现在,如果不交叉就很难做出新的成就,也不可能有所突破。有很多研究课题,在以前被认为是专属于某一个学科的,但后来人们发现,研究越深入、越不可能专属于某一学科,因为仅用一个学科的知识或方法去研究某一个问题时,往往不能做到全面,因而也就不深入。举一个例子,关于细胞研究,以前人们认为那是个纯生物学的问题,但后来发现不是这样,它除了生物学内容外,还包括固体物理、流体物理、有机化学、无机化学、植物学、动物学等内容,甚至会和考古生物学有关,完全是跨学科和交叉学科的。同一个课题可以从不同角度切入,很难说隶属于哪一个特定学科。现在,理工科的交叉趋势已经非常明显了,交叉是常态和主流。推想到文科,文科要不要交叉? 答案是肯定的,文科也要交叉,而且已经在交叉。以历史学为例,传统的历史学只做政治史、外交史、军事史,后来经济学、社会学的内容加进去了;再往后,生态学、心理学、文化学、人类学等的内容也加进去了。新的历史学已经变成交叉的知识,而这些知识又成为其他学科的知识积累,助益于国际关系、国际政治、教育学、社会学等研究。各学科的重叠交叉就形成了交叉学科,区域国别学就是典型的交叉学科,它需要多学科的知识支撑。

二、区域国别研究的对象和边界

区域国别研究的对象是非常明确的,它的研究范围以国家为基础,扩大到区域乃至世界。但对于每一个研究人员或研究团队来说,都不可能对所有国家或全世界做通盘研讨,因此,每一个研究团队或学者的研究都有特定的地理空间范围,由此而形成对某个区域或国家的研究。但对任何一个区域或国家做研讨,其涉及领域仍很宽广,包括其政治、经济、文化、社会、军事、外交、人口、自然地理、资源、人力、政党、政治结构、民族、宗教,等等,可谓"方方面面",这才是真正的区域国别研究。由此可见,"区域国别研究"建立在多学科、跨学科的知识基础上,它不属于某一个特定的学科。

　　由于这种特性人们就会问:区域国别研究的学科边界在哪里?这个问题对于中国学者来说似乎非常经典,是一个根本性问题,若解决不了,其他问题都不能解决。然而殊不知,这是个典型的"中国之问",只有在中国现行学科制度的语境下,才产生了这个问题。其他国家不会把事情看得那么重,似乎不解决,任何事都不能做。在其他国家,虽有"学科"却没有"学科制",学科与学科之间有没有"边界"并不重要,跨学科研究是很正常的,"边界"并不是"领地"。

　　然而在中国特有的学科制度下,"边界"就变得非常重要,每一个学科都应该有"边界",没有"边界",学科作为主体就不存在了。这个制度的缺陷是很明显的,它把学术分解为一个个"领地"。2020年,国务院学位委员会设立新的"交叉学科门类",就是要弥补这个缺陷,在中国现有的学科制度下解决多学科、跨学科的问题,而多学科、跨学科的研究是学术发展的方向。所以,作为交叉学科的区域国别研究,与交叉学科门类下的其他学科(如国家安全学)一样,恰恰在学科边界问题上与现有学科目录上的学科(如政治学、外国语言文学)是不同的,它的"边界"是开放的。如果边界清清楚楚、楚河汉界,那么如何交叉、如何跨越呢?跨学科和多学科的研究又如何开展呢?我上面举的细胞研究的例子,一旦"边界"清楚,就没法进行了。

　　区域国别研究也是这样,如果用单学科的方式进行研究,那么研究的对象就不是国家或地区,而是某一个学科的问题,比如政治问题、经济问题、语言文学问题等。交叉学科的特点恰恰是跨越边界、突破边界、进行交叉研究,其试图解决的问题经常需要跨学科的知识和多学科的方法,因此是多元体系的,这才是交叉学科的特点。因此,在讨论交叉学科时,如果以"边界"为议题,交叉就被否定了,它就不存在了。回到区域国别研究是什么问题上,它是对某一个地区或国家通过跨学科研究方法,进行全方位的、全景式的、全息式的知识积累,以图对这个地区或国家实行全面的了解与研究;它是一种基础性研究,在这个基础上产生对这个地区或国家的全面深入的认识,从而为社会的需要、国家的战略思考提供学术支持。

三、人才培养的目标:通才＋专才

由此出发,区域国别研究的人才培养目标就是:既培养"通才",也培养"专才"。

"通才"意味着:对某一个地区或国家应该有全面的了解,不仅对这个地区或国家的某一方面或某一些问题有了解,具备一些知识;而是对那个国家或地区有完备的了解,这才是"通才",也就是人们通常说的日本通、美国通、德国通,或柬埔寨通、尼日利亚通、委内瑞拉通,等等。中国人常说某某外国人是中国通,那么中国是不是也应该有"外国通"? 所以,区域国别研究人才培养的目标,首先是培养"通才"。

在"通才"的基础上,同时培养"专才"。所谓"专才",就是作为区域国别研究学者,他对该国、该地区的某一个领域有深入研究,是这个领域的学术专家。比如,对美国经济问题有深入研究,是美国经济问题专家;对泰国社会问题研究很深,是泰国社会问题专家,等等。这种人是"专才"。

"通才＋专才"是我们的培养目标。如果把这个目标确定清楚了,就明白区域国别研究培养的人与现有学科目录中任何一个学科培养的人都不同。其他学科目标明确,都培养专才,即培养某一个学科领域的专门人才,他们的研究对象是学科领域。区域国别研究培养"通才＋专才",他们的研究对象是地区或国家,他们对某个地区或国家有通晓的知识,同时又是某个学术领域的专家,其学术课题集中于这个地区或这个国家。正因为如此,区域国别研究才有它的价值,否则区域国别研究就不需要出现。区域国别研究与其他学科有什么区别?区别在于:第一,它具有明确的地区和国家指向;其次,它培养"通才+专才"。

四、区域国别研究的素质要求

根据以上培养目标,区域国别研究应具备以下素质:

首先,必须具备地区知识,比如研究中东地区,包括阿拉伯国家、伊朗、以色列、土耳其等,研究者以这些国家和地区为研究对象,就应该对这些国家或地区(例如阿拉伯地区)有充分的了解,具备充足的知识,包括自然环境、人文地理、政治经济、风情民俗,等等。凡是这个地区(或国家)的知识,他需要应知尽知,能知皆知。

其次,必须精通专业知识,至少精通一个专业领域,例如经济学,或社会学,或宗教学,或地理学、卫生学,等等,是这个领域的专家。新冠肺炎疫情暴发以后,各地区和各国采取的应对措施是不同的,为什么是这种情况?这和各地、各国的文化、历史、公共政策、政府能力等都相关,公共卫生学被证明非常重要,这方面的专家,也是应该培养的人。因此,专业知识不仅指国际政治、国际关系领域,对区域国别研究而言,它包括各领域。现在很多人把国际政治、国际关系与区域国别研究混为一谈,但区域国别研究远不止于国际关系和国际政治,国际关系和国际政治只是区域国别研究的一个方面。举例而言,澜湄合作(澜沧江—湄公河合作)是典型的区域国别研究问题,澜沧江—湄公河流域有好几个国家,都在流域范围内,研究国与国合作,涉及跨国家、跨地区的各种知识,不仅是国际关系,更需要地理学、生物学、气象学、民族学、历史学、宗教学、文化学、安全学等各方面知识,以及对各种问题的跨学科研究。所以,区域国别研究不等于国际政治或国际关系研究。我们需要各种领域的专门人才,他们是"通才＋专才"。

再次,需要有当地语言能力。区域国别研究有确定的语言要求,就是掌握对象国或地区语言。比如说研究中东地区,至少应掌握一门当地语言,如阿拉伯语、希伯来语、波斯语或土耳其语。仅有英语能力是不够的,我们不能靠美国人或英国人提供材料,不能炒别人的冷饭。必须走到当地去,在那里有较长时间的生活或学习经历,体验当地的生活,翻看当地的书报,查找当地的资料——这就需要当地语言。即便在一个把英语作为官方语言的国家,也需要掌握当地老百姓的语言,否则就接触不到当地社会,看不到它的真实面貌。印度有几十种语言,还有几百种"方言",正因为如此,印度以英语为官方语言(这是殖民统治的结果)。但如果真要把印度看透了、摸清了,仅有英语并不够。

最后,需要有当地生活或学习的经历。与对象国或地区语言同等重要的是在对象国或地区生活或学习,应该有较长的生活学习经历。只有在当地长期生活,才能了解当地社会,才能对这个国家或地区有感性认知,而这些认知从书本上是得不到的。比如研究美国,不在美国生活就感受不到这个国家复杂而微妙的社会关系,也不明白美国人常说的一句话:"纽约不是美国。"在当地生活或学习,让我们有机会走进当地人的心灵深处,而一旦走进他们的心灵深处,才真的能做一个"外国通"。

区域国别研究至少需要以上四个方面素质,四个方面是同时并举的,缺一不可。区域国别研究对人才的要求非常高,远远超出其他领域的培养要求。区域国别研究人才培养的难度很大,需要我们做巨大努力。

以上几点思考为抛砖引玉之作,期待引起广泛讨论。

区域与国别研究人才培养的理论与实践
——以北京大学为例①

宁　琦

一、引言

    随着改革开放不断深入,中国与世界的联系越发紧密,需要全面、准确地了解世界,对域外知识和语言能力产生了巨大需求。然而,由于国内区域与国别研究前期缺乏系统性建设,研究力量分散在不同学科,研究对象集中在少数国家和领域,相应语言资源与能力支撑缺乏,致使研究不够深入和精准,不能满足日益增长的国家社会经济发展及与世界其他国家合作共进的需求。由此,科学、系统地培养区域与国别研究人才显得尤为迫切。从中国立场出发,探索具有中国特色的区域与国别研究路径和范式,建立完善的学科体系和人才培养模式,已经成为我国高校相关学科的重要任务。

---

① 本文首发于《外语界》,见宁琦:《区域与国别研究人才培养的理论与实践——以北京大学为例》,《外语界》,2020 年第 3 期。

本文以北京大学区域与国别研究人才培养的思考与实践为例,探讨分层分类培养跨学科国际化区域与国别研究人才的可行性。

二、区域与国别研究的学科属性与内涵

(一)区域与国别研究的学科属性

2013 年,国务院学位委员会发布的《学位授予和人才培养一级学科简介》(以下简称《一级学科简介》)明确提出,国别与区域研究借助历史学、哲学、人类学、社会学、政治学、法学、经济学等学科的理论和方法,探讨语言对象国家和区域的历史文化、政治经济社会制度和中外关系,注重全球与区域发展进程的理论和实践,提倡与国际政治、国际经济、国际法等相关学科的交叉渗透。[1]《一级学科简介》首次把国别与区域研究纳入外国语言文学一级学科,正是倚重外国语言文学学科具有一手资料获取、解读与研究能力的优势。2018 年,《普通高等学校本科专业类教学质量国家标准》颁布,外国语言文学类专业的学科基础涵盖国别与区域研究。[2] 然而,传统的外国语言文学学科最突出的成就是外国语言文学和文化研究,研究领域相对单一和狭限,知识体系开放性不足。外国语言文学学科对区域与国别研究的学科边界认识并不清晰,缺少普遍接受的区域与国别研究学科学理依据和跨学科评价标准,并且区域与国别研究偏重大国研究,未将大部分国家纳入研究视野,容易受西方视角和西方经验影响,学科体系的原创性、系统性不足,前期积累和系统建设相对缺乏。

---

[1] 国务院学位委员会第六届学科评议组:《学位授予和人才培养一级学科简介》,北京:高等教育出版社,2013 年。

[2] 教育部高等学校教学指导委员会:《普通高等学校本科专业类教学质量国家标准(上)》,北京:高等教育出版社, 2018 年。

值得肯定的是,国务院学位委员会外语学科评议组敏锐地捕捉到国家对外语学科的新需求,拓展了外语学科边界,新增国别与区域研究方向,借助语言优势获取和分析一手研究资料,与其他学科交叉渗透开展跨学科研究,反映出外语学科的内涵变化、对自身功能的重新认识以及定位调整,具有前瞻性和引领性。[①]

（二）区域与国别研究的学科内涵

区域与国别研究以特定国家或区域为对象,是一个多学科、跨学科的综合领域,需要整合社会科学、人文学科、自然科学知识以构成学科基础。区域与国别研究的学科基础可分为四个维度:(1)空间维度,包括地理、环境、领土、网络等按照地域和空间划分的维度;(2)历史维度,基于世界各个民族、国家和地区历史经验确立的维度;(3)文化维度,包含语言文字、宗教、文化等人文学科领域;(4)社会维度,包含政治、经济等社会科学领域。这些维度在区域与国别研究中相互交融,难以截然分清。第一个维度需要自然科学学者的参与,后三个维度则分别由历史学者、人文学者、社会科学学者参与。[②]

从上述四个维度来看,区域与国别研究是将各国、各地区的地理、文化、政治、经济、社会、组织、制度及人类其他相关活动作为研究对象的跨学科研究领域,其目标是构筑全方位的知识体系,为世界整体和自己的国家服务。因此,区域与国别研究必须克服语言教学与其他知识教学的分离,克服学术研究与现实需求的脱节。

区域与国别研究既要对重点国别进行深入研究,分析总结不同国别的代表性特征和问题,又要将国别研究置于特定区域、更

---

① 蒋洪新、杨安、宁琦:《新时代外语教育的战略思考》,《外语教学与研究》,2020 年第 1 期,第 12—16 页。

② 王缉思:《中国的区域与国别研究缺什么?》,https://m.thepaper.cn/newsDetail_ forward_2776940? from= groupmessage& isappinstalled = 0(2022 - 01 - 11)。

为宏阔的地理与文明格局中加以考察,识别区域中的共性和差异性问题,阐释深层次的历史与现实关联,促进多元文化的尊重理解和包容共生,为区域问题提供解决方案。国别研究为点,问题研究为线,区域研究为面,以线连点,以点线带面,通过多学科理论和研究方法指导,构筑国别研究和区域研究的内在架构与逻辑,最终形成国别研究和区域研究的支撑与互补①。

解决区域与国别研究的基础理论和基本方法问题的原则是在发达国家和区域研究中建立全方位的研究组合,在发展中国家和区域研究中完善地区性布局,不能也不应简单照学照搬西方视角和西方中心主义,而要积极探索新视角、新概念、新方法,尽快建立具有中国视角和中国话语特点的区域与国别研究的理论框架,逐步形成区域与国别研究的整体布局,在此基础上设计跨学科国际化区域与国别研究人才的培养模式、培养方案和培养平台,科学合理、卓有成效地开展区域与国别研究。

三、区域与国别研究人才培养的现状和定位

(一)区域与国别研究人才培养的现状

区域与国别研究的跨学科属性对相关领域的人才培养提出了更多挑战和更高要求。我国高校区域与国别研究的团队建设和人才培养起步较晚。北京语言大学、北京大学较早在外国语言文学一级学科框架下自主设立了"国别和区域研究"二级学科,上海外国语大学、北京外国语大学在政治学一级学科框架下分别设立了"区域国别研究""区域学"二级学科。至本文完稿前全国将区域与国别研究单独设为二级学科进行人才培养的高校仍然屈

---

① 宁琦:《"一带一路"倡议框架下的区域研究人才的培养:问题与前景》,载夏文斌主编:《"一带一路"与新疆发展研究》,北京:中国社会科学出版社,2019 年,第 21、30 页。

指可数,共有 11 所高校设立了相关二级学科或专业,主要集中在外国语言文学、政治学和世界史学科。

各高校区域与国别研究的资源分布不均衡,相关领域的学术研究成果和人才储备严重不足;懂中国、懂世界、善于解决复杂问题的专家缺乏,教学科研合力和完备的人才梯队尚未形成;人才培养经验不足,人才培养方向和模式单一,合理完善的人才培养模式和培养条件仍未建立。[①]

(二)区域与国别研究人才培养的定位

在厘清学科属性与内涵的基础上,区域与国别研究的人才培养须将空间、历史、文化、社会四个维度融入知识体系建构,为学生提供多样化、综合性的跨学科学习机会,明确对象区域与国家的主要语言在相关研究及人才培养中的重要作用,在人才培养定位上避免与外交和国际关系人才培养的同质化。区域与国别研究和人才培养要"充分发挥外语学科的多语种优势和桥梁作用,强调一手研究资料和信息的重要性"[②]。也就是说,外语不再只是单纯的交流工具,也是重要的研究工具,甚至能够提供理论借鉴和研究支撑。区域与国别研究通过一手资料吸收借鉴人类创造的有益理论观点和学术成果,透析其他区域、国家、民族的价值体系和话语体系,从而更好地服务国家,支撑中国文化和价值观的传播与弘扬[③]。

高校的区域与国别研究人才培养须密切结合中国、世界的历史和现实问题,以语言、历史和文化为基础,以学术为中心,突出学生创新意识和创新能力培养,面向世界重点国家和地区的重大问题开展基础性和前瞻性研究,充分激发学者的问题意识和现实

[①] 宁琦:《综合性大学一流外国语言文学学科定位与建设路径探索》,《外语界》,2019 年第 1 期,第 17—22 页。

[②] 戴炜栋、王雪梅:《对外国语言文学学科战略规划的思考》,《外语界》,2012 年第 3 期,第 2—9 页。

[③] 宁琦:《综合性大学一流外国语言文学学科定位与建设路径探索》,《外语界》,2019 年第 1 期,第 17—22 页。

关怀,通过扎实积累和持续创新探索新的区域与国别研究范式,从而夯实学生的多学科知识储备和学术研究能力。区域与国别研究人才培养既要借鉴成熟的国际经验,更要体现鲜明的中国立场和人类命运共同体理念,加强学生对当代世界的认知,努力造就一批真正理解其他区域与国家文化、历史和现实的人才,为中国在相关领域的发展提供人才保障。

四、区域与国别研究人才培养实践:北京大学个案

作为中国高等教育的领跑者,北京大学在区域与国别研究及相关人才培养方面具有独特优势和潜力,开展了很多有益的思考和实践。北京大学区域与国别研究人才培养的目标是:从中国立场出发,探索立足和扎根中国大地、具有中国特色的区域与国别研究人才培养模式,构筑跨学科、多层次、点面结合、重点突出的学科布局和国际化人才培养体系,培养兼具语言能力和跨学科专业基础,具有较深的东西方知识和文化造诣,具有扎实的学术功底和敏锐的创新精神,具有开阔的国际视野和厚重的家国情怀,能够解决人类生存面临的物质、精神与文化方面的重要问题,并在与世界不同文明和学科的对话、交流与合作中发挥重要作用的高素质国际化人才[①]。

北京大学的学术传统和人文学科底蕴深厚,可为区域与国别研究提供更为坚实的历史维度和文化维度支撑,并且北京大学的自然科学学科与社会科学学科能为区域与国别研究提供更有效的研究工具、理论方法和更为客观准确的现实观察。

[①] 宁琦:《社会需求与新文科建设的核心任务》,《上海交通大学学报(哲学社会科学版)》,2020 年第 2 期,第 13—17 页。

（一）北京大学区域与国别研究人才培养的优势

北京大学拥有区域与国别研究学科建设所需的多方面基础，无论语言、历史、宗教、文化等诸领域，还是政治、经济、社会、法律等各学科，都有厚实的人才储备和研究积累。北京大学学术传统悠久、学科门类齐全、跨学科资源丰富，具有综合学科优势、交叉学科支撑优势和地域优势，可从空间、历史、文化、社会四个维度形成区域与国别研究合力；既有研究相同对象国或地区但分属不同学科的学者相互协作，亦有相同学科背景但研究不同对象国或地区的学者合作共事。

北京大学秉持立足语言和专业基础的跨学科国际化区域与国别研究人才培养理念，实施专业、主辅修、双学位以及跨学科专业（如外国语言与外国历史、外国语言与外国考古）等不同培养模式，建立层次分明、多维立体的课程体系，强调培养通过一手资料和实地调研开展独立研究的能力、跨文化交流的能力，探索国际联合培养模式。学校开设了从本科到博士后多种交叉学科专业或项目，包括"德国文化与社会""欧洲学""古典语文学"等硕士和博士培养项目，以及与德国柏林自由大学设立的中东研究领域联合博士后项目，为各种相关专业学生搭建跨学科国际化交流平台，为进一步探索成熟的跨学科国际化区域与国别研究人才培养模式奠定坚实基础。

为了强化语言基础，北京大学外国语学院成立语言中心为全校各学科专业提供高质量、菜单式语言教学服务。自 2015 年"一带一路"外国语言与文化系列公共课程项目启动以来，语言中心已经开设 30 余个语种的外语系列课程，基本涵盖了"一带一路"沿线主要国家使用的语言。

通过整合和盘活全校各相关院系、各学科专业的区域与国别教研队伍和资源，以人才培养和科学研究为纽带，北京大学在 2018 年成立了校级层面的区域与国别研究交叉学科平台——区域与国别研究院,积极开展大国研究、周边国家研究、关键区域研究、重点问题研究及相关人才培养。

（二）北京大学区域与国别研究人才培养的特色

北京大学区域与国别研究人才培养的特色是：针对本硕博不同层次,根据外语/非外语不同学科、专业的特点和需求,构建分层分类的跨学科国际化区域与国别研究人才培养体系。

北京大学鼓励自然科学学科、人文学科、社会科学学科的交叉与融合,分层制定区域与国别研究人才培养目标和方案,注重培养学生的专业基础研究和跨学科研究能力,建立强大的国际学术合作网络。与已有相关学科区域与国别研究人才培养的最大区别在于,北京大学区域与国别研究人才培养强调外语能力特别是多语言能力的独特作用,即掌握对象区域与国家的语言为新型区域与国别研究人才培养之必需。学校还通过与国外合作伙伴的协作,建设区域与国别研究的国际化课程体系,搭建海外学习与体验以及深度田野调研平台,切实提升人才培养的国际化水平。

在人才培养层次上,北京大学分别制定适用于本科生和研究生教育的人才培养模式和方案,确保本科生和研究生专业人才培养的有序衔接。本科生培养探索"多语种＋区域研究""外语＋外史"的跨专业人才培养模式。研究生培养建立跨院系、跨学科联合培养机制,培养愿意且能潜心研究对我国长远发展具有战略意义的基础性课题的学术型人才。

1. 本科生培养——跨专业融合培养模式

本科生层次的区域与国别研究人才培养的目的是为高层次区域与国别研究提供基础人才储备,强调专业融合与交叉,主要通过外国语学院的多语种专业内部建设和人文学部的跨学科交叉专业建设来实施。

（1）外国语学院"多语种＋区域研究"人才培养转型

外国语学院鼓励本科生培养从传统的以语种为导向的人才

培养模式向以区域为导向的人才培养模式转变①,探索融合型"多语种＋区域研究"人才培养模式。

外国语学院打通 20 个语种专业的课程资源,开放全部课程,使相关专业学生有机会进行多语言学习和区域与国别研究的基础专业知识学习。例如,阿拉伯语、波斯语和希伯来语专业的目的语是中东地区的重要语言,是开展中东研究的重要工具和手段,因此,这些语种专业的学生除学习本专业语言,还要在其他两门语言中选择一门进行学习。土耳其语、库尔德语等语种课程则供有志于从事阿拉伯研究及中东地区研究的学生选择学习。通识课程建设纳入相关区域与国别的国情、历史、文化、社会等课程供学生学习,鼓励学生发挥语言工具优势,从事区域与国别研究。

外国语学院目前已在中东研究、东南亚研究、西亚研究等方向初步积累了"多语种＋区域研究"人才培养经验,希望通过一段时间的建设能让更多专业的学生受益,为高层次区域与国别研究人才培养奠定基础。

(2) 跨院系"外语＋外史"交叉学科专业人才培养模式建设

依托北京大学人文学部,区域与国别研究人才培养注重不同区域与国家历史、文明的关联,探索"外语＋外史"交叉学科本科人才培养模式,破除语言基础与专业知识、能力之间的藩篱,为区域与国别研究交叉学科研究生人才培养输送生源。

"外语＋外史"专业于 2012 年获得教育部审批,主要依托北京大学元培学院、外国语学院和历史学系培养学生,三个相关院系分别制定适合不同专业类型学生的教学计划,以外国语言文学与历史专业为基础,确保学生既达到外语专业的能力要求又

---

① 宁琦:《综合性大学一流外国语言文学学科定位与建设路径探索》,《外语界》,2019 年第 1 期,第 17—22 页。

能获得严格的历史专业训练,成为语言基础扎实、专业知识丰富、适应力强的国际文化交流人才和相关学科潜在的高水平研究人才。

"外语＋外史"专业的课程除全校公共课外,主要由外语类课程模块、历史类课程模块和专业类课程模块三大模块组成,专业类课程模块又分人文、政治、社会等类型,学生可从中任选一种课程类型。该专业还建立本科生国外访学和实习机制,安排本科生到国外高水平研究机构和国际组织实习。经过四年学习,学生具备较好的听、说、读、写、译等综合能力,能够比较熟练地运用相关外语进行交流,了解人类文明的一般发展历程和世界历史研究的基本方法、学术史和发展动态,初步掌握人文、政治或社会学科的基本理论和研究方法。综合三方面知识,学生能够对相关区域和国家的历史、文化、政治、社会的概貌与特点获得比较深入的认识,形成较强的独立研究或实际工作能力。

正式招生至今,"外语＋外史"专业共招收 8 届学生,培养数十名精通多门外语且具有扎实研究基础的优秀本科毕业生。2017 年,该模式扩展到"外语＋外国考古方向"本科专业人才培养,今后还将进一步拓展"外语＋外史"的人才培养模式,为培养区域与国别研究的多元人才积蓄力量。

2. 研究生培养——多学科交叉培养模式

研究生层次的区域与国别研究人才培养主要在多语种、跨学科交叉平台开展,并在外国语言文学学科内部及外部实施不同定位的分类培养。

(1) 外国语言文学学科内设的区域与国别研究专业人才培养

外国语言文学学科内部的研究生培养以区域与国别研究为基础,打通整合各语种专业资源,扩大数据资料信息的获取渠道和研究通道。研究生需要掌握至少两门对象区域与国家语言,并通过专业学习获得更多比较研究样本,开展更有深度和更具普遍意义的研究①。

外国语学院于 2015 年启动"国别和区域研究"专业建设,并于 2017 年完成"国别和区域研究"二级学科的自主设立,合理优化与整合分散在 20 个语种专业中的国别和区域研究力量与资源,协同推动专业与学科发展。

"国别和区域研究"专业的人才选拔与培养对学生的语言能力要求非常高,不仅要有优秀的英语能力,而且需要较强的国别和区域语言能力。培养方案充分体现跨学科、国际化特点,侧重历史维度和文化维度,注重一手资料的挖掘、整理和阐释,关注相关国家和区域的文明进程和文化的多样性,探寻其当下现实与国情的历史、文化根源。通过与国外战略合作伙伴的协作,"国别和区域研究"专业建立研究生联合培养机制和联合授予学位机制,建设国别和区域研究的国际化课程体系,营造国别和区域研究的国际氛围。

"国别和区域研究"二级学科平台的硕士和博士研究生培养确保研究生经过国内外专业学习和长期的国外田野工作,对研究对象的历史、文化、思想和价值体系等领域获得较为深入的认识,具备产出高水平研究成果的能力。研究生的学业任务要求包括:第一学年修读必修和选修课程,完成导师指定书目阅读;第二学年在对象国学习,主要任务是锻炼语言运用能力,进行田野调查和搜集研究资料;博士研究生第三学年起还需在欧美知名高校相关专业学习半年以上,在国外导师指导下选修相关课程、提升科研能力、完成研究计划等。

目前外国语学院已经完成一个周期的"国别和区域研究"的硕士研究生培养,即将完成一个周期的博士研究生培养。通过近

---

① 宁琦:《综合性大学一流外国语言文学学科定位与建设路径探索》,《外语界》,2019年第 1 期,第 17—22 页。

五年建设,俄罗斯—中亚、东南亚、南亚、中东研究布局已经初具
规模,基本形成一套较为成熟、特色鲜明的人才培养理念和模式,
并在课程建设方面逐步建立起兼顾语言、专业与通识的核心课程
体系。

(2) 外国语言文学学科外拓的跨学科区域与国别研究人才
培养

北京大学区域与国别研究院成立的目标是依托北京大学的
学科综合实力,围绕国家"一带一路"倡议和建设的重大问题与重
点攻关项目,在全校人文与社科不同单位和学科之间有效配置资
源,打造高水准研究队伍、研究成果和人才培养体系,引领相关领
域的基础研究和智库成果转化,成为中国乃至世界相关领域研究
的中心和样板。

区域与国别研究院的研究与人才培养坚持唯物史观,侧重社
会维度,关注相关区域与国家的社会现状、变化的世界以及具有
区域性或全球性特征的重大问题和热点焦点问题,以应对变化和
预测趋势。区域与国别研究院通过跨学科、跨院系聘用导师,整
合全校区域与国别研究的师资力量,建立了由近 40 位教师组成
的导师团队,涉及外国语学院、历史学系、国际关系学院、哲学系、
社会学系、环境科学与工程学院等,初步实现了人文学科与社会
科学学科乃至与理工科的交叉。

区域与国别研究院致力于培养一批兼具语言能力和专业基
础的跨学科复合型博士,建成高端学术型和应用型人才的培养基
地。人才培养第一期的重点是"中东研究""俄罗斯—中亚研究"
方向的博士研究生培养,制定了科学的跨学科人才培养方案,通
过校内现有相关课程与新设课程相结合的形式建立了包含地区
模块与专业模块、共有 44 门课程的课程库。学生须具备相应的
语言基础(英语能力要求至少达到大学英语六级或具备优良的托
福、雅思成绩,对象国语言的专业学习时间不少于两年或 256 个

学时），用以辅助基本的一手资料获取和解读。外国语学院语言中心为这类区域与国别研究人才培养提供语言学习支持，逐步建立灵活、针对性的专业外语课程体系，为外国历史、外国哲学、国际政治、国际经济、国际法律和国际关系等领域的人才培养提供必要的外语类与国情文化类课程。区域与国别研究院还高度重视博士研究生的日常学术训练，要求研究生必须参加校内外、国内外学术交流与研讨活动，加强与国内外专家学者的学习与沟通，同时鼓励研究生撰写学术论文和智库报告，提升学术和公共知识作品写作能力。

五、结语

本文论述了区域与国别研究的学科属性与内涵，阐述了区域与国别研究人才培养的现状与目标定位，并具体以北京大学相关人才培养实践为例，探讨分层分类的跨学科国际化区域与国别研究人才培养的可行性。

以我国"一带一路"倡议和人类命运共同体理念为重要特征的国内外大势为区域与国别研究及其人才培养提供了广阔空间。区域与国别研究及其人才培养必须遵循学科发展规律和人才成长规律，坚持基础理论与现状研究相结合、语言基础与跨学科知识体系建构相结合两条主线，以人才为中心，以问题为导向，探索建立以语言为基础、多学科交叉融合的国际化区域与国别研究人才培养体系。

作者简介：宁琦，北京大学党委副书记、副校长，兼任党委统战部部长。

中国特色区域国别研究人才培养之道

——来自北京大学区域与国别研究院的思考与实践[①]

钱乘旦　兰　旻

　　进入 21 世纪的第二个十年,世界迎来了百年未有之大变局,中国不断加快全方位对外开放的前进步伐,并日益走近世界舞台中央。在此背景下,我国积极促进学科交叉发展,推动区域国别研究,服务于国家战略。这对我国区域国别学的人才培养提出了新的要求。然而,在缺少一级学科的背景下,对于培养什么样的区域国别研究人才、如何培养区域国别研究人才,国内学界长期以来并没有明确答案,且缺乏共识。2021 年 12 月,国务院学位委员会发布新一轮的学科专业目录征求意见稿,拟在"交叉学科"门类下新增"区域国别学"一级学科,这一举措将区域国别研究人才培养推上了新的起点。值此北京大学区域与国别研究院成立四周年之际,我们就本院的实践对上述问题进行再思考,并提出一些新的建议,希望能为新时代中国特色区域国别研究人才的培养提供有益借鉴。

---

① 本文首发于《北京大学校报》,2022 年 6 月 5 日,第 1608 期第 4 版。

一、区域国别研究人才培养的困与惑

区域国别研究人才是什么样的？要回答这个问题，首先需要明确什么是区域国别研究。区域国别研究不是任何一个我们当前在学科目录当中能够看得到的单独的学科，它是交叉学科，是多学科和跨学科的研究。从概念出发，区域国别研究是对世界不同区域和国家的政治、经济、文化、社会、军事、人文、地理、资源等进行全面研究，具有战略性、综合性、对策性、实用性和即时性等特征。基于此，我们认为，区域国别研究的人才培养目标既是通才也是专才。主要包括三个层次：（1）广布于社会的通识型区域国别研究人才；（2）分布于各行各业的领域型区域国别研究专才；（3）扎根于高校科研院所的"既通又专"的高层次区域国别研究专家。三种类型的人才既要具备地区/国别知识，也要有相关学科的专业知识，同时一定要掌握研究对象国或地区的语言，最后还应有对对象国切身的体验和生活、学习经历。由此可以看出，区域国别研究人才的培养模式有别于现有学科目录上的任何一个单独学科，需要更为个性化、复合性、跨学科的培养体系和支撑体系。

在区域国别研究尚无单独一级学科的背景下，我国的区域国别研究人才培养通常以传统一级学科为依托，以二级学科专业或相对独立研究为方向开展的。比如在世界史、政治学等一级学科下设立二级学科的方式，培养本学科人才；再比如在外国语言文学一级学科下设立相关二级学科，培养"外语＋地区＋人文历史"的区域国别研究"交叉"人才，侧重历史与文化，其仍然归属于外国语言文学一级学科。

遗憾的是，由于各高校区域国别研究的资源分布不均衡，相关领域的学术研究成果和人才储备严重不足；区域国别研究课程体系、教材体系、教学体系等支撑和配套体系尚未形成；人才培养经验不足，人才培养方向较为单一，目前的培养模式仍无法满足区域国别研究人才交叉型、复合型的属性需求。

二、探索创新型人才培养模式的思与行

2018 年 4 月，北京大学区域与国别研究院诞生于燕南园 66 号院，成立之初，研究院就将探索创新型区域国别研究人才培养模式作为工作的核心内容之一。经过四年的思考与实践，目前已建立起"地区学习＋语言学习＋学科学习"的三模块课程体系，实行课堂学习与对象国实地研究相结合的学习方法。通过先接触多学科、再精于某一领域的模式，培养既广泛了解对象国各方面知识，又对该国该地区某一领域及学术动向有深刻研究的交叉型、复合型人才，最终成长为有国际交往能力、潜心于学术研究、能够服务国家发展需要的新型人才。

四年来，研究院已通过推荐免试和"申请—考核"制方式共招收中东研究、中亚和俄罗斯研究、东南亚研究、南太平洋地区国家研究 4 个方向的 30 余名博士生（包括直博生和普博生两种类型）。在课程设置方面，研究院为不同背景和基础的学生提供了个性化选择，结合区域国别研究跨学科、注重田野调查与一手资料搜集等特点，将校内现有相关课程与新设课程相结合，建立了一个有 50 多门课程的课程库，其内容涉及经济学、政治学、社会学、教育学、文学、哲学、历史学、管理学、法学、国际关系学、环境科学、公共卫生学、考古学等多个学科领域，学生可以在课程库内自主进行选择，最终确定自己的学习方向。在导师配置上，针对区域国别研究的跨学科属性，研究院聘请北大 14 个院系的近 60 位教师组成高水平跨院系导师团队，采用"外语导师＋地区导师＋专业导师"的导师组形式，指导学生撰写出符合区域国别研

究要求的学位论文。

在日常学习的同时,研究院还注重培养"双能型"人才,强化应用研究和实践能力。通过组建"燕南66优创"团队,引导学生开展公共知识产品、社会型学术产品、政策报告等方面的学术训练,培养学生参与智库工作、转化学术成果,提升研以致用、用以强学的能力,强化服务国家的目标意识。此外,研究院还打通国内国际学术交流渠道,积极构建海外学习及深度田野调研平台,提升人才培养的国际化水平。比如与柏林自由、图宾根大学签署三方合作协议,每年互派交换生,相关交流项目已进入国家留基委单列支持计划。

总结经验,我们认为,新的人才培养体系使区域国别研究的人才培养实现从"小交叉"到"大交叉"的跨越,是"学科＋区域国别研究"从平面结合到立体整合的提升。该体系有助于解决以下问题:一是进一步整合了分散在传统一级学科中的外国问题研究/区域国别研究力量,集中学科优势培养出国家需要的复合型人才;二是进一步拓宽前沿学科领域,为实现人文社科与理工医农领域的"大交叉"搭建桥梁,提供参考路径;三是打破传统学科间的壁垒,推动我国区域国别研究独立学科与教学体系的建立,为新文科建设提供重要支撑。

三、中国特色区域国别研究人才培养的期与盼

自2011年教育部发起国别与区域研究专项以来,国内高校区域国别研究已取得显著进展,逐步形成基于学术研究、人才培养、智库建设"三位一体"的发展模式。人才培养既是学术研究的基础和目标,也是智库建设的内生动力,而对于人才培养来说,学科建设又是重中之重。2020年12月,国务院学位委员会、教育部决定设置"交叉学科"门类,一年后,国务院学位委员会发布新一

轮的学科专业目录征求意见稿,拟在"交叉学科"门类下新增"区域国别学"一级学科。这既是落实习近平总书记"厚实学科基础,培育新兴交叉学科生长点"的要求,健全新时代高等教育学科专业体系的重要举措,也为解决长期以来区域国别研究人才培养面临的"卡脖子"问题提供了关键抓手。

新时期下,如何以学科建设为纲,加快推进中国特色区域国别研究人才培养,成为摆在学界和社会面前的新课题。为此,我们提出以下建议:

一是明确目标,加快构筑区域国别研究的"四梁八柱"。学科建设是人才培养的重中之重,对于区域国别研究新学科,我们要尽快厘清它的理论与方法、内容与研究对象、二级学科的设置、研究成果向应用的转化、学科评估的体系等根本问题,为新学科搭建可持续的发展体系,明确其发展方向。

二是守正创新,探索中国特色区域国别人才培养新范式。人才培养是设立新学科的核心任务,也是推动该学科持续发展的动力源。我们应以培育符合国家需要的"国别通""领域通""区域通"人才为更高要求,在借鉴传统学科人才培养模式经验的同时,创新探索更为科学的跨学科体系下的区域国别人才培养新范式。进一步完善课程体系、教材体系和教学体系,推进相应的各种配套体系的整体发展。

三是研以致用,注重锻造一专多能的区域国别知识生产者。最近10年,我国区域国别研究的知识生产规模不断扩大,专业知识生产者持续增长,但整体上其专业知识生产仍远远跟不上需求:一方面缺乏区域国别的理论支撑和专业知识,另一方面也出现了劣质知识充斥思想市场,优质公共知识匮乏的现象。要解决知识供给难以满足知识需求和研究跟不上实践的矛盾,相关机构尤其是高校应该注重锻造基础研究和应用研究的高端"双能人才",他们既能跑田野做学术,又能服务国家战略出谋划策,也能在具体部门从事专业事务。

四是凝聚共识,构建中国特色区域国别人才培养体系。回顾我国区域国别研究的发展历程,可以看到,它与历史学、政治学、外国语言文学、社会学、人类学、法学、应用经济学等传统学科有密切关系,这些学科提供的知识是区域国别研究的知识来源。同时它还与教育学、地理学、管理学、公共卫生、环境科学等学科有相关联系,这些学科有关区域国别的研究内容也会融入新的学科范畴中去。在新形势和新的共同目标下,各学科应当主动打破学科藩篱,加强跨学科交流,想国家之所想,急国家之所急,应国家之所需,共同肩负起构建中国特色区域国别人才培养体系的责任,协同合作,推进我国区域国别人才培养的新变革。

作者简介:兰旻,北京大学区域与国别研究院项目官。

第四部分　具体案例

区域与国别研究视野下的"欧洲研究"
——关于欧洲研究发展方向的讨论①

钱乘旦　胡　莉

　　区域与国别研究（Area Studies）是中国学术界方兴未艾的一个领域，与中国过去开展的域外研究并不相同，它具有鲜明的目标、方法与要求。作为一个新兴的研究领域，目前国内学术界对它的讨论还主要集中于"国外研究现状"和"中国如何开展"这两大主题上。② 近年来，由于理论与现实的需要，人们对区域与国别

① 本文首发于《欧洲研究》，见钱乘旦、胡莉：《区域与国别研究视野下的"欧洲研究"——关于欧洲研究发展方向的讨论》，《欧洲研究》，2020 年第 4 期。
② 任晓：《本土知识的全球意义：论地区研究与 21 世纪中国社会科学的追求》，《北京大学学报（哲学社会科学版）》，2008 年第 5 期，第 87—98 页；牛可：《地区研究创生史十年：知识构建、学术规划和政治—学术关系》，《北京大学教育评论》，2016 年第 1 期，第 31—61 页；牛可：《美国地区研究创生期的思想史》，《国际政治研究》，2016 年第 6 期，第 9—40 页；罗林、邵玉琢：《国别和区域研究须打破学科壁垒的束缚——论人文向度下的整体观》，载《国别和区域研究》（2019 年第 1 期），北京：社会科学文献出版社，2019 年，第 147—165 页；任晓：《再论区域国别研究》，《世界经济与政治》，2019 年第 1 期，第 59—77 页；李婷婷：《反思国别区域知识的"本土性"：以韩国发展研究为例》，《公共管理评论》，2019 年第 2 期，第 3—14 页；李晨阳：《关于新时代中国特色国别与区域研究范式的思考》，《世界经济与政治》，2019 年第 10 期，第 143—155 页；钱乘旦：《建设中国风格的区域与国别研究》，载《区域国别研究学刊》第 1 辑，北京：商务印书馆，2019 年，发刊词；王缉思：《浅谈区域与国别研究的学科基础》，载《区域国别研究学刊》第 1 辑，第 1—5 页。

研究的重视程度日益提高,而欧洲研究如何开展,是否应纳入区域与国别研究的框架内进行调整,便成为欧洲研究学术发展的方向问题。为此,本文提出以下观点,以就教于方家。

一、欧洲研究是全面的研究

欧洲研究属于区域与国别研究学术范畴,它的研究对象是欧洲,以及欧洲各国。其研究内容包括与欧洲及欧洲各国有关的所有问题。

最早的"区域与国别研究"可以追溯到欧洲对殖民地的研究。当时,出于了解和统治殖民地的目的,宗主国开始研究殖民地的各种情况,其中英国与法国占有最广大的殖民地,因此研究的成果也最丰富,像"埃及学""东方学"等就是这种情况。第二次世界大战结束后,美国意识到它在战后面临的机遇与挑战,需要了解世界各国、各地区,因此它将对外研究拓宽整合,正式发展为区域与国别研究,旨在为制定国家的战略决策提供学术支撑。区域与国别研究作为一个学术领域就这样出现了,并很快在欧美国家流行,其中在美国最为活跃。改革开放后,中国的快速发展已经把中国推向世界,中国迫切需要了解和观察世界,以便更好地发展自己和服务于世界。区域与国别研究作为实现这一目标的学术工具,也在中国兴起。

在这个背景下观察中国的欧洲研究,其区域与国别研究的性质就很清楚。它的目标是了解欧洲、看懂欧洲、研究欧洲和分析欧洲,为中国的"欧洲认识"提供学术积累,从而为中国各领域开展涉欧工作提供政策参考。为此,全面了解和尽可能多地认识欧洲就是欧洲研究的第一个目标,与对其他地区和国家的研究一样,欧洲研究首先要全面,也就是要全方位地研究欧洲。

全方位研究体现在两个方面:一是地理范围全覆盖;二是研究内容全覆盖。地理范围全覆盖,意味着将欧洲的所有国家和所有地区涵盖在内,无论是东欧、西欧、南欧、北欧,或是英国、法国、丹麦、波兰……所有在地理上属于欧洲的地区和国家都包含其中。研究内容全覆盖,意味着要把政治、经济、文化、社会、自然、环境、历史、民族、艺术、体育、民俗和民风等都作为研究课题,对欧洲进行全方位的了解。[①] 简言之,中国的欧洲研究应该努力做到两个全覆盖。

用这个标准进行衡量,目前我国的欧洲研究还做不到全面覆盖,原因是欧洲研究尚待成熟。回顾欧洲研究在中国的发展,大体上经历了三个阶段:(1)鸦片战争至新中国成立,出于救亡图存的目的,人们翻译了许多书,以借鉴欧洲列强成功的经验。翻译是这个时期的主要特点,尽管这期间也出现过一些国人的著述,但总体上是凤毛麟角,并且"研究"的色彩也很淡。(2)中华人民共和国成立后,"欧洲研究"逐步兴起,学术界对欧洲的研究日益增多,分布在不同领域,如历史学、文学、哲学和国际关系学等。"文革"之前,在周恩来总理的关怀下,教育部出面成立了一些专门的研究机构,其中与欧洲有关的包括:北京大学外国哲学研究所、复旦大学资本主义国家经济研究所、中山大学英语和英美文学研究室、南京大学近现代英美对外关系研究室等。[②]这些机构的主要任务是服务于国家的外交工作需要,帮助我国政府了解国外的动态走向,其工作的很大部分是翻译各种文献。(3)改革开放后,真正的研究工作得以开展,学术成果不断涌现。一方面,欧洲作为世界上最早进入现代化的地区,其经验与教训可以作为中国的借鉴;另一方面,国际形势的发展使中国必须重视西欧国家,因

[①] Craig Calhoun,"European Studies: Always Already There and Still in Formation," *Comparative European Politics*, Vol. 1, 2003, pp. 5—20.

[②] 1964 年共建立了 9 个研究所、35 个研究室、1 个研究组。参见何东昌主编:《中华人民共和国重要教育文献 1949—1975》,海口:海南出版社,1998 年,第 1263—1264 页。

此需要了解欧洲。在此背景下,一批新的研究机构建立起来,其中包括中国社会科学院欧洲研究所①、俄罗斯东欧中亚研究所②等,许多高校也在外界的帮助下建立了为数不少的欧洲研究中心,至少有二三十个。总之,改革开放以后是欧洲研究真正建立与大发展的时期,自那时起,中国有了自己的"欧洲研究"。

在此需要提到中国社会科学院欧洲研究所前任所长陈乐民先生,是他首先提出了"欧洲学"的概念,倡导建立中国的欧洲研究学术领域。在他看来,欧洲不仅是地理概念,也是文化、文明、人群和认同观念等;研究欧洲应将"文明"与"国际政治"结合起来,二者间的联结点是历史。③ 在他的带动下,20 世纪 90 年代的学者们对"欧洲学"的特点和任务进行讨论,指出其"兼有资料性与学术性、浅层性与深层性、单学科或单视角性与多学科或多视角性";研究内容应包括"政治、经济、社会和文化",研究方法"可以通过更多的运用比较研究和跨学科研究的方法"④。就上述这些内容而言,已经很接近区域与国别研究意义上的欧洲研究了。

但迄今为止这个目标并未实现,其中有历史原因,也有认识方面的原因。历史原因在于:当中国的欧洲研究起步时,欧盟向中国学术界提供大笔经费,资助各高校建立欧洲研究中心。欧盟的资助限定了各中心研究工作的重点是欧盟,这就把欧洲研究的范围和内容大大缩小了,将欧洲研究缩减为欧盟研究。一位英国

---

① 前身为"西欧研究所"。

② 曾用名"苏联研究所""苏联东欧研究所""东欧中亚研究所",2002 年 10 月改用现名。

③ 陈乐民:《拓宽国际政治研究的领域》,载王缉思主编:《文明与国际政治》,上海:上海人民出版社,1995 年,第 1—11 页;陈乐民:《关于"欧洲研究"在中国》,《欧洲》,2001 年第 1 期,第 1—2 页。

④ 引自刘立群:《欧洲学刍议》,《欧洲》,1995 年第 4 期,第 79—82 页。另可参见周弘:《中国的社会主义建设与中国的欧洲研究问题》,《欧洲》,1995 年第 2 期,第 85—89页;沈雁南:《论中国的"欧洲学"建设问题》,《学术界》,2000 年第 5 期,第 87—96 页。

学者在 2009 年就曾指出:"过去几年,欧洲研究名下的学术活动经历了某种危机,但与此同时,其分支部分欧盟研究却繁荣一时",结果便"从更具区域与国别研究路径的欧洲研究转向了较为狭窄的欧盟研究"。[①] 这个说法正符合在中国出现的情况。虽说欧盟研究也是欧洲研究的一部分,但它不能取代欧洲研究,更无法涵盖这个更广泛的领域。

由此而引发的认识上的偏差,使许多学者感到研究欧盟就是研究欧洲,欧洲研究等同于欧盟研究。换个角度提问:英国研究算不算欧洲研究? 法国研究算不算欧洲研究? 俄罗斯研究算不算欧洲研究? 似乎都不算,它们只能算对单个国家的研究,例如英国研究、法国研究和俄罗斯研究等;而欧盟研究却是欧洲研究,因为欧盟是整体,不是国家,因此意味着"欧洲"。

即便针对一个个欧洲国家,人们的注意力也只集中在英国、法国和德国等几个大国,其他国家和地区很少有人涉猎。在中国学术界,很少或几乎没有人专门研究丹麦、瑞士、芬兰或克罗地亚,连意大利、西班牙、波兰、塞尔维亚这些更为重要的国家也很少有人问津。欧洲有几十个国家,而中国的欧洲问题专家却很少。人们提到欧洲,好像只有英国、法国和德国这几个大国;北欧、南欧似乎不是欧洲,东欧更不是欧洲。如此误区是由我们的知识结构造成的,而知识的缺乏又是因为长期的忽视形成的。如果说在过去封关自闭、不通有无的时代尚可理解这种现象,那么在中国走向世界、发挥更大国际作用的现在就不可忽视了。发展"一带一路"、构建人类命运共同体,都需要我们了解世界,而欧洲是世界上一个重要地区,如果对欧洲的认识都支离破碎,那么对世界其他地方又会怎样呢?

---

① Francis McGowan,"The Contrasting Fortunes of European Studies and EU Studies: Grounds For Reconciliation?" in Chris Rumford, ed., *The SAGE Handbook of European Studies*, London: SAGE, 2009, p. 545.

除了这种地理上的"瘦身",内容方面也出现分解,这和中国的学科体制有关。改革开放之后,中国的学术研究蓬勃发展,各学科都出现生机勃勃的势头,学术成果也时时涌现,其中有许多与欧洲有关。但这些成果分散在不同学科中,由不同学科的学者们完成。结果,在中国现存的学科体制下,它们被看作不同学科的成果,分属于政治学、历史学、国际关系学和教育学等,而不属于"欧洲研究"。于是,一个完整的"欧洲研究"就被拆散了,分散在各个学科。陈乐民先生希望看到的整体性的"欧洲学"并没有建立起来;相反,人们的主要关注力落在国际政治和国际关系上,把这些认定为"欧洲研究",其他和欧洲有关的研究就被分发到各专业学科去了。之所以会出现这种现象,是因为国际关系尤其是和中国相关的国际关系的现实需求大,从而引起人们的强烈关注。不过坦率而言,"国际关系"这个表象背后的因素确实太多,如果不把那些因素都尽量了解和考虑在内,"国际关系"是看不懂的。这就是为什么陈乐民提倡建立"欧洲学",而不是简单地开展"中欧关系"研究。"欧洲学"(也就是"欧洲研究")应该而且必须是全面的研究,陈乐民自己身体力行,做出了很大努力。① 按照"欧洲学"的思路,欧洲研究需要有一个区域与国别研究的定位,也就是在学科边界这个根本性问题上,承认它的跨学科性和多学科性,并且向这个方向发展。简言之,欧洲研究一定要走全面研究的道路。

二、欧洲研究是跨学科的研究

要走全面研究的路,就要把欧洲研究建设成跨学科的学术领

① 参见陈乐民的用心之作《欧洲文明的进程》,他在该书中说:"我们向来认为,欧洲不仅是一个地理概念,或政治、经济概念,更重要的,它尤其是历史文化概念。其含蕴之深,问题之广,远非我们的学力所能尽致。然而也正如此,我们才感到有极大的吸引力而勉力为之。"参见陈乐民、周弘:《欧洲文明的进程》,北京:生活·读书·新知三联书店,2003 年,第 403 页。

域。跨学科是区域与国别研究的显著特征,它打破了以学科分割为基础的知识体系,构建对一个地区或一个国家的全面认识。要做到这一点就必须借助多学科的力量,共同开展全面研究。因此,作为区域与国别研究的"欧洲研究"应该是一个跨学科、多学科的领域,通过跨学科、多学科的工具达到对欧洲的全面了解。但遗憾的是,目前多数人将"欧洲研究"理解为与欧洲有关的国际关系和国际政治研究,而这两种研究在中国现行学科体制中都属于政治学,由此,"欧洲研究"就变成"欧洲政治研究"了。

　　这种理解上的偏差表现在论文发表上,有学者对 2003—2007 年国内权威刊物《欧洲研究》刊出的 384 篇文章进行统计,发现属于政治学的有 245 篇,属于经济学的有 36 篇,属于法学和历史学的各只有几篇。此外,在某种程度上"跨学科"的有 59 篇,其中 55 篇是政治学与其他学科的交叉。进一步分析,发现所有 384 篇文章所使用的参考书,被引用 5 次以上的几乎是清一色的政治学著作,其中与国际政治、国际关系相关的约占三分之一;引用最多的 10 种外文著作中,有 8 种属于国际政治或国际关系。[①] 简言之,在 2003—2007 年间,《欧洲研究》发表的大多为政治学论文。这种情况后来逐渐改变,现在的《欧洲研究》杂志设有两个主要栏目:一是"欧洲一体化",一般发表有关欧盟研究成果;二是"国别与地区",主要发表有关欧洲国家的政治、经济、法律与社会文化的研究成果。尽管如此,情况并未发生根本性改变。根据"中文社会科学引文索引"(CSSCI) 对 2007—2019 年《欧洲研究》所刊 667 篇论文的分类,其中政治学有 443 篇,占比高达 66%。而近五年(2015—2019 年)的学科分布情况是:235 篇论文中,政治学 170 篇,经济学 30 篇,法学 7 篇,管理学 4 篇,历史学 2 篇,跨学科

————————

① 舒小昀、冀强、袁勤俭:《〈欧洲研究〉(2003—2007 年)学术史分析》,《欧洲研究》,2010 年第 1 期,第 119—141 页。

及其他 22 篇。① 出现这种情况应该有多种原因,但最主要的是人们没有意识到,所有对欧洲和欧洲国家的研究都属于"欧洲研究"的范围,人们的定式思维将其理解为欧洲政治或国际关系研究,这就把本应作为区域与国别研究的"欧洲研究"缩小为政治学研究了。由此,参与到"欧洲研究"中的学者就少、范围很小,稿源更受到限制,很多人不认为他们做的是欧洲研究。久而久之,刊物变成了政治学专刊,反过来更使得"欧洲研究"缩减为"欧洲政治研究"。

其他刊物也是如此。《德国研究》是一本单一国别研究期刊,CSSCI 对其近十年所刊论文进行统计,也显示政治学论文占比甚高,达到 35%,324 篇文章中有 114 篇属于政治学。如果将调查范围扩大到其他区域与国别研究期刊,结果类似:据 CSSCI 统计,《西亚非洲》2009—2019 年的 159 篇论文中,政治学占有 80 篇;《东南亚研究》2009—2019 年的 789 篇论文中,政治学占有 472 篇;《美国研究》2009—2019 年的 426 篇论文中,政治学占有 343 篇。人们普遍把区域与国别研究看作政治学研究,这就大大缩小了区域与国别研究的范围。

以上事实不说明其他学科学者不研究欧洲问题,相反,像历史学、哲学、文学这些学科,一直在开展与欧洲或欧洲国家有关的研究。例如,英国史研究在中国有深厚的学术积累,也得到英国史学界的认可,但它在中国的学科体系里不被认为是区域与国别研究的一部分,相反它属于"历史学研究"。类似的情况在教育学、社会学、文学、哲学等领域也是一样的。中国学术界对俄罗斯文学、法国哲学、奥地利音乐、意大利美术等都有长期的了解与研究,高水平的成果也很多,但它们都不被看作区域与国别研究范围中的组成部分,而仅仅属于教育学、社会学、文学、哲学、音乐和

---

① 在中文社会科学引文索引(CSSCI)网站(http://cssci.nju.edu.cn/[2022 - 10 - 01]),选择高级检索项,输入时限条件后即可得到这些结果。

美术等。人为的和体制的因素将作为区域与国别研究的欧洲研究缩小为政治学研究,可见我们需要对"欧洲研究"做学术定位。

那么"欧洲研究"的学科边界在哪里? 我们的回答很简单:作为区域与国别研究的欧洲研究包括对欧洲和欧洲国家一切问题的研究,因此也就包含了各学科对欧洲范围内各种问题的研究。这些研究就学科属性而言,分属于各学科如历史学、哲学、文学和教育学等,但它们又都属于一个跨学科的共同领域即"欧洲研究"。只有把"欧洲研究"理解为对欧洲(及欧洲各个国家)的全面研究,才能真正在区域与国别研究的意义上建立起"欧洲研究",或者说,建立陈乐民所说的"欧洲学"。这个目标不是一两个学科能够做到的,它有待于几乎所有学科的共同努力。因此,跨学科和多学科的研究合作是必要并且必需的,不仅文科之间需要合作,理工医农也都有其用武之处。例如,国内的农业贸易公司是不是需要了解欧洲的农业? 中国的气象学家和地理学家也会对欧洲的气候和自然环境感兴趣。在跨学科的框架下,各学科的学者彼此合作,共同组建跨学科的研究团队,对欧洲进行全面的研究,可以取得超乎想象的成果。同时,不同学科的学者在相互交流中受到启发,会在本学科的研究中加入其他学科的思想与方法,从而丰富了本学科的内容。总之,跨学科与多学科的研究是区域与国别研究最大的特点,欧洲研究也不例外。不同学科从不同角度研究欧洲,却只有一个共同点,即研究的对象是欧洲,这就是所谓"欧洲学"。所有研究成果加在一起,就形成一个完整的欧洲知识体系,这就是我们的"欧洲研究"。

为进一步说明这个特点,我们不妨了解一下国外成熟的区域与国别研究在学科交叉方面达到了什么程度。表 1 是哈佛大学费正清中国研究中心研究人员的学科分布情况,这个中心是举世闻名的中国研究机构,是一个典型的区域与国别研究中心。笔者对该中心现时研究人员的学科分布状态进行统计并列表显示,结

表 1　哈佛大学费正清中国研究中心研究人员学科分布情况

所属学科	教授（34 人）	荣誉教授（7 人）	研究员（134 人）	副教授（2 人）	助理教授（5 人）	讲师（4 人）	访问学者（15 人）	合计（201 人）	百分比
政治学	5	2	30		1	1	4	43	21.39%
军事学			1					1	0.49%
历史学	5	2	28		1		2	38	18.91%
经济学	2		17				3	22	10.95%
管理学			2	1				3	1.49%
文学	6	1	19	1	1		2	29	14.43%
语言学	4					1		6	2.99%
新闻学	2		4				1	5	2.49%
法学	2		2					4	1.99%
社会学		2	12		1	1	1	17	8.46%
人类学	5		1			1		7	3.48%

续表

所属学科	教授（34人）	荣誉教授（7人）	研究员（134人）	副教授（2人）	助理教授（5人）	讲师（4人）	访问学者（15人）	合计（201人）	百分比
哲学			5					5	2.49%
宗教学	1		4					5	2.49%
教育学			1				1	2	1.00%
考古学			1					1	0.49%
公共卫生	2		2					4	1.99%
生物学			1					1	0.49%
环境研究	1		3				1	5	2.49%
科学史					1			1	0.49%
建筑学	1		1					2	1.00%

注：表1为作者依据哈佛大学费正清中国研究中心官网所载信息制作而成，https://fairbank.fas.harvard.edu/people/faculty-list/，2020年8月7日访问。

果让人大为惊讶,确实是长了见识:如此大跨度的学科交叉不仅囊括了几乎所有文科,而且有理工医农参与其间,所有这些学科只有一个共同点,即它们的研究对象是中国。

这就是西方国家区域与国别研究跨学科的典型案例;而类似的机构,目前在中国尚未出现。

三、欧洲研究要深入实地

深入实地进行研究是区域与国别研究的又一个显著特征,这一点已经得到大多数研究者的认同。[①] 所谓深入实地,就是到研究对象国长期生活,下沉到社会中间,去了解当地的民情风俗、文化人心。仅从书本上了解对象国是远远不够的;即便在对象国居留长久,但远离当地人,不知其风物地理与心态习性,仍难有效果。不要以为人文学科如哲学、文学、历史学只要读书、查资料就可以,做"田野"工作只是社会科学的事;事实上,人文学者若不知道对象国的"人"和"文",如何能真正地看懂它那个"国"?

实地研究在西方早期对外研究中就被高度重视,18、19世纪欧洲列强对殖民地的研究以及二战后美国对亚洲、非洲、拉丁美洲的研究,都是建立在实地研究的基础上,都有一批长期在对象国生活和工作的学者。他们运用人类学、民族学、社会学的基本方法,对对象国的文字、文献、文明进行研究,努力用"他者"的眼光观察"他者",做出了一批有影响的成果,如本尼迪克特的《菊与刀》、费正清的《美国与中国》等都是中国读者耳熟能详的

---

① David L. Szanton,"Area and International Studies in the United States: Intellectual Trends,"in James D. Wright, ed., *International Encyclopedia of the Social & Behavioral Sciences*, Amsterdam: Elsevier, 2001, pp. 692—699.

作品。这些作品体现了区域与国别研究中"我者"对"他者"的研究优势,而这种优势只有通过深入实地做研究才能获取。

实地研究意味着从事区域与国别研究的人需要具有在对象国长期生活、工作、学习和交流的经历,能够直观感受对象国的方方面面,能够对当地人的思想与生活拥有深刻的理解,对某些特定的问题进行"参与式观察",做一名"入戏观众"。形象地说,做区域与国别研究,要能够"闭着眼睛都知道那些人想说什么、想做什么",而没有深刻的了解,是做不到这一点的;所谓了解,却只能通过在对象国的长期生活才可能得到。

以此观察中国的欧洲研究,自改革开放以来在实地研究方面已经取得可喜进展。目前从事欧洲研究的人,大多能在国内外各类资金的赞助下前往对象国生活和工作,通过查找资料、访学、交流等各种形式,对对象国进行直接的观察,甚至做"田野"考察。因为有这样的条件,在改革开放以后的几十年中,欧洲研究无论从广度还是深度方面都取得很大进展。例如,中国人类学过去只研究国内而不研究国外,现在则以海外民族志的方式加入欧洲研究中来。海外民族志旨在"理解这个国家的人民,各种不同类型的社会群体各自的角色和作用,理解他们的行为、情感与态度。"[1]这正是区域与国别所需要的实地研究,若施用于欧洲研究,则必将扩大欧洲研究的视野。[2]

不过出于各种原因,欧洲研究(及其他区域与国别研究)在实地研究方面仍需大大加强;可以说,实地研究是中国区域与国别

---

[1] 王延中:《海外民族志研究大有可为》,《世界民族》,2014 年第 1 期,第 43—49 页;另参见高丙中:《海外民族志:发展中国社会科学的一个路途》,《西北民族研究》,2010 年第 1 期,第 20—33 页。

[2] 例如,张金岭:《公民与社会——法国地方社会的田野民族志》,北京:北京大学出版社,2012 年。

研究特别欠缺的一环。[①] 按照区域与国别研究的本性,从事欧洲研究的人——无论是从事理论研究还是从事实证研究,也无论是从事国际关系研究还是从事对象国内部事务研究——要尽可能浸入当地,以"他者"的眼光来观察"他者",体察对象国的所思所想及其原因,然后再回到"我者"的立场进行总结。而目前,尽管越来越多的研究者能够获得出国做研究的机会,但其中以短期居多,长期的浸入仍然很少,下沉到社会底面的就更为稀少。相比于一些欧美学者做实地研究,中国学者还远远不够。据相关报道,一位美国女学者在中国湘西大山里居住了6年,她和当地人生活在一起,为的就是完成一项有关当地"少数民族"的人类学研究。反观中国学界,类似的例子应该没有,国内从事欧洲社区研究的人非常少,即使有也主要集中在华人群体上,[②]而缺乏对当地人的实地考察。许多研究者仍然依托于文本分析及逻辑推理,靠文献和理论建模做研究工作。文本研究当然是需要的,但这只是研究工作的一个部分,不能代替实地研究。

因此,未来的欧洲研究应该加强实地研究。它不仅有利于更加真实地认识对方,还能将"我者"的立场与"他者"的立场兼顾起来,通过二者之间的对话,产生重大学术成果,并充分发挥区域与国别研究的现实关怀作用。

如何加强实地研究?首先要改变人们对实地研究的认识,充分意识到实地研究的重要性,自觉追求实地研究。中国文人传统,重文本而不重"田野",重圣人而不重实事,有浓厚的脱离实际的倾向。但这种倾向在现代不可持续,因为大家都明白:是理论

---

① 钱乘旦:《建设中国风格的区域与国别研究》,载《区域国别研究学刊》第1辑。
② 如王春光、Jean Philippe BEJA:《温州人在巴黎——一种独特的社会融入模式》,载《中国社会科学》,1999年第6期,第107—119页;曹南来、林黎君:《经济全球化背景下的华人移民基督教:欧洲的案例》,载《世界宗教研究》,2016年第4期,第144—152页;李媛、赵静:《德国浙籍华人新移民的跨国公民身份研究》,载《德国研究》,2016年第4期,第113—126页;等等。

来源于事实,而不是事实来源于理论。这几十年来,学术界(不仅
是中国学术界,外国学术界也一样)形成一种风气:写文章先拿一
个理论模型,然后找几个案例往里套,用理论寻找案例,套完之后
文章就写成了,这叫作"依葫芦画瓢"。这种研究方法不符合人类
的认知规律,因为认识是从实践中来的,在事实的基础上才能构
建理论。实地研究就是对事实的考察,没有实地研究,就很难判
断事情的真伪。区域与国别研究(包括欧洲研究)也必须建立在
实地考察的基础上,仅从书本上了解欧洲是不够的。

其次,加强实地研究也是欧洲研究的迫切需要,缺少实地研
究,则很难将欧洲研究做深入。当前,全球化已经深刻改变了人
们关于"国家""地区""民族"等的看法,欧洲已发生深刻的变化并
继续发生变化。这些变化只有通过实地考察才能体会到。欧洲
的难民问题是个很好的例子,不在现场,很难知道它的真实情况。
同样,对欧洲许多国家都存在的少数族裔问题进行研究,也必须
通过实地研究才能了解少数族裔的身份认同、生存处境以及与本
地主体族群的关系等。再如,欧盟内的"边境"问题:从理论上说,
欧盟内部不存在边境,但一旦遇到重大危机(例如"新冠肺炎疫
情"),"边境"重新出现了,原因是什么? 这些问题不通过实地考
察是很难说清楚的。

总之,实地研究是把区域与国别研究做深入、做扎实的必由
之路,也是产生原创性成果和有影响成果的根本路径。未来的欧
洲研究一定要通过实地研究开创新的局面,产生出更多有价值的
成果。

四、欧洲研究要有语言基础

语言是区域与国别研究的基本要求,掌握对象国语言是研究
一个国家或地区的基本功。因此,"外语"绝不仅仅是英语,把法

语、俄语、德语、西班牙语和阿拉伯语这些在世界范围内使用较多的语种加在一起，也仅仅是"外语"中的一小部分。一般估计，世界上有数千种被人们日常使用的"活"语言，还不包括可以被看作准语言的"方言"。欧洲有三大语族：日耳曼语族包括英语、德语、弗兰德语、荷兰语、斯堪的纳维亚语等，拉丁语族包括法语、西班牙语、葡萄牙语、意大利语和罗马尼亚语等，斯拉夫语族则包括俄语、乌克兰语、白俄罗斯语、波兰语和塞尔维亚语等，可见欧洲语种之多。用哪一种语言研究欧洲？按照区域与国别研究的要求，研究哪一个国家，就需要懂得那个国家的语言。除此以外，因为英语是国际通用语言，所以英语又是所有欧洲研究的共同"外语"。

这个特点决定了区域与国别研究的语言要求很高，从事该领域研究的人，除了要掌握国际通用语言英语，还应该掌握研究对象国的官方语言或通用语言。很难想象仅用英语就可以研究德国、法国，更不用说研究波兰和希腊了。因为对任何一个国家进行研究，都必须能看懂当地的书籍报纸，能使用当地的图书馆、档案馆，并且要能够做"田野"工作，能与当地人交流沟通。语言之重要，不言自明，在发达国家的区域与国别研究中都得到了高度重视，例如美国在开展区域与国别研究的初期，就在各高校开设了 83 种非通用外语课程。①

从语言能力看，中国的欧洲研究显然强于对世界其他地区的研究，因为英语、德语、法语、俄语、西班牙语一直是中国高校的"外语"语种，许多大学外语系都开设这几种语言，培养了很多人才。所以要求研究者用这几种语言研究相关的对象国，并非不可能做到。即便如此，目前中国的欧洲研究（其他的地区研究也是

---

① Richard N. Bigelow and Lyman Howard Legters, *NDEA Language and Area Centers : A Report on the First 5 Years*, U. S. Department of Health, Education, and Welfare, Bulletin, OE - 56016, 1964, pp. 43—44.

如此)仍存在语言与研究分离的情况。换而言之,有语言专长的人不进入国别研究,而从事区域与国别研究的人缺少对象国语言基础(英语除外)。在区域与国别研究中,语言与研究分离的现象相当普遍,在一定程度上也很严重。例如,对 2009—2019 年波兰研究方面论文的统计显示,在《俄罗斯研究》和《俄罗斯东欧中亚研究》两份杂志所刊 10 篇论文中,引用最多的是英文与中文文献材料,还有少量俄文文献,使用波兰语文献的论文极少,仅有 1 篇。这种情况明显影响了研究的质量,也很难使波兰研究得到真正的发展。

即便对意大利、西班牙这些西欧重要国家的研究,现有大部分论文仍以使用英文文献为主,很少使用对象国文献。这种情况意味着,研究在很大程度上依赖英美等国学者的成果,而使用的文献基本上属于二手资料。且不论这些文献经过一次语言转换是否准确或是否被筛选过;仅从研究倾向方面说,是很容易受到(甚至摆脱不了)那些二手资料的影响,因此很难做到客观与真实。中国的区域与国别研究要为中国服务,如研究只建立在英美文献基础上则很难达到这个目标。所以,看上去只是在语言上隔了一层,但有没有对象国语言能力,就研究结果而言,却有天壤之别。

这一局面的形成与中国国情背景下的外语教学及区域与国别研究发展有关。从 19 世纪末中国开始有意识地学习"外语"以来,英语一直是主要外国语,在很长时间里,"中国人几乎把'外语'等同于'英语'"。① 虽说德语、法语和俄语等也都在不同程度上被学习和教授,但都被视为"小语种",不大受人重视。进入大学涉外领域学习的学生(如国际关系、国际政治专业等),一般只

---

① 潘文国:《新时代外语学科建设的多维思考》,《中国外语》,2019 年第 4 期,第 11—15 页。

接受英语训练,鲜有学习其他语种的。外语系学生,如果专业是德语、法语和俄语等,其学习课程差不多就是"语言文学"(从"外国语言文学系"这个名称就可看出来),鲜有涉及其他领域的(如外国社会、西方经济思想等)。如此就把语言学习与国别研究分离开了,学语言的不做国别研究,做国别研究的只用英语进行研究。加之中国长期不重视那几个"大国"之外的"小国",所以"小国"语言始终没有被提上教学议程。造成的结果是,就欧洲研究而言,英国研究基础最好,研究相对更深入;德国、法国、俄罗斯次之,研究成果还比较多;至于其他欧洲国家近乎属于"空白地带"了,如此现状应该引起高度警惕。

前文提到欧洲研究应该是"全覆盖"的研究,之所以尚未做到这一点,其实是和语言能力有关联。所幸的是,国内已经意识到这个问题的重要性了。近几年来,国家主管部门已要求相关高校对世界各国通用语言进行"全覆盖",在这个要求指引下,中国的外语能力可能会有几何级提升。

尽管如此,仍然存在语言学习与国别研究分离的问题。分离状况若持续下去,则依旧不能促进区域与国别研究的发展。我们希望看到语言与研究的有机结合,其关键在于人才培养模式的创新。区域与国别研究应作为一个专门的领域培养专门的人才,如欧洲研究,从研究生层面开始培养,一开始就把语言训练和专业学习结合起来,使其在学习阶段就能同时掌握两方面的能力。这种培养模式在欧美国家早就有了,我们可以借鉴。中国的人才培养模式需要做一些调整,尤其是高端人才的培养。就区域与国别研究而言,专门的人才培养已经刻不容缓。

总之,作为区域与国别研究的欧洲研究,未来需要向四个方面努力:(1)明确全面性的研究定位;(2)调动多学科的学术力量;(3)树立实地研究的方法路径;(4)使用对象国的语言工具。需要注意的是,区域与国别研究的充分发展应建立在专业研究队伍的基础上,没有专业人才的支撑,以上四个方面都很难做到。因此,欧洲研究从现在起就要着力培养相关人才,根据区域与国别研究的要求与规范,培养目前还缺乏的专业人才。

作者简介:胡莉,北京师范大学历史学院讲师。

日本特色的地区研究及其对中国的启示①

于铁军

　　伴随着中国海外利益的拓展和"一带一路"倡议的推广,加强对相关国家和地区的研究的必要性和迫切性日益凸显。相应地,中国高校中出现了新一轮区域国别研究的热潮,具体表现为,在教育部 2015 年公布的 37 个区域和国别研究培育基地之外,各大学又新设置或者改造了一批区域国别研究机构,如 2018 年成立的北京大学区域与国别研究院、上海外国语大学的上海全球治理与区域国别研究院等。 另外,一些大学的研究机构也开始就区域国别研究组织专题讨论,并刊发相关的研究成果。②

　　实际上,区域国别研究在我国的国际关系研究领域,具有比

---

① 本文首发于《国际政治研究》,见于铁军:《日本特色的地区研究及其对中国的启示》,《国际政治研究》,2018 年第 5 期。

② 例如,2016 年 5 月 15 日,由北京大学国际战略研究院与北京大学《国际政治研究》编辑部联合主办了"中国的区域国别政治研究:历史、理论、方法"学术研讨会。部分参会学者的论文刊发于《国际政治研究》2016 年第 5 期和第 6 期。 2018 年 4 月15 日,由云南大学周边外交研究中心、国际关系研究院、缅甸研究院、印度研究院,以及"一带一路"研究院主办的"区域国别研究理论与方法研讨会"在昆明召开。

较长的历史。1964 年,根据中共中央关于加强外国问题研究的文件①,在高等院校中首批设立三个国际政治系,即北京大学国际政治系、中国人民大学国际政治系和复旦大学国际政治系,其人才培养和研究重点依次分别是亚非拉民族解放运动、苏联和东欧地区的国际共产主义运动,以及欧美资本主义国家的情况。这种设置既有意识形态和政治斗争上的考虑,也有地缘和区域上的考虑。可以说,中华人民共和国成立后的国际政治学,在其创制时期即带有浓厚的区域国别研究色彩。②

　　经过几代学人的不懈努力,中国的区域国别研究从无到有,目前已形成比较完整的研究体系,有众多研究人员,并且在一些领域也取得了丰富的学术成果,现在世界上几乎所有地区和较重要国家都能在中国大学中找到相应的研究中心。相比较而言,我们对其他国家的区域国别研究注意得比较少,相关研究成果介绍引进得也比较少。③ 地区研究,最为重要的是综合和比较,他山之石,可以攻玉;闭门造车,结果可想而知。北京大学出版社最近推

① 该文件实际上是 1963 年周恩来总理主持有关部门负责同志座谈如何加强研究外国工作而形成的一份总结报告,后连同毛泽东主席的批语,作为中共中央文件下发全国。参见赵宝煦:《关于加强外国问题研究的一点史料》,《国际政治研究》,2004 年第 3 期,第 142—143 页。

② 如果前推到民国时期的国际(外国)问题研究,则中国国际关系研究另外两个比较重要的来源是国际法和国际关系史研究。

③ 这种状况在最近几年开始有所改善,如北京大学历史系牛可副教授基于丰富的一手史料,对美国地区研究创生期的思想史进行了扎实的、带有原创性的研究,参见牛可:《美国地区研究创生期的思想史》,《国际政治研究》,2016 年第 6 期,第 9—40 页。关于国外俄罗斯(苏联)研究状况的梳理,参见由华东师范大学冯绍雷教授主编、由上海人民出版社出版的"国外俄苏研究丛书"中的三部著作,具体参见封帅:《冷战后英国的俄苏研究》,上海:上海人民出版社,2018 年;阎德学:《冷战后日本的俄苏研究》,上海:上海人民出版社,2018 年;韩冬涛:《冷战后斯堪的纳维亚地区的俄苏研究》,上海:上海人民出版社,2018 年。更早从学科发展史角度反思中国的俄苏研究状况,提出借鉴美国和日本的俄苏研究成果并就此展开具体比较研究的出色成果,参见杨成:《中国俄苏研究的范式重构与智识革命:基于学术史回顾和比较研究的展望》,《俄罗斯研究》,2011 年第 1 期,第 3—68 页。

出了由日本国际政治学会组织编写的四卷本《日本国际政治学》中译本,其中第三卷为《地区研究与国际政治》①,为了解和观察日本的区域国别研究(为行文方便,以下将区域国别研究简化为"地区研究")状况,提供了一个很好的窗口,也为反思我国的地区研究,提供了一个参照。

地区研究包罗万象,既包括众多的地区和国家,也涉及政治、经济、军事、文化、社会、民族、宗教等诸多领域,对此展开全面论述,将超出本文的篇幅和本人的学术能力。本文主要基于上述《地区研究与国际政治》刊载的国分良成教授②的卷首论文及其他日本学者的研究,旨在简要梳理日本地区研究的概况及历史发展轨迹,分析其主要特色,并指出其中可为中国学界借鉴之处。

一、日本地区研究概况

在地区研究方面,日本可谓一个大国。这体现在以下几个方面:

第一,地区研究在日本国际政治研究的学术体制中占据了稳固的地位。根据国分良成教授的研究,自日本国际政治学会1956年成立以来,地区研究一直是该学会三四个主要研究领域之一;在日本学术会议中,地区研究也确保了一个专门委员会的地位,并成为日本学术振兴会科学研究费的资助领域之一。③ 在日本各主要大学内,普遍设有地区研究的教学和研究部门。此外,还有一些专门从事地区研究的半官方研究机构,如著名的亚洲经济研

---

① 〔日〕国分良成、酒井启子、远藤贡主编:《日本的国际政治学(第三卷):地区研究与国际政治》,刘星译,北京:北京大学出版社,2017年。

② 主编该书并撰写卷首论文时,国分良成为日本庆应大学教授,现为日本防卫大学校长。

③ 〔日〕国分良成:《地区研究与国际政治》,载〔日〕国分良成、酒井启子、远藤贡主编:《日本的国际政治学(第三卷):地区研究与国际政治》,第1—2页。

究所等。这与美国和中国的情况有较大不同。美国虽然是第二次世界大战后地区研究的主要推动者,也是其他国家开展地区研究的主要学习对象,但是在美国大学教育体制中,与其他传统学科如政治学、经济学、社会学相比,地区研究还处于一种弱势的、主要发挥"数据库"功能的地位。地区研究强调特定地区及国家的 个性与特征,传统学科则强调带有普遍性的理论构建与验证。这两者之间难免存在紧张关系,而在重视普适性理论的美国学术界,两者博弈的结果自然是强调特性的地区研究逐渐边缘化,或者向传统学科的理论和方法靠拢。在中国,虽然如前所述地区研究在新中国国际关系学创生过程中曾经发挥过重要作用,但即便是国际关系、国际政治,在国务院学位委员会、教育部下发的《学位授予和人才培养学科目录》中也还属于政治学一级学科下的二级学科,其他还有部分地区研究分散在外国语言文学和世界史学科中,地位颇为尴尬。① 日本的地区研究不仅没有被定位于学科之下,而且在理解现代社会方面发挥着部分基础性的作用。美国和中国的地区研究则不似日本地区研究所处的位置那么重要。②

　　第二,日本的地区研究具备相当高的水准,在国内外都获得了较高的评价。在自我评价方面,1992 年,日本学者石川一雄与大芝亮发表了一项对 20 世纪 80 年代日本国际关系学者的问卷调查的结果,对于与其他国家相比日本在哪些研究领域最为优秀这一问题的回答,得到评价最高的就是地区研究(39.2％),其次为历史研究(37.3％),对理论研究表示满意的仅为 6.4％。③ 国际范围内的同行评价,似乎没有类似的基于问卷调查的定量研

① 李晨阳:《区域国别研究的学科化》,《世界知识》,2018 年第 2 期。
② 〔日〕国分良成:《地区研究与国际政治》,载〔日〕国分良成、酒井启子、远藤贡主编:《日本的国际政治学(第三卷):地区研究与国际政治》,第 5 页。
③ 〔日〕石川一雄、大芝亮:《1980 年代日本的国际关系研究》,《国际政治》,第 100 号,1992 年,第 270—285 页。转引自〔日〕国分良成、酒井启子、远藤贡主编:《日本的国际政治学(第三卷):地区研究与国际政治》,第 2 页。

究。在笔者有限的阅读范围及所接触到的中国的地区问题专家中,包括俄苏问题专家、非洲问题专家、中东问题专家、东南亚问题专家、拉美问题专家等,都对日本同行的研究成果给予高度评价。在日本从事地区研究的有代表性学者中,已经故去的老一代学者暂且不论,现在仍活跃在研究第一线的学者,如中国研究者毛里和子、国分良成、高原明生①,东南亚研究者白石隆、山影进,俄苏研究者木村汎、下斗米伸夫、松里公孝、岩下明裕、袴田茂树等,其研究成果即使放在国际学术界也堪称一流水准。而从地区研究的教学对象来说,在日本大学中,无论是在本科生课程还是研究生课程中,地区研究也是学生比较喜欢选择的专业。②

第三,与其他国家的地区研究相比,现代意义上的地区研究在日本起步较早。日本的地区研究至少可以追溯至第二次世界大战之前及战争期间,如战前和战争期间以"满铁调查部"为代表的对中国东北和华北地区的研究、南方军政部门对东南亚各主要国家的研究,在长期的发展过程中也形成了务实、细致、综合性和累积性强等特点。战后日本的地区研究从自己独特的战后境况(既是战败国,又是战后西方阵营的一员;既是亚洲国家,又是西方发达国家的一员;既是美国的盟友,又与包括中国在内的东亚国家历史上、经济上有特殊关系)出发,既注意吸收借鉴其他国家特别是美国地区研究的概念、理论和方法,乃至开展地区研究工作的经验和教训,又秉承自身地区研究的传统,在充分占有资料和获取在地知识的基础上追求本国学术研究的自主性和独创性,力争将地区研究的各个环节都做实做细。这包括重视田野调查

---

① 战后日本的中国研究的口述史,参见〔日〕平野健一郎等主编:《战后日本的中国研究》,东京:平凡社,2011年。该书主要由对石川滋、宇野重昭、野村浩一、沟口雄三、冈部达味、小岛丽逸、山田辰雄、毛里和子、西里喜行和滨下武志等10位不同领域的日本资深中国研究者的访谈构成。该书亦有中文版发行,内容略有不同。
②〔日〕国分良成:《地区研究与国际政治》,载〔日〕国分良成、酒井启子、远藤贡主编:《日本的国际政治学(第三卷):地区研究与国际政治》,第2页。

和实证研究,重视对当地语言和文化的学习,重视运用综合方法进行研究,重视资料的搜集、整理和保存,重视理论联系实际和研究成果的实际应用价值等,长此以往,日本便逐渐发展成为一个具有自身特色的地区研究大国,其研究路径和经验教训颇值得其他国家的地区研究者参考。

二、日本地区研究的发展轨迹

日本地区研究在学科体制所占据的稳固地位、其较高的研究品质,以及颇具特色的研究传统是如何形成的呢? 国分良成教授在其文章中认为,日本的地区研究主要是战后受美国影响下建立和发展起来的,其发展轨迹是"从进口到本土学科"。他以庆应大学教授石川忠雄为例,石川教授在美国亲历了 20 世纪 50 年代地区研究的黄金时代,归来后在庆应大学筹建政治学科中的地区研究。但与此同时,国分良成教授也认为,若就地区研究的一些基本要素而言,如语言学习、文献调查、实地调查、共同研究,可以说地区研究在古今东西的历史中都是存在的。就日本来说,战前位于中国上海的"日本东亚同文书院"和位于中国东北的"满铁调查部",也可称为一种地区研究机构①(也是当时日本侵华情报收集机关)。

笔者认为,在战后知识真空状态之下,的确可以说日本学科体系的重建极大地依赖于美国;在地区研究机构的设置及其研究方法方面,也深受美国的影响。但在考察日本的地区研究史时,实不能将战前的研究史一笔带过,而仅仅从战后算起,因为就地区研究的重点领域、机构、人员、方法、特色等方面而言,日本的地

---

① 〔日〕国分良成:《地区研究与国际政治》,载〔日〕国分良成、酒井启子、远藤贡主编:《日本的国际政治学(第三卷):地区研究与国际政治》,第 8—9 页。

区研究多奠基于战前。日本战败后,相关机构遭到解散、美国占领日本和战后和平主义的盛行等政治大气候的变迁,虽然一度造成了日本地区研究机构的断裂和研究内容的转向,但地区研究作为一种获取"学知"的理念、方法和途径,不会因为政治和对外关系领域的巨变而消失殆尽,而会以"研究传统"的形式从各方面对其后日本的地区研究产生影响。

　　已故日本研究美国问题的著名学者、东京大学斋藤真教授在考察战前日本的美国研究状况时曾指出,战前日本既存在"美国研究"的用语,也存在美国研究的事实,并且有些研究,如高木八尺教授从 1924 年开始在东京帝国大学开设的美国政治外交史课程,即便在当时世界范围内来看也是相当前卫的。① 也许可以说制度化的地区研究是从战后开始的,但战前和战中日本便存在地区研究的概念和大量实践,在一些领域如亚洲研究,还有着较为深厚的积累,并造就了不少地区研究专家,如中国研究者内藤湖南、尾崎秀实、中山优,美国研究者高木八尺、松本重治,印度和伊斯兰教研究者大川周明,东南亚研究者板垣与一等。② 而其中一些专家,如板垣与一,在战后日本的亚洲研究中仍然扮演了重要的角色。有关这方面的探讨,日本学术界近年来已经出版了不少

---

① 〔日〕斋藤真:《日本的美国研究前史》,载〔日〕阿部齐、五十岚武士主编:《美国研究指南》,东京:东京大学出版社,1998 年,第 258—259 页。

② 内藤湖南是中国历史、文化和思想研究者,日本汉学的代表人物之一,但他也关心政治时局和中日关系。尾崎秀实和松本重治是学者型的记者,也都涉入政治很深,尾崎秀实甚至因佐尔格间谍案而被处以死刑。大川周明是战前日本法西斯思想的代表人物,作为甲级战犯在东京审判时受审,但他也是现代日本伊斯兰教和印度研究的奠基者之一。关于内藤湖南,参见〔美〕傅佛果:《内藤湖南:政治与汉学(1866—1934)》,陶德民、何英莺译,南京:江苏人民出版社,2016 年;关于内藤湖南和中山优等人与日本战时对华认识的关系,参见〔日〕户部良一:《战略研究与历史研究的对话:关于战前日本对中国战略》,〔日〕《战略研究》,2012 年总第 11 期,第 3—12 页。

研究成果。①

　　日本自明治维新以来长期以"富国强兵"为国策,经过甲午中日战争和日俄战争而作为世界列强的一员登上国际舞台,推行帝国主义政策,先后强行将中国台湾和朝鲜变为自己的殖民地。为巩固自己在中国台湾和朝鲜半岛的殖民统治,日本殖民占领期间对中国台湾和朝鲜进行了大量的自然状况、资源禀赋、风土人情、经济作物、政治社会结构、契约制度等方面的"实态""惯行"调查。后来随着日本逐步扩大其侵略范围,又在中国东北、华北和东南亚占领地区进行大规模的实地调查。从事调查工作的人员很多是当时日本各帝国大学的毕业生和类似"东亚同文书院"这样的专门学校毕业生,所使用方法是类似今天文化人类学和社会学调查的方法,详细具体的调查成果作为资料被系统地加以整理,并在此基础上编撰各种内部报告和公开出版物②,为日本政府的扩张和占领服务。日本的地区研究传统有相当大一部分便来源于此。

　　由于日本地处东亚,明治维新之后采取的扩张政策和殖民活动也主要在东亚,所以,相对于其他地区研究,日本的亚洲研究(日本也称东洋研究)起步更早,人员更众,成果更多,积累也更丰厚。以中国研究为例,其涵盖的领域既包括对以历史、思想和文

① 〔日〕末广昭主编:《〈帝国〉日本的学知》(第6卷)之《作为地区研究的亚洲》,东京:岩波书店,2006年;〔日〕井上寿一:《战前日本的"全球化":1930年代的教训》,东京:新潮社,2011年;〔日〕辛岛理人:《帝国日本的亚洲研究:总力战体制、经济现实主义、民主社会主义》,东京:明石书店,2015年。更早出版的、作为当初"满铁调查部"亲历者关于日本亚洲研究的成立过程的论述,参见〔日〕原觉天:《现代亚洲研究成立史论》,东京:劲草书房,1984年。

② 在日本战败投降的过程中,很多资料被焚毁或者散失,但留存在国内外图书馆的仍有较大数量。现在中国辽宁、吉林、黑龙江、天津、内蒙古、河北张家口、山东青岛的图书馆和档案馆中,依然保存有不少这方面的资料。有些外国学者依据这类原始材料,了解当时中国东北、华北的情况,撰写相关著作,如著有《文化、权力与国家:1900—1942年的华北农村》的美国学者杜赞奇。

化研究为主的过去的中国研究,也包括以政治、经济、军事、社会为主的对当时中国的研究,研究成果的数量很大,而且即便在今天看来,其所包含的信息量也很大。①

　　战前从事中国和亚洲研究的一些重要的研究机构包括:(1)"东亚同文书院"。该院位于中国上海,成立于1900年,终结于1945年,兼有培养从事对华工作人才、搜集情报和研究出版功能,出版物包括中国各省省志、《中国年鉴》,以及各种内部专题调研报告。②(2)"满铁调查部"。总部位于大连,1907年成立,1945年解散,名义上是"满铁"的调查部门,后来实际上发展成为日本的侵略情报机关,巅峰时期雇佣各种调查员达2000余名。先后开展的调查活动包括:中国东北地区与朝鲜历史地理调查、华北资源调查、冀东农村实态调查、中国抗战力调查、华北农村惯行调查、华中惯行调查、战时经济调查、南方占领地调查等。"满铁调查部"除发行定期刊物如《"满铁"调查月报》《"满洲"经济年报》外,还调研撰写了大量内部专题报告。"满铁调查部"的研究人员,战后有不少进入日本政界、大学和企业界

---

① 例如,1938年,中国人民抗日战争进入相持阶段后,日本侵略者为了解中国方面的抵抗能力,便委托满铁调查部对中国抗战力进行调查,项目负责人和主要参加者包括战后成为和平主义者、九州大学校长、国际政治学者具岛兼三郎和日本共产党党员、对中国政治颇有研究的中西功。该项目实施一年,完成的报告长达97万字,对中国国民党和共产党的抗战力及中日两国所面临的国际环境进行了详细讨论,结论虽然没有明确说日本会失败,但也没有预测日本会取得胜利,其强调的是中国方面的农村动员力和寻求国际合作的能力,由此预测了日本侵华战争的黯淡前景。该调查报告后来被整理刊行。参见〔日〕"满铁调查部"编:《"支那"抗战力调查报告》,东京:三一书房,1970年(原版于1940年)。

② 关于"东亚同文书院"及其在中国的调查和研究情况,参见 Douglas Reynolds, "Chinese Area Studies in Prewar China: Japan's Toa Dobun Shoin in Shanghai, 1900—1945," *Journal of Asian Studies*, Vol. 45, No. 5, November 1986, pp. 945—970;另见郭晶:《东亚同文书院研究》,北京:中国社会科学出版社,2016年;〔日〕大学史编纂委员会:《"东亚同文书院"大学史》,非卖品,东京:沪友会,1982年。

并成为行业领军人物。① （3）东亚研究所。该所 1938 年成立，
1946 年解散，其财产由公益财产法人政治经济研究所继承。东
亚研究所为日本企划院下设的国策研究机构，曾有 1000 余名研
究人员，侵华战争的主要决策者之一近卫文麿曾担任该所总裁。
东亚研究所从人文、社会和自然科学的综合视点出发，对中国东
北、南洋、蒙古、苏联远东地区、印度（含缅甸）、中近东、澳大利
亚、新西兰及其附属岛屿进行综合性的地区研究，公开发行机关
刊物《东亚研究所报》，承担内部调研报告。② （4）东京帝国大学
东洋文化研究所。该所设立于 1941 年，一直延续至今。设立时
宗旨为对东洋文化展开综合研究，参与部门有文史哲、政法和经
济商业三大领域。③

　　由此可见，战前日本的地区研究尤其是在东亚研究方面，无
论从组织机构、研究人数、研究内容、研究方法还是政策影响方面
来说，都已经具备了相当规模和相当深入的程度，日本地区研究
的一些特点，如重视实地调研、运用综合研究方法、对研究对象进
行细致入微的全方位观察和分析、重视数据积累、注重实用等，都

---

① 关于"满铁调查部"的活动，日本方面有大量研究，包括当事者的回忆录、证言、传
　记、座谈，以及各种研究著作，参见〔日〕井村哲郎编：《"满铁调查部"：关系者的证
　言》，东京：亚洲经济研究所，1996 年；井村哲郎：《日本的中国调查机关：以国策调查
　机关设置问题与"满铁"调查组织为中心》，载〔日〕末广昭主编：《〈帝国〉日本的学
　知》（第 6 卷），第 357—398 页；〔日〕小林英夫：《"满铁调查部"》，东京：讲谈社，2015
　年。中国方面的研究，参见解学诗：《评"满铁调查部"》，北京：人民出版社，2015 年；
　另见黄春宇：《"满铁"调查资料的整理与研究》，《文汇学人》，2016 年 7 月 15 日，第
　7—9 版。
② 东亚研究所的研究情况，参见原觉天：《现代亚洲研究成立史论》。另见〔日〕柘植秀
　臣：《东亚研究所与我：战中知识人的证言》，东京：劲草书房，1979 年。
③ 东京大学东洋文化研究所成立之后 50 年的研究情况，参见东京大学东洋文化
　研究所编：《东洋文化研究所的 50 年》，东京：东京大学东洋文化研究所，1991
　年。其他情况，参见研究所网址 http://www. ioc. u-tokyo. ac. jp/intro/history.
　html(2017-12-01)。在日本京都大学，还有 1907 年成立的"支那学会"，也举
　办了很多有影响的活动。参见钱婉约：《从汉学到中国学：近代日本的中国研究》，
　北京：中华书局，2007 年。

已基本定型。战前日本地区研究存在的问题,在于与政治和国策距离太近,无辨别、无批判、无抵抗地为政府的侵略扩张政策服务,结果铸成大错,导致生灵涂炭,山河破碎,1945 年至 1952 年日本丧失了主权,国家处于被美军占领的状态。

战后初期,日本所面临的是一个全新的国内外环境。从国际方面来看,是美国占领、美日同盟的成立和美苏冷战的爆发,以及长期以来日本地区研究的主要对象东亚地区所发生的巨大变化,包括新中国的成立、朝鲜半岛分裂、东南亚各国的独立,从国内来看是军国主义的崩溃与和平主义的盛行。如前所述,战败导致战前与政府部门关系密切的地区研究机构纷纷解体,日本的地区研究出现短暂空白。战后美国在日本的主导地位,美国基金会对日本地区研究项目的支持,以及在美国接受教育的日本地区研究人才的回归,使得日本新建立的地区研究体制深受美国地区研究的影响。在研究内容方面,由于以前主要研究对象的变化,日本新的地区研究体制也必须相应进行调整。

战后日本地区研究正是在这种背景下重新出发的。首先是一系列地区研究学会的成立。日本美国学会成立于 1947 年;亚洲政经学会成立于 1953 年,并成为日本会员最多的从事地区研究的学术组织;在洛克菲勒基金会的资助下,1955 年成立了北海道大学斯拉夫研究中心(2014 年该中心更名为斯拉夫—欧亚研究中心);日本国际政治学会成立于 1956 年;亚洲经济研究所成立于 1958 年;1963 年,在美国福特基金会的赞助下,京都大学设立了东南亚研究中心;1964 年,东京外国语大学设立亚非语言文化研究所。

这些新成立的地区研究机构,大多都有美国支持的背景。但 1957 年亚洲经济研究所的创设则颇能说明战前和战后日本地区研究的密切联系。面对战后亚洲各国风起云涌的民族主义浪潮,当时的日本首相、曾在中国东北从事殖民侵略活动的岸信介接受一桥大学教授板垣舆一、庆应大学教授山本登(战前专业为东南亚学、殖民政策学)及前"满铁调查员"原觉天等地区研究者的建议,决定由政府出资成立一个亚洲经济研究所,加强对战后亚洲的研究,密切日本与东亚各国的经济联系。1958 年,亚洲经济研究所成立,由日本通产省负责管理(现为日本贸易振兴机构下属研究机构),并逐渐发展成为日本乃至世界最大的以研究发展中国家经济问题为重点的地区研究机构。亚洲经济研究所的组织和研究模式,被认为是深受"智库雏形""满铁调查部"的影响。

　　战后美国的政治和学术霸权地位必然使美国地区研究的概念、理论、方法乃至学术争论深深影响到日本。但在学习和借鉴美国地区研究成果的同时,日本并非全盘接受,而是"以我为主",有选择地加以吸纳。以美国的地区研究为模式而设立的京都大学东南亚研究中心的研究人员本冈武在 1963 年考察美国后曾经将地区研究的特点总结为以下七点:(1) 研究和教学的组织一体化;(2) 跨部门的综合研究组织;(3) 重视对现代的研究;(4) 强调语言教育;(5) 尊重学科教育;(6) 实地调查的必要;(7) 文献资料的配备。[1] 这些做法与日本战前地区研究的做法多有重合之处,接受起来并不困难。美国的支持,日本自身发展的需要,加上战前、战中从事地区研究的积累,使得战后日本地区研究很快恢复元气,并获得迅速发展,尤其是在 20 世纪八九十年代日本经济奇迹震惊全球、"国际化"快速发展的年代。[2] 前述那些战后成立的地区研究中心,后来不仅在日本教学科研体制内站稳了脚跟,成

---

[1] 〔日〕本冈武:《什么是地区研究》,《东南亚研究》,第 1 号,京都大学东南亚研究中心,1963 年。转引自〔日〕国分良成、酒井启子、远藤贡主编:《日本的国际政治学(第三卷):地区研究与国际政治》,第 4 页。
[2] 在此时期,"日本奇迹"给国际社会所带来的冲击使得日本自身也成为其他国家开展地区研究的对象。近年来,随着中国的日益崛起,中国已成为世界主要国家地区研究的热门对象。

长为国内相关地区研究的主要据点,有的即便在世界范围内也成
为名列前茅的研究平台,如北海道大学的斯拉夫—欧亚研究中
心、京都大学的东南业研究中心、东京大学的东洋文化研究所,以
及日本贸易振兴机构下属的亚洲经济研究所等。相比之下,在美
国,由于越南战争所导致的地区研究界、政府部门和民众之间互
信的下降,冷战结束和主要竞争对手苏联的消失所导致地区研究
动力的缺失,以及美国学术界偏理论、偏定量、重学科的研究环
境,作为偏人文、偏定性、重语言、重文化、跨学科的地区研究,地
区研究在美国的学术体制中反而没有得到充分发展,甚至有被边
缘化的趋势。这种状况甚至在美国遭受到"9·11"恐怖袭击、海
外反恐成为国际安全首要议题之一后,也没有发生实质性改变。
最近,中美竞争关系的加剧是否会影响美国国内地区研究乃至整
个国际问题研究的生态,尚有待观察。

三、日本地区研究的特点及未来面临的挑战

通过对战前、战争期间和战后日本地区研究发展轨迹的简单
梳理,可以大致观察到日本的地区研究有以下特点:

第一,极为重视实地调查。没有调查就没有发言权,对此,笔
者有亲身感受。笔者所熟悉的一位日本智库中的中国经济问题
专家,每年定期访问中国和美国多次,就中国的经济问题和市场
状况进行实地调研和专家访谈。还有一位在大学教书的朋友,是
研究中国政治外交史的,她承担的一项课题是研究中国周边国家
对近年来中国外交的看法。于是,她几乎把所有中国的周边国家
走访一遍,还利用参加国际会议的机会采访相关国家的参会同
行。还有一位学者是在高校研究中国维和行动的教授,她已走访
了中国参与维和行动的几乎所有国家。笔者 20 年前在东京大学
留学时的指导教授石井明先生是从事中苏关系史研究的,为弄清

楚中方在 1968 年珍宝岛事件中的伤亡数字，他曾自己探访当地的烈士陵园。① 可以想见，在这样的实地考察基础上撰写的研究报告和学术论文自然都是有据可查，有感而发，而绝非凭空想象，坐而论道。对日本的地区研究者来说，实地到访自己的研究对象，几乎是一个铁律。

第二，重视掌握当地语言和英语，以此作为地区研究的基本门槛。石井明先生研究中苏关系，他就下功夫掌握了中、俄、英三门外语。北海道大学下设的斯拉夫研究所，要求其研究人员掌握至少英语和俄语两种外语，研究对象涉及小语种国家的，还要再学习和掌握小语种。日本外务省中国课的官员，入省之后的语言培训包括在中国大学学习两年时间，在英美国家的大学培训一年时间。为帮助从事地区研究的学者掌握当地语言和了解当地情况，外务省很早便设立了特别调查员制度，邀请专家学者到其研究的国家和地区进行驻馆研究。

第三，重视一手资料的长期积累，在搜集、整理和保存方面有较为完善的制度。地区研究在很大程度是一种经验和实证研究，需要可靠、系统、可持续的资料支撑。这种资料建设，不是靠临时抱佛脚买几个数据库就能解决问题的，而要依靠长期不懈的积累。日本主要的地区研究机构普遍都配备有高水平的附属图书馆或资料中心，而且尽量提供方便的检索和查阅。2001 年，亚洲历史资料中心成立，该中心将日本国立公文书馆、外务省外交史料馆、防卫省防卫研究所图书馆收藏的从明治初期到太平洋战争结束为止的有关亚洲资料电子化，并在互联网上免费提供查阅，这大大丰富了日本国内外相关领域专家学者的研究活动。②

第四，在研究方法方面重视传统的历史实证方法，推崇在扎

---

① 相关访问的记叙，参见〔日〕石井明：《珍宝岛事件：基于现地调查的再考察》，载〔日〕义江彰夫等编：《历史的对位法》，东京：东京大学出版社，1998 年，第 121—137 页。
② 亚洲历史资料中心的情况，参见 https://www.jacar.go.jp/（2017 - 12 - 01）。

实的资料基础上对研究对象的历史、政治、经济和社会文化进行详尽的跨学科综合研究,对那些特定区域固有的内在要素予以特别关注。日本的地区研究乃至国际关系研究很少使用复杂的定量分析,研究方法以定性研究为主。一些原本在美国受过严格的数理方法训练、获得政治学博士学位后归国在日本东京大学任教的学者,如猪口孝、山本吉宣、山影进、田中明彦等,开始还使用定量方法进行研究,但后来纷纷转为主要运用定性方法研究写作。个中原因,值得探讨,但日本学术研究的风土和生态,不能不是一个考虑的因素。

第五,重视理论联系实际及研究成果的实际应用价值,在实证研究的基础之上寻求理论创新和构筑自身的理论特色。日本的地区研究界(甚至整个国际关系学界)较少抽象地讨论理论[1],即便讨论理论,也倾向于站在有别于欧美地区研究的立场上,发挥自主性。针对日本政治学中存在的只将美国国际政治理论译介到日本而不重视地区研究的学者,著名中国问题专家冈部达味曾经尖锐地批评说:"没有地区研究的国际政治学者,除非是具备特殊的才能,否则恐怕只能是'进口商'。"[2]而以提出产业发展的"雁行模式"理论而闻名的发展经济学家、一桥大学教授赤松要,则长期从事日本产业开发模式和东南亚开发研究,战争时期曾担任日本南方军政总监部调查部部长,地区研究和现地调查的经历对其理论构建有重要影响。

迄今为止,日本地区研究可以说是处于一种较为良性的发展状态:与国际关系学、国际政治学结成了相辅相成的关系,在学科

---

① 有意思的是,1979 年出版的沃尔兹的《国际政治理论》直到 2010 年才被翻译成日语出版。
② 〔日〕冈部达味:《国际政治的分析框架》,东京:东京大学出版会,1992 年,第 ii 页。转引自〔日〕国分良成、酒井启子、远藤贡主编:《日本的国际政治学(第三卷):地区研究与国际政治》,第 11 页,注释 3。

体制方面建立了比较稳固的基础；相关课程在大学校园里颇为受人欢迎；研究水准也得到研究者自身和国际社会的认可。① 那么，其未来面临哪些挑战呢？

　　首先，地区研究和传统学科之间的紧张关系仍将存在②，日本未来地区研究的发展也无法摆脱这一张力，尽管强度可能没有美国那么高。传统学科重视发展带有普遍性和规律性的理论，而地区研究更重视发现和解释特定地区的个性。在追求共性和追求个性之间，总会存在矛盾。日本国际政治学会组织编写的这部《日本国际政治学（第三卷）：地区研究与国际政治》所收录的文章皆出自研究不同地区的知名学者之手，他们在撰写过程中都有意识地将自己所研究的某一特定地区与一个国际政治的理论性问题联系起来，这些理论性的问题包括：民族主义、地区主义、冲突与和平、宗教的作用、认同政治、作为国际政治行为体的国家的变动、国际政治与国家对外政策的联动等。与传统的日本地区研究相比，这已经有较大变化，反映了地区研究与国际政治理论及比较政治理论的结合，其研究理路倒更像是美国的做法。那么，日本地区研究的传统在多大程度上能予以保持呢？

　　其次，在全球化进程加快、各种跨国问题领域愈发引人注目的背景下，地区研究将如何调适、如何提高自己的研究质量？在21世纪地区主义、全球化、信息化冲击世界各个角落的背景下，以前那种埋头于地区研究的研究方式似乎已经与时代不相适应了。那么，日本的地区研究对此能够在多大程度上提出新的研究视角呢？它如何应对来自全球"问题领域"的挑战呢？还有，地区主义（regionalism）果真可能成为联结地区研究和全球化研究的一个

----

① 〔日〕中岛岭雄、〔美〕查尔默斯·约翰逊主编：《当前的地区研究》，东京：大修馆书店，1989年。
② 关于这一紧张关系的经典讨论，参见 Lucian W. Pye, ed., *Political Science and Area Studies: Rivals or Partners*, Bloomington: Indiana University Press, 1975。

联结吗?①

再次,关于地区研究和政治与政策之间的关系。国分良成认为,战后日本地区研究不同于美国地区研究的一个重要特点在于学者们对政治保持一种淡漠的态度,这是由于战前的日本地区研究在这方面曾有过深刻的教训,当时,大多数地区研究都是出自侵略"国策"和"国家利益"考虑,而战败的结果使得战后日本的地区研究者们对地区研究过多卷入政治抱有警觉和顾忌,因而存在一种在地区研究中淡化政治色彩的研究倾向。② 问题是,这种对政治保持一种淡漠态度本身也是在日本战败后和平主义盛行下的一种反应。随着冷战结束和日本"正常国家化"进程的加快,未来日本的地区研究是否还能对政治保持一种淡漠的态度,恐怕是有疑问的。

最后,还要考虑国际环境最近十年来的巨大变化对日本地区研究所可能产生的影响。《日本国际政治学(第三卷):地区研究与国际政治》一书的日文版出版于2009年,迄今已过去十年。在此期间,国际环境又发生了重大变化。全球金融危机、英国脱欧、特朗普上台,地区一体化势头受挫,而民粹主义和贸易保护主义则在世界范围内处于上升趋势,大国竞争重新加剧。所有这些,将在何种程度上影响到日本的地区研究呢?

四、结　论

正如国分良成教授所指出的,"一般而言,地区研究指的是对世界某个特定地区进行实证研究,以解析其个性。为此,首先需

---

① 〔日〕国分良成、酒井启子、远藤贡主编:《日本的国际政治学(第三卷):地区研究与国际政治》,第15—16页;另参见〔日〕寺田贵主编:《推荐亚洲学》(第1卷),东京:弘文堂,2010年。

② 〔日〕东畑精一:《创刊词》,《亚洲经济》,1960年创刊号,第3—5页。转引自〔日〕国分良成、酒井启子、远藤贡主编:《日本的国际政治学(第三卷):地区研究与国际政治》,第10页。

要学习这个地区的语言,通过实地研究及共同研究对地区个性进行跨学科性的探究,这也是长期以来人们所认知的作为地区研究精髓的基本内容"。① 这些基本内容看似简单,但要真正做好,又是一件非常不容易的事情。

　　要提高地区研究的质量,与其他国家地区研究的状况进行横向比较是一条重要的途径。这种横向比较既可帮助人们对地区研究中的各种议题、概念和理论有更深入、全面的认识,也可以使人们对其他国家地区研究的经验教训有所借鉴。在地区研究方面,美国当然是一个重要的借鉴对象,但也还有其他一些地区研究大国的研究状况值得我们关注。日本便是其中重要的一个。②

　　本文以国分良成教授的研究为基础,简要梳理了战前和战后日本地区研究的发展脉络,总结了日本地区研究的一些特点。大致可以说,日本的地区研究肇始于战前和战争期间,在战后因应新的国内外环境,获得了较大发展,在研究体制、研究内容、研究方法等方面,都形成了一些自己的特色。具体表现为重视田野调查,重视对当地语言和文化的学习,重视运用综合方法进行研究,重视资料的搜集、整理和保存,重视研究成果的实际应用价值,以及在实证研究的基础上探索理论创新等。

　　地区研究是一个需要精耕细作和常抓不懈的领域,合格的地

---

① 〔日〕国分良成、酒井启子、远藤贡主编:《日本的国际政治学(第三卷):地区研究与国际政治》,第 8 页。

② 其他国家,如英国的地区研究,也值得特别关注。英国的俄苏研究、中东研究、非洲研究水平都不在美国之下。实际上,就地区研究而言,作为老牌帝国的英国可能比其他任何国家都更早关注和较为系统地研究世界上其他国家、民族和地区。伦敦大学亚非学院(SOAS)成立于 1916 年。"中东"这个名字虽然是美国人马汉首提的,但却是由当时英国的权势集团塑造成一个地缘政治概念的,参见 Roger Adelson, *London and the Invention of the Middle East*: *Money*, *Power*, *and War*, *1902—1922*, New Haven and London: Yale University Press, 1995, pp. 22 - 26.

区研究人才需要长期的培养和训练，才能有效地开展地区研究。这不是简单地设几个中心、挂几个牌子、开几个会、发布几个报告就能解决的问题。希望本文对日本地区研究状况的简单介绍，能对我国地区研究的开展有所启示。

作者简介：于铁军，北京大学国际战略研究院院长，北京大学国际关系学院教授。

在中国体验东南亚研究：一次逆向文化冲击[①]

谢侃侃

2010年起，笔者赴美国攻读东南亚研究方向的硕博学位期间在印度尼西亚、新加坡和荷兰进行了两年的田野调查和档案研究，最终于2019年学成归国，任教于北京大学外国语学院。虽然回国计划并不像十多年前的出国一般令人畏惧，但这一决定也绝非"拍脑袋"做出的——为了适应国内的学术环境，笔者也尝试进行了各种调整。在国外留学期间，笔者与许多中国的同行们保持着联系，从他们那里获取了许多关于中国东南亚研究发展现状的信息，也因此了解到国内学术生态的变化。但直到正式开始工作，笔者才恍然意识到，相比十年前，东南亚研究已经发生了翻天覆地的变化。对笔者来说，需要努力适应的不仅仅是一个全新的

① 笔者感谢国家社会科学基金（20CSS020）对本文研究的支持和北京大学区域与国别研究院"燕南66学者沙龙"参会者提出的修改意见。本文英文版发表于《东南亚研究学刊》，参见 Kankan Xie, "Experiencing Southeast Asian Studies in China: A Reverse Culture Shock," *Journal of Southeast Asian Studies* 52, no. 2 (2021): 170–187。本文中文版首发于《北大区域国别研究》，见谢侃侃：《在中国体验东南亚研究：一次逆向文化冲击》，载北大区域国别研究编委会编：《北大区域国别研究》（第5辑），南京：江苏人民出版社，2022年。

工作环境。更重要的是,国外到国内的转换促使笔者去思考一系列较为根本的问题:中国东南亚研究的现状如何？在中国学界的语境下,成为一名东南亚研究学者意味着什么？

笔者发现自己夹在国内外两种不同的学术传统之间,也常常因为自己对西方学术体系更熟悉而感到尴尬。与此同时,笔者也注意到一些令自己惊讶,却被同行们认为是理所应当的趋势和争论。这种认识论上的不安非常像人类学学者在海外多地进行长期田野调查回到本土环境中后感受到的“逆向文化冲击”(reverse culture shock),对我个人产生了极大的冲击与挑战。但从积极的角度看,这也促使我对这个领域进行批判性的思考。虽然我受到的系统学术训练是历史学,但本文将不再过多赘述中国东南亚研究的发展历程,因为国内外关于相关历史脉络的梳理和研究已足够成熟。[①] 本文试图借鉴人类学视角,通过笔者的“参与式观察”,反思最近二十余年东南亚研究在中国的发展。

一、“区域研究”的兴起

我国现代意义的东南亚研究可以追溯到 20 世纪 20 年代,最早被称为“南洋研究”。受政府处理侨务工作的需求驱动,华人华

---

① Wang Gungwu, “Two perspectives of Southeast Asian Studies: Singapore and China”, in *Locating Southeast Asia: Geographies of knowledge and politics of space*, ed. Paul H. Kratoska, Remco Raben and Henk Schulte Nordholt (Singapore: Singapore University Press, 2005); Saw Swee - Hock, “A review of Southeast Asian Studies in China”, in *Southeast Asian Studies in China*, ed. Saw Swee - Hock and John Wong (Singapore: ISEAS-Yusof Ishak Institute, 2006); Liu Hong, “Sino - Southeast Asian Studies: Towards an alternative paradigm”, *Asian Studies Review* 25, 3 (2001): 259-83; Park Sa - Myung, “Southeast Asian Studies in China: Progress and problems”, in *The historical construction of Southeast Asian Studies: Korea and beyond*, ed. Park Seung Woo and Victor T. King (Singapore: ISEAS - Yusof Ishak Institute, 2013).

侨问题一直是中国东南亚研究学者的主要关注点。[①] 在中华人民共和国和东南亚各民族国家成立后，南洋研究逐渐发展成为今天的东南亚研究，而政策需求仍然是推动和塑造该研究领域发展的最重要动力之一。[②] 尽管东南亚研究项目由来已久，但区域研究的兴起在中国却是一个相对晚近的现象。直到 21 世纪，中国学界才大量出现关于区域研究的严肃学术讨论，而大多数区域研究中心的活跃时间尚不足十年。换句话说，东南亚研究的创立比"区域研究"早了至少半个世纪。通常来说，东南亚是中国区域研究中备受关注的重要组成部分。许多区域研究项目是在东南亚研究的基础上发展而来；因中国与东南亚国家相互毗邻，该地区的进入门槛相对较低，很多新建区域研究中心也将东南亚地区作为主要的研究对象。本节将探讨在当代中国语境下东南亚研究与区域研究的关系，特别是东南亚研究在新兴的区域研究中所扮演的角色，以及近年来我国区域研究的兴起对东南亚研究产生了怎样的重塑作用。

中国综合国力的增强是区域研究兴起的重要背景。经过几十年的快速发展，中国成为全球经济的有机组成部分，国际格局也发生了重大变化。随着 21 世纪初"走出去"战略的实施，越来越多的中国企业开始向海外投资。2013 年，该战略扩展为更具雄心的"一带一路"合作倡议，旨在促进全球近 70 个经济体的基础设施建设与发展。随着我国政治实力的不断增强、与世界经济的联系日益紧密，保护我国在海外利益的诉求也日益迫切。与此同时，国际环境发生重大变化，不仅要求中国在处理全球性问题上发挥更积

[①] Leander Seah, "Between East Asia and Southeast Asia: Nanyang studies, Chinese migration, and National Jinan University, 1927-1940", *Translocal Chinese: East Asian Perspectives* 11, 1 (2017): 31-3.
[②] 唐世平，张洁：《中国东南亚研究现状：制度化阐释》，《当代亚太》2006 年第 4 期，第 5 页。

极的作用,在应对领土争端、贸易战、疫情等挑战时也能够及时调整。中国政府逐渐意识到增强对世界了解的必要性和紧迫性。但是,现行体制下的政策和学术研究成果常常难以满足政府及各利益相关方的需要。区域研究的出现与发展即是对这种需求的回应。

该回应最直接的结果是,政府开始对区域研究提供前所未有的支持,并且明显倾向于与政策制定相关的研究。在过去几年中,许多政府机构大力扶持区域研究,经费投入和相关机会不断增多。这些政府机构不仅包括国家社会科学基金和教育部等传统的学术基金管理单位,还包括从事外交、新闻传播、移民、产业发展、国家安全以及宗教和民族事务的职能机构。由于缺乏特定地区的相关专业知识,政府部门难以进行深入调查研究,因此经常将研究项目外包给各种专业智库。过去,社会科学院系统的机构是开展此类研究的主要单位。但随着相关研究的需求不断增长,中国社会科学院和一般政府智库的工作已无法全面覆盖,高校学者开始在政策导向的研究项目中发挥更突出的作用。

进行区域研究可获得的充裕经费与发声机会也引起了高校管理者的注意。为了得到上级部门的政策和资金支持,越来越多的高校以区域研究的名义成立智库。截至 2019 年,全国已有 400 多个区域研究中心在教育部注册。[①] 同时还有许多未被官方认证、正在筹备建设的研究中心。值得注意的是,这些中心大多数都是所谓的"虚体机构",即没有专门的工作空间,也不聘用全职研究人员。西方国家高校的区域研究项目吸引着来自不同学科和领域的学者,而中国的区域研究中心更像是一个特定学科(其中最突出的是国际政治)的兴趣共同体或研究群组。因此,高校的区域研究中心聚集了一批具有相似学术兴趣或政策关怀的学

---

① 李晨阳:《关于新时代中国特色国别与区域研究范式的思考》,《世界经济与政治》
  2019 年第 10 期,第 146 页。

者和研究人员。甚至在这些研究中心建立之前，成员们就已经在他们的任职院校中有过密切接触和交流。但建立新研究中心对高校学者而言通常是有益的，因为它证明了特定研究领域存在的合理性，这使得学者能够从高校内部以及外部基金机构获得用于发展区域研究的额外经费支持。

中国的区域研究从一开始就具有明显政策研究导向的特点。尽管出现时间较晚，但这种对政策研究的强调对东南亚研究的发展产生了深远的影响。与世界其他地区相比，东南亚地区不仅与中国地理毗邻，在政治经济方面交流密切，在语言、文化、历史方面也有着紧密联系，因此东南亚研究对于中国学者而言具有较强的可操作性。近年来，南海等涉及中国国家核心利益，以及与东盟建立互信、与具体国家建立战略伙伴关系等问题对中国的长远发展至关重要，保护该地区贸易及海外投资等议题也不断涌现。① 与此同时，东南亚也成为不断加剧的中美竞争中最具战略意义的地区之一。② 由于该地区在地缘政治中的重要性，中国的政策制定部门对更及时、更深入、更全面的区域研究产生了迫切的需求。因此，政策研究导向的东南亚研究，特别是与广义国际政治相关的东南亚政策研究，成为中国区域研究中最活跃的分支领域之一。

这一趋势最直接的结果是中国研究东南亚问题的学者迅速增加，近年来相关学术会议、研讨会、讲座和网络研讨会的数量激

---

① 中国政府通常将五大"核心利益"定义为：维护国家根本制度和国家安全；国家主权和领土完整；经济社会可持续发展的基本保障；和平发展；国家统一。参见 Jinghan Zeng，Yuefan Xiao and Shaun Breslin，"Securing China's core interests：The state of the debate in China"，*International Affairs* 91，2 (2015)：259-62；Jinghao Zhou，"China's core interests and dilemma in foreign policy practice"，*Pacific Focus* 34，1 (2019)：33

② David Shambaugh，"U. S.-China rivalry in Southeast Asia：Power shift or competitive coexistence?"，International Security 42，4 (2018)：86-7.

增。虽然很难统计具体人数,但从中国在东南亚地区研究学术活动的规模和频率中,可见该领域的繁荣。例如,2019年6月,来自全国各地的242名学者在广州举行的中国东南业研究会年会上展示了他们的研究成果,会期三天,参会者大多数是全职的高校教师。同年,北京、上海、厦门、昆明、南宁等地也举办了与东南亚直接相关的学术活动。值得注意的是,活跃的会议参与者只代表了该学术共同体中的一小部分,除此以外还有研究东南亚地区的大批学生。

由于举办学术会议需要政府及高校相关部门的长时间审核,为避免在举办"国际会议"时遇到不必要的行政障碍,导致活动推迟或取消,此类会议的组织者往往特意将参会范围限定为国内学者。因此,各大学都热衷于举办主题宽泛、涵盖多种议题的大型"国内会议"。这类活动不仅风险低、会务组织压力小,而且因为能够吸引大批学者,也比较容易向资助机构交代。如果会议主题太过宽泛,该如何保证区域研究会议的吸引力?为确保学者报名,最有效的方法是通过业已存在"互惠网络",即在该领域的主要高校或机构之间建立非正式的伙伴关系,必要时互相支持。学者们热衷于参加兄弟院校组织的会议,即使这些活动与他们研究兴趣的关联度有限。参会者通常希望将来在自己的机构举办类似活动时,之前所参加会议的组织者们能应邀参会。

客观来说,频繁的学术活动有利于促成一个兼具活力和凝聚力的中国东南亚研究学术共同体。然而,笔者将在下文指出,这种会议文化反映了中国区域研究学界一些令人担忧的现象。最值得关注的是,区域研究的学术共同体逐渐发展成为一个日益独立甚至孤立的系统。尽管中国高等教育在整体上具有推进"国际化"的强大动力,但讽刺的是,各高校的区域研究项目大多立足国内,对国际合作交流往往不够重视。

二、东南亚研究的"政策研究转向"

近年来，中国学界对于东南亚问题的兴趣给这一领域带来了巨大变化，其中两个重要的发展趋势尤其值得关注。首先是逐渐显著的"政策研究转向"——针对当代政治和经济问题的研究在东南亚研究中开始占据主导地位，而与之相对的是人文研究的逐渐衰落和边缘化。下文将对这两种趋势展开详细阐述。

上文讨论了中国区域研究兴起的基本逻辑，以此为背景，东南亚研究的"政策研究转向"也就不足为奇了——为满足日益增长的政策研究需求，经费提供机构将大量经费投入到那些具有"现实意义"的研究项目中，使政策类研究逐渐在东南亚研究中占据主流。2007—2017年，国内12本聚焦国际问题的主流学术期刊上共刊登了1470篇与东南亚相关的研究论文，约占总数的16％。[1] 在这12本国际问题研究刊物中，《东南亚研究》和《南洋问题研究》主要聚焦东南亚问题，其内容涵盖了国别研究（38.3％）、东盟问题（15.31％）、南海问题（12.59％）、双边关系（11.22％）、次区域合作（2.11％）、海外华人（7.14％）和其他（13.33％）。在国别研究一类中，政治类研究数量最多，占总数的40％，其次是关于经济问题、广义上的社会问题和文化问题的研究，分别占总数的17％、17％和15％。其中，越南、泰国和印度尼西亚因其国土面积大、人口数量多、经济体量大，通常被认为更具有地缘政治影响力和研究价值，因此备受学界和政界的关注。其次，学者们也对马来西

---

[1] 2000年，南京大学中国社会科学研究评价中心开发了中文社会科学引文索引（英文全称为"Chinese Social Sciences Citation Index"，缩写为CSSCI），用来检索中文社会科学领域的论文收录和文献引用情况。大学管理者普遍以该指标作为评估学者个人工作和评定学科知名期刊的标准。CSSCI将区域研究归为"国际问题研究"类，尤其强调国际政治研究，而这种分类方式本身是存在问题的。

亚、缅甸、新加坡和菲律宾等国进行了较为深入研究,对其国内政治、经济发展、民主化治理等问题予以不同程度的关注。相较之下,柬埔寨、文莱、老挝和东帝汶在地区和全球事务中的影响力相对有限,研究这些国家的学者也较少。①

除期刊文章之外,在中国社会科学院的推动下,社会科学文献出版社在过去十年里出版了大量的政策导向型丛书,即"皮书"。"皮书"的想法源自"白皮书"。在西方国家,"白皮书"指的是由政府发表的官方指南、技术报告和重要文件,传统的白皮书侧重于表明官方态度和立场,而社会科学文献出版社发布的"皮书"在意涵上更加广泛,囊括了学界学者、产业技术专家和智库研究人员的调查评估和分析报告。其中,涉及国际事务的皮书通常使用蓝色或黄色封面,其内容主要聚焦于某一特定国家或地区的最新政治、经济和社会问题。这类皮书旨在为政府决策者、企业领导人和相关领域的专业人员提供最新信息和权威性解读。

至今,社会科学文献出版社已经出版了几十本与东南亚问题有关的皮书,其话题包括但不限于东盟发展、东南亚文化和大湄公河次区域合作等公共性议题,还聚焦于印度尼西亚、马来西亚、缅甸、泰国和越南等国的政治经济发展。"皮书"强调内容的时效性,要求相关领域的专家学者定期贡献其研究成果,进行较为频繁的更新。为此,社会科学文献出版社也常常将"皮书"项目"外包"给区域研究专家。但事实上,任何一个机构都难以在有限的时间内独立完成"皮书"项目,因此"皮书"的编写往往需要专家学者们的通力合作。同时,"皮书"类成果的出现也产生了一定的"副作用"——此类出版物鼓励学者从事政策性研究,而那些需要长期实地考察和档案研究的课题则经常被忽略。此外,"皮书"的

---

① 罗仪馥:《中国的东南亚研究现状(2007—2017 年)——基于国内主要国际关系期刊论文的分析》,《战略决策研究》2018 年 9 月第 5 期,第 74—101 页。

时效性强，出版周期短，严谨性有限，相关信息比较容易过时。但必须要承认的是，以"皮书"为代表的研究成果不仅满足了政府及相关部门的政策需求，也为从事区域研究的学者提供了更多的项目经费和资源支持。此外，皮书还将分散在全国各地的学者连接起来，增进了东南亚研究学术共同体的交流与凝聚力——这也算是"皮书"为学界带来的意外收获。

不仅如此，网络技术的高速发展也为从事东南亚研究的学者们提供了丰富的信息资源，一定程度上强化了"政策研究转向"。互联网时代，中国学者能够利用丰富的网络资料开展研究（尤其是现当代议题的研究）；日益完善的互联网基础设施也能帮助中国学者克服语言障碍、迅速掌握东南亚地区的最新动态。其副作用是，很多从事东南亚研究的学者缺乏必备的对象国语言技能，其研究严重依赖二手的中英文资料。

对于东南亚研究学者而言，语言技能本应是需要特别强调的，但现有的学术体系并没有将语言训练看作是不可或缺的，原因主要包含以下几个方面：首先，聚焦政策的区域研究并不强调使用一手资料。即使没有使用当地语言编写的一手材料，学者们也可以在主流期刊上发表研究成果。不仅如此，东南亚小语种的语言课程仅在少数有相关本科专业的院校开设。相比于学术训练，这些院校更注重培养学生的语言技能。在学术研究方面，这些学生既没有充足的知识储备，也没有专业老师的正向鼓励和积极引导；而那些在本科阶段接受过一定学术训练的学生却鲜有机会能系统地学习对象国语言。由于语言习得需要大量时间和精力的投入，就中国目前学术环境而言，这种投入的回报效率较低，因此学科任课老师也不鼓励学生学习对象国语言。相反，在"国际化"需求的推动下，英语能力在当下中国的学术环境中受到高度重视，相比于参考借鉴当地语言编写的一手资料，阅读、引用英文文献或是用英文写作、发表论文常常被认为是更具权威性和影响力的学术工作。

许多学者都逐渐意识到了二手资料和"闭门造车式学术研究"(armchair scholarship)的局限性。但在中国现有的学术生态中,长期的田野调查和语言强化训练依旧难以实现,有限的经费投入更是让这一情况变本加厉——尽管投入区域研究的经费越来越多,但是大部分仅用于国际政治和经济发展相关的研究。机构和高校难以为想要出国访学、调研的学者(尤其是年轻学者)提供充足的经费支持。另一方面,在注重数量而非质量的评价体系中,学者们不得不在有限的时间内发表学术成果。在良好同行评审制度尚未形成的大背景下,区域研究学者们的声誉、收入、晋升和工作稳定性与所收到的"领导批示"和在 SSCI、CSSCI 等索引期刊上发表的研究文章的数量密切相关。① 在"政策研究转向"的影响下,与政策性研究相关的期刊有更高的的影响因子,吸引了许多试图在现行学术评价体系中立足的区域研究学者积极投稿。

准确来说,因为聚焦政策的区域研究有着源源不断的经费支持和大量的发表机会,许多从未接触过东南亚研究的学者决定投身这一领域。经过多年的发展,他们的频繁出现、影响力的持续增加和特殊的学术奖励机制深刻地改变了中国东南亚研究领域,也使得许多传统的东南亚研究机构和学者们纷纷效仿。

三、东南亚人文研究的边缘化

东南亚研究的政策转向也为长期专注于这一领域的院校和机构带来了深刻的变化。2000 年后,中国南方东南亚研究的重镇,即厦门大学、暨南大学、中山大学,在原有东南亚研究机构的

① 与 CSSCI 类似,中国大学的管理者将科睿唯安的商业产品社会科学引文索引(英文全称为 Social Sciences Citation Index,缩写为 SCCI)作为评判国际知名期刊(尤其是英语期刊)和评估学者学术产出的重要标准。

基础上创建了国际关系学院。这一转变不仅仅体现在学院名称的变更上，更重要的是，它反映了三所院校在学科关注和核心议题上的转变。

这三所院校均位于福建和广东的沿海城市，与东南亚各国有着较深的历史渊源，尤其是在海外华侨华人方面。这三所大学在20世纪50年代先后开设了东南亚研究机构，初衷是研究该地区的华侨华人问题和社会政治转型。十年"文革"后，三所院校重建了东南亚研究所，并在随后的几十年中引领了中国东南亚研究的复兴和发展。由于冷战期间的出国限制和经费问题，直至20世纪90年代，大部分研究该区域的中国学者都鲜有与国际学界交流的机会。

中国东南亚研究的一个显著特点是，21世纪以前，归国华侨在建立和开展东南亚研究方面发挥了重要作用。[①] 许多归国华侨在东南亚国家接受了基础教育，对当地情况有较为深入的了解，同时也熟练掌握对象国语言。20世纪60年代中至70年代末，国内政治动荡，东南亚研究的发展也举步维艰。这一时期，归侨学者们一方面努力培养为数不多的学生，另一方面也与东南亚各国的亲友保持了一定程度的私人联系。改革开放后，国家还没有完全意识到开展区域研究的必要性和紧迫性，而归侨们却在振兴东南亚研究方面继续发挥重要作用，包括引入海外华人社团的经费支持。然而，出入境限制和获得最新研究资料的困难使得归侨学者和他们早期的学生们不得不依赖于时效性较弱的文献资料开展学术研究。因此，包括历史和文学在内的人文研究在归侨的推动下得到了充分发展。

2000年之后，中国的东南亚研究出现了"政策研究转向"；与

[①] 廖建裕将第一代定义为出生在中国大陆并且在中国大陆完成基础教育的华侨学者，而归国华侨属于二代华侨学者。参见廖建裕，代帆：《近三十年来研究东南亚的中国学者：一个初探性的研究》，《东南亚研究》2006年第4期，第4—15页。

此同时,整个中国学术界也在高等教育的迅速普及下发生了重要转变。2000 年之前,硕士研究生往往在攻读博士学位之前就可以在母校获得稳定的教职。但随着我国研究生教育的迅速发展,这种情况并没有持续多久。1994 年至 2007 年间,中国国内培养的博士数量平均每年增长 25％,2008 年至 2015 年,每年增长 4％,此后稳定在每年 6 万人左右。换句话说,近十年来,中国高校授予的博士学位远超美国,位列世界第一。[①] 其中,理工科培养了绝大多数的博士毕业生,但同期人文社科的毕业生数量也出现了稳定却不均衡的增长。由于各类企事业单位旺盛的用人需求,人们通常认为法律、经济学、政治学等更加"实用"的社会科学学科就业前景较好。相比之下,历史、文学、艺术和文化研究等学位则被认为是"若不在相关领域从事研究工作则用处不大"的。[②] 为响应政府"培养符合我国迫切战略需要的专门人才"之号召,大学管理者们也逐渐将资源向应用领域,特别是与政策制定相关的学术领域倾斜,进一步加重了学科偏见。[③] 因此,大量学生舍弃了自己对于特定知识领域的追求与好奇心,涌向了那些强调就业与实用性的学科中,许多以政策研究为导向的国际关系学院和智库如雨后春笋般在中国高校中迅速发展起来。

在东南亚研究领域,这种趋势与大批归侨学者的退休几乎同时发生,具体表现为过去 20 年间,该领域出现大量的职位空缺。几十年来,归侨们所培养的学生数量有限,不足以填补如此多的空缺,少量毕业于人文研究方向的学生也远不能满足东南亚研究(广义)的实际人才需求。此外,许多人认为归侨学者们的研究和

---

① 《近四十年来,我国累计招收近 130 万名博士研究生》,2019 年 9 月 24 日,https://kaoyan. eol. cn/nnews/201909/t20190924_1684506. shtml,2020 - 12 - 28。

② 《文科生太多了:中国央行论文意外引发文科无用论之争》,2021 年 4 月 20 日,https://www. bbc. com/zhongwen/simp/chinese - news - 56800291,2021 - 05 - 21。

③ 宁琦:《社会需求与新文科建设的核心任务》,《上海交通大学学报(哲学社会科学版)》2020 年第 2 期,第 13—17 页。

教学方法过时，不能适应改革开放后，尤其是进入 21 世纪以来中国学术的快速发展。同一时期，强调使用西式"科学方法"的学术范式开始在各个领域中大行其道。越来越多的中国学者认为定量研究优于定性研究，认为数据比文本更可靠。许多年轻学者轻视归侨学者及其学生所从事的人文研究，认为这类研究"重描述轻分析性"且缺乏"科学性"。随着越来越多应用社会科学背景的人才填补了传统东南亚研究的教学科研岗位，中国东南亚研究领域出现了重大变化，"政策研究转向"进一步增强。

实际上，这一趋势与过去 20 年中国高等教育的根本性转变密切相关。随着中国的崛起，越来越多的政府决策者和有影响力的教育工作者致力于推动中国高等教育的"国际化"，以增强中国大学的全球竞争力。在实践中，大学管理者通常会将这一号召理解为在加强高校思政建设的基础上，学习效仿西方模式（尤其是美国模式），以此来提升大学的国内、国际排名。在这一过程中，理工科受到的转型阻碍较小：一方面输送大量学生到西方留学、聘请大量接受过西方系统学术训练的学者来华任教，另一方面鼓励学者在有较高影响力的英文期刊发表文章，并与西方大学建立密切合作关系，在"国际化"转型中始终处于领导地位。而这样的努力也使得大量中国高校在不同的排名体系中尝到了甜头，"国际化水平"也成为衡量学术项目优劣的关键指标。

经济学、政治学和社会学等社会科学学科也顺势而为。在西方国家获得博士学位的中国人不断增多，而中国高校也越来越倾向于聘用具有一定海外留学背景的年轻学者。相反，受日益激烈的大学排名和国际竞争压力的影响，中国高校对东南亚国家（除新加坡之外）授予的学位认可度较低，甚至年轻学者自己也看不上这样的学历。近年来，在财政的大力支持下，顶尖中国大学的排名全方位超过了东南亚国家的大学。许多人因此认为，如果能够就读于国内名校，那么在发展中国家排名较低的大学中攻读研究生学位是毫无意义的。从学生视角来看尤其如此,因为这样做对就业没有实际帮助且需要付出巨大的时间成本。

相较之下,人文学科反应相对"冷淡",并没有积极顺应"国际化"趋势,受西方模式的影响较小。但令人欣喜的是:越来越多的大学,尤其是南部高校开设了东南亚国家语言的本科专业。这些专业既满足了商贸、媒体、旅游及政府部门日益增长的用人需求,也与地方政府进一步加强与该地区的政治、经贸合作的战略方针一致。而这些专业的毕业生在就业时往往可以获得比相同学校其他专业更高的薪酬。依照小语种专业的培养计划,本科生需要接受为期四年的高强度语言训练,其中包括在对象国合作院校进行一学期至一学年的学习。毕业时,这些学生可获得较好的语言水平,对对象国也具有较为全面、丰富的认识,这样的学术训练使得他们在进入研究生阶段后具备从事各种原创性研究的能力。

然而,受各种因素的影响,小语种毕业生中仅有一小部分人选择继续进行东南亚研究。一方面是受中国大学研究生录取机制的限制。我国的研究生录取一般是通过考试而非申请,这样一来,相比接受专业学科训练的学生,接受四年语言训练的学生竞争力较弱。其次,对于小语种毕业生来说,研究生学位并不意味着更好的就业前景——很多东南亚小语种专业的毕业生在本科结束时就能轻松地找到高薪工作,而研究生学历对就业的价值加成并不明显。尽管中国高等院校源源不断地引进高学历人才,但是东南亚人文学科的就业市场却是有限且充满不确定性的,这让很多年轻学生从一开始就不愿意进入这个研究领域。

此外,在国内独特的社会、政治和学术环境的影响下,人文学科的学者们逐渐发展出一套独有的兴趣、偏好、写作风格和学术传统。近年来,社会科学学者开始强调学术工作的普适性,并致力于在国际学术界贡献"中国声音"。但是,人文学科的学者却有所不同。他们首要关注的仍然是国内学术共同体的需求,鲜少参与国际交流。因此，相比社会科学学科，人文学科的转变较小。

　　尽管有越来越多的东南亚研究学者通过海外留学、访学、工作等经历接触西方学界，但是相比理工科，他们仅占据其中很小的一部分。此外，值得注意的是，绝大多数来自中国的人文社科学者在海外学习工作时都更倾向于从事与中国直接相关的课题研究。这样一来，研究其他国家和地区的学者不仅数量少，且研究关切也多与广义上的"中国影响"相关。毋庸置疑，中国学者的确比其他国家的学者更了解他们的祖国，这样的知识背景也构成了他们在西方国家研究中国问题的独特优势。事实上，很多中国学生之所以能够被国外高校录取，也正是因为这些院校重视"中国视角"，且看重中国学生所具备的多语技能（中英文＋X）。

　　但这样的趋势也带来了意想不到的结果：为了能够在西方学术界立足，中国学者只能很局限地选择那些与中国相关的课题。为抗衡更为普遍的西方中心主义，他们的学术导师也会有意无意地鼓励他们从事与中国有关的课题。为数不多接受西方学术训练的中国东南亚研究者，包括笔者本人在内，都在研究中或多或少涉及了中国和华侨华人问题。而这正是矛盾所在——想要"走出去""国际化"的初衷反而在一定程度上强化了"具体情境中的中国中心主义"（situational Sino - centrism）。从中国和华侨视角出发研究东南亚问题，许多在西方国家学习工作的中国学者都感到动力与压力并存，似乎这是与国际学界形成学术对话，为世界东南亚研究做出贡献的唯一可行路径。与印尼学者贺严多（Ariel Heryanto）的经典论述"东南亚研究中是否存在东南亚人"相呼应，中国学者是否能够摆脱其固有的"中国视角"来谈论东南亚问题？① 鉴于目前西方国家的学术生态，笔者认为要实现这一目标

---

① Ariel Heryanto，"Can there be Southeast Asians in Southeast Asian Studies?"，*Moussons* 5（2002）：5-7.

还是非常困难的。对笔者而言,回到中国之后似乎开启了更多意想不到的可能性。尽管中国中心主义无疑在中国国内更为普遍,但很多学者都认识到了这种视角偏见的存在并经常性地批判其缺陷。

四、机构建设路径的新尝试

尽管中国的东南亚研究存在诸多问题,但一个积极的趋势是:随着区域研究在全国范围内的兴起,近年来东南亚研究也发展迅速。许多学者不再将东南亚研究视为一个"狭窄、边缘且无足轻重"的领域,经费投入的增加、新机构的成立、现有基础设施的改善以及公众和学界的关注度增加都有力地印证了这一点。

与改革开放初期邓小平提出的建设"有中国特色的社会主义"号召相呼应,关于建设"具有中国特色的区域研究"的学术争论也十分激烈。[①] 毫不意外的是,中国学界普遍把美国区域研究的发展作为参考框架。许多中国学者撰文探讨"二战"后美国区域研究的兴起,认为中国应该效仿美国的模式,建立必要的基础设施,推动区域研究的发展。具体来说,中国学者参考借鉴了美国在 1958 年发布的《国防教育法》(National Defense Education Act,NEDA),敦促中央和地方政府增加对区域研究的财政支持,并致力于实现区域研究在多个层面上服务国家利益和战略需要的目标。[②] 此外,区域研究的倡导者通过讨论福特基金会、洛克菲勒基金会、卡内基基金会和社会科学研究理事会(社会科学研究理事会)在美国区域研究的整体发展中发挥的重要作用,不断强

---

① 钱乘旦:《建设中国风格的区域与国别研究》,载《区域国别研究学刊(第 1 辑)》,北京:商务印书馆,2019 年,第 i—v 页。
② 任晓:《再论区域国别研究》,《世界经济与政治》2019 年第 1 期,第 59—77 页。

调私营机构参与的必要性。① 此外，中国大学在建立区域研究中心方面也热衷于学习美国同行的经验。许多中国学者将哈佛燕京学社（HYI）、芝加哥南亚研究委员会（COSAS）和康奈尔大学东南亚项目（SEAP）等机构视为最具学术权威的示范性区域研究中心。②

　　除真诚的赞赏和学习外，中国学界也指出了美国区域研究的不足之处。有的批评者认为区域研究是冷战产物，主要为美国政府的政治议程服务。这种批评受意识形态影响较大，认为区域研究是美国扩张主义和帝国主义不可分割的一部分。承此逻辑，许多中国学者认为，区域研究在本质上是一种特殊的知识生产模式，促进了美国霸权在世界范围内的扩张。③ 因此，尽管中国学者在学习和借鉴美国区域研究模式方面表现出极大的热情，仍有人对此表示担忧，认为如果只是简单地移植美国模式，可能会像中国在其他领域的改革一样，出现严重的"水土不服"问题。因此，区域研究的倡导者们强调，中国的区域研究必须包含"中国特色"以适应截然不同的国际和国内环境。

　　当下，中国的区域研究面临着一个棘手的问题，即如何在中国现有的学术体系中定位区域研究，尤其是如何平衡区域研究与现有的学科之间的关系。④ 这个问题对西方学者而言并不陌生，自第二次世界大战结束、区域研究出现以来，对区域研究和现有学科之间关系的争论层出不穷。对此，美国的普遍做法是将区域

① 牛可：《地区研究创生史十年：知识构建、学术规划和政治-学术关系》，《北京大学教育评论》2016 年第 1 期，第 31—61 页。
② 高子牛：《作为跨学科组织的研究中心：以康奈尔大学东南亚研究中心为例（1950—1975）》，《北京大学教育评论》2018 年第 2 期，第 116—133 页。
③ 张杨：《冷战与学术：美国的中国学 1949—1972》，北京：中国社会科学出版社，2019 年，第 156—163 页。
④ 王缉思：《浅谈区域与国别研究的学科基础》，载《区域国别研究学刊（第 1 辑）》，第 1—5 页。

研究中心建设为跨学科枢纽,将来自不同院系的、拥有相似区域关注的学者联系起来。尽管如此,相比于其他项目,一些区域研究项目在聘用研究员、授予学位、运行出版项目和管理图书馆馆藏方面享有更多的独立性。大学进行区域研究的方法可能因教师专业方向、学生兴趣、行政结构、财政资源和项目发展轨迹而异。总的来说,美国大学可以相对自由地建立新的学科体系和区域研究中心,也可以决定是否对旧的项目架构进行重组以满足不断变化的需求。

　　然而,在中国,重组现存学科或建立新的区域研究中心并不容易,主要是因为中国的高等教育以公立大学为主且资源配置高度集中。一方面,大学享有依托学科或院系资源,组建"虚体"研究中心的自主权。这样的虚体通常是单一学科的延伸,而非跨学科的交流平台。由于学科是大学最重要的组成部分,因此与拥有牌匾、网页和少数教职员工的兴趣共同体相比,虚体机构所发挥的作用有限。另一方面,建立所谓的"实体"机构,即独立于现有学科的跨学科研究中心,要复杂得多。高校开设具有实体地位的区域研究项目,必须严格遵守国务院学位委员会和教育部联合发布的官方指导方针《学位授予与人才培养学科目录》。官方认可是获取稳定的财政支持、为教职员工提供薪酬以及招收学生的必要条件。因为只有这样,区域研究中心才能真正独立运作。值得注意的是,区域研究在学科目录中还不是官方认可的一级学科。因此,大学需要将区域研究确定为现有一级学科的"子学科",例如政治学(国际问题研究)、世界历史或外国语言文学等。①

　　与其他区域研究项目相比,中国的东南亚研究具有较长的历史和独特的发展轨迹。近年来,随着区域研究的兴起,大学东南

---

① 张忞煜:《国别和区域研究学科史》,工作论文,北京大学外国语学院,2020 年,第4—9 页。

亚研究的路径受制于多方因素，包括现有学科设置、财政资源的多寡、政府支持，以及来自各方面的竞争。在此，笔者将介绍以下三种主要的机构建设路径。

（一）路径一：综合性大学的区域研究院

第一种路径是建立覆盖世界各地区的独立实体区域研究中心。只有北京和上海的少数几所重点研究型大学有能力建设这样的综合中心，因为其具备良好的学科基础，可靠的资金支持，研究世界特定区域的悠久传统，并且与高层决策者的关系密切。由于东南亚研究具有良好的历史积淀和巨大的发展潜力，此类大学通常将东南亚研究视为其建立覆盖全球的区域研究项目的重要组成部分。

例如，早在 2018 年成立区域与国别研究院（区研院）之前，北京大学就已有研究东南亚地区的悠久传统。外国语学院在本科和研究生阶段开设缅甸语、菲律宾语、印度尼西亚语、泰语和越南语语言文学专业。至少有两名历史系教员进行东南亚相关研究，聚焦环境史和华侨华人史。国际关系学院合并了冷战期间成立的亚非研究所和世界社会主义研究所，其师生的研究大多关注东南亚国际关系和国内政治。与西方地区研究中心一样，区研院的主要目标是建设一个跨学科平台，将不同学科背景的学者联系起来，组织吸引区域研究专家的学术活动，并将校内资源汇集到一个更为高效的机构中。然而，与大多数美国同行不同的是，区研院还兼具大学智库功能，定期发布政策研究报告，以满足政、商、学界不断增长的需求。区研院成立后不久就开始招收研究生。为了符合《学位授予与人才培养学科目录》的要求，区研院目前暂时通过外国语学院"外国语言文学"一级学科下的"国别与区域研究"二级学科进行招生。虽然区研院和外国语学院通过相同的二级学科招生，但这两个项目的跨学科研究路径略有不同。前者弱化注册学籍，为学生进行跨院系学习提供了更大的灵活性；相比之下,后者更强调高阶的语言训练和人文学科内的跨学科性。①

与北大区研院相对应的是清华大学的国际与地区研究院(地区院),其前身为 2011 成立的发展中国家研究博士项目。与北大不同,清华热衷于将自己定位为"中国的麻省理工学院",其主要优势在于科学技术领域。然而,自 20 世纪 90 年代以来,清华通过聘请和招收在西方和中国高校培养的顶尖学者,在人文社会科学领域建立了几个规模不大但实力雄厚的院系。尽管这些顶尖学者中几乎没有专门从事区域研究的专家,也没有教师从事与东南亚直接相关的研究,但清华却通过发展中国家研究博士项目招收了一大批受过外语训练或具备东南亚研究背景的学生。该项目期望学生在入学前已经具备良好的语言能力,并以此为基础,在入学后接受扎实的历史学、法学、人类学或政治学的学科训练,从而获得进行原创性研究的能力。依靠充裕的经费支持,发展中国家研究博士项目的学生通常会在对象国学习一年,之后在西方一流大学交换一年。自 2017 年重组以来,清华地区院为发展中国家项目的毕业生提供了在该研究所担任助理研究员的就业机会。在继续从事现有研究项目的同时,留任的助理研究员们还可以向低年级博士生们提供相关领域的专业知识。通过这种方式,具有一定实验性质的发展中国家研究项目逐步发展为一个成熟的区域研究机构。

同样,上海的复旦大学也成立了国际问题研究院,其中的中国与周边国家关系研究中心对东南亚展开的政策研究可圈可点。然而,与北大和清华不同的是,复旦的国际问题研究院与外交部建立了密切的合作关系,致力于成为"世界级大学智库"。因此,其学科交叉的概念更集中体现在政治学领域。

---

① 宁琦:《区域与国别研究人才培养的理论与实践——以北京大学为例》,《外语界》,2020 年第 3 期,第 36—42 页。

（二）路径二：外国语大学的"学科化"尝试

进行区域研究的第二种路径是外语专业的所谓"学科化"尝试。效仿苏联模式，中国在 20 世纪 40 年代至 60 年代在北京、上海、广州、重庆、天津、西安和大连建立了许多专门教授外语的大学（外语院校）。这类大学最初的目的是培养从事外交和情报工作的人员，促进社会主义阵营内部以及与全球第三世界国家间的合作。由于东南亚地区与中国地理毗邻且历史上联系紧密，许多外国语大学在成立之初便开设了东南亚语言专业。改革开放后，随着政府和企业需求的不断增长，外国语大学又设立经济、传播、法学、政治学等学科。学科类目虽不断丰富，但大多数学科仍然十分薄弱。同时，"外国语言文学"一级学科在经费分配、教师聘用、招生和学位授予等方面仍然占据着学校的主导地位。近年来，区域研究的兴起为外国语大学的发展提供了前所未有的机遇。许多外语院校在增设学科的同时，也开始在"外国语言文学"一级学科下设立"国别和区域研究"课程，希望区域研究和语言教学相互促进。

例如，北京外国语大学的亚洲学院进一步扩大了教授语种的数量，开设了覆盖东南亚各国的本科专业。此外，亚洲学院还设立了一个区域研究项目，聘用了历史学、人类学、法学、政治学等学科背景的学者。他们本身未必是语言专家，却采用不同的学科方法对亚洲不同地区进行教学和研究。同样，北京语言大学和广东外语外贸大学也利用其"外国语言文学"的基础，结合其他学科的优势，开设了区域研究项目。上海外国语大学采取的路径略有不同，在一级学科"政治学"下创建了"区域国别研究"二级学科，同时整合了其语种专业的资源。尽管存在一定区别，人们可以很容易地观察到其中的共同点：中国各地的外语院校通过双向的"学科化"尝试积极推动区域研究的发展。具体而言，一种方式是在语言教学与科研的基础上进行跨学科的尝试，另一种则是利用强势的语言项目来培育孵化新的学科。

（三）路径三：具有地方特色的东南亚研究

区域研究的第三种路径，笔者称之为"具有地方特色的区域研究"。与北京和上海经费充沛的重点研究型大学和语言课程覆盖面极广的外国语大学不同，地方大学能够投入到区域研究中的资源十分有限，无法建立学科门类齐全、地理区域全覆盖的研究机构。因此，地方大学的区域研究项目往往聚焦于少数几个可以反映其竞争优势、符合当地政策需要的地区。对于中国南方的大学来说，发展东南亚研究具有合理性且优先级较高。广东和福建的高校有研究东南亚地区的悠久传统，这是因为这两个省份与东南亚（尤其海岛地区）的历史联系密切，华侨华人在其中发挥了重要作用。同时，广西和云南的大学则优先发展与中南半岛国家相关的研究，因为邻近的地理位置和历史上宽松的边界为地区间的人员和商品流动提供了有利条件。

如上所述，区域研究的兴起加速了南方省份东南亚研究的"政策研究转向"，对从事东南亚研究的传统机构产生了一定的影响。厦门大学、暨南大学、中山大学的东南亚研究机构最初以研究东南亚侨务为中心。不过，上述三校已逐渐将重点转向该地区的国际政治和经济问题。尽管上述研究机构在转型后仍然聘用着大量历史学、人类学、经济学学者，但都更名为国际关系学院，隶属于"政治学"（国际问题研究）一级学科之下。厦门和暨南的相关机构在更名为"国际关系学院"后仍然保留了"南洋研究院"和"华侨华人研究院"的别称，以展示其历史渊源。中山大学的国际关系学院则完全摒弃了"东南亚研究所"的称呼。

此外，值得一提的是，南方各省区域研究的"分工"并非中央集中规划的结果，实际上与路径依赖和激烈的省际竞争密不可分。二十多年来，广西和云南一直在争夺"中国—东南亚交流门户"的地位。云南吸引了六个东南亚国家在省会昆明设立领事馆，而广西南宁也旗鼓相当。此外，南宁还获得了中国-东盟博览会永久会址的殊荣。① 各省政府大力扶持东南亚研究（特别是非通用语和国际关系研究）项目，希望进一步巩固其门户地位。在其影响下，广西的多所大学建立了东南亚研究中心，特别关注东盟和越南。云南的高校也纷纷建立了类似的机构，聚焦于大湄公次区域和缅甸。近年来，云南将自身的战略定位调整为"我国面向西南开放重要桥头堡"，推动了南亚研究在云南的高速发展。反映这一转变的最生动案例也许是云南省社科院频繁而不必要的期刊更名：在短短十年内，该刊由《东南亚》更名为《东南亚南亚研究》，随后又调整为《南亚东南亚研究》。

五、结语

21 世纪，中国的东南亚研究经历了重大的变化。中国在政治和经济方面的崛起促使人们对世界其他地区进行深入了解的需求增加，从而推动了区域研究的快速发展。尽管中国东南亚研究的出现比区域研究早了至少半个世纪，但后者的蓬勃发展深刻影响了前者，其中最显著的变化是吸引了大批学者进行政策导向的研究。"政策研究转向"不仅反映了东南亚研究范式的转变，也与中国高等教育和社会转型中普遍存在的大趋势相一致。

一方面，改革开放和高等教育的全面扩张为学者研究东南亚问题创造了前所未有的机遇，使他们的专业知识与各个领域和行业的需求相契合。而另一方面，东南亚研究面临着来自学术界内外的巨大压力。这些压力包括但不限于高校重视数量而忽视质量的评价体系，在继续推动国际化的同时加强思政建设的矛盾，

① 李秀中：《广西和云南"较劲"20 年，谁将是面向东南亚的门户？》，2019 年 8 月 29 日，https://www.yicai.com/news/100313388.html(2020－12－17)。

对排名、声望、经费支持的盲目追求等。此外，东南亚研究还深受当下中国社会日益浓厚的功利主义氛围影响，这种氛围强调实用主义、投资回报和特殊的政治正确。语言专业的快速增长、短期政策研究的绝对主导、人文学科的进一步边缘化同时发生，使得东南亚研究的发展更加不平衡。在此背景下，各高校根据各自的学科基础、语种覆盖、教师专长和地方政府的政策偏好，探索了新的区域研究机构建设路径。

　　笔者在思考中国东南亚研究的现状时，不禁将其与 20 世纪五六十年代美国区域研究的黄金时代进行对比，当时该领域在美国蓬勃发展，充满机遇、资源丰富。本尼迪克特·安德森（Benedict Anderson）在他的回忆录中写道："东南亚研究在 1950年代和 1960 年代的主要魅力在于它似乎是某种全新的东西，其结果是使学生们觉得自己像是考察未知社会和领域的探索者。"①与美国的发展轨迹类似，中国的东南亚研究也从过去 20 年不断变化的国内和国际环境中受益。也正因如此，该领域目前充斥着喧嚣和希望。然而，中国与美国东南亚研究最重要的区别是，该领域对中国而言并不是一个真正"全新"的领域。也就是说，中国东南亚研究在继承既有学术传统的同时，也经历着很多根本性的新变化。中国东南亚研究是否也会像该领域在美国那样，在越南战争后走向衰落？还是说，考虑到中国与东南亚互为近邻并且有着深厚的历史联系，东南亚对中国的重要性永远不会消退？这些问题尚无定论，但中国学者们应该且有必要勇敢地走出去，更加积极地为世界东南亚研究学术共同体的发展贡献力量。

　　作者简介：谢侃侃，北京大学外国语学院助理教授。

---

① 〔美〕本尼迪克特·安德森：《椰壳碗外的人生》，徐德林译，上海：上海人民出版社，
　　2018 年，第 61 页。

地区研究创生史十年：知识构建、学术规划和政治-学术关系[①]

牛 可

一、理解地区研究创生史

　　第二次世界大战中，美国的军事行动扩展到欧洲、亚洲、非洲以及太平洋地区的大片土地，随之而来的是美国对其中许多地区的军事占领和行政管理任务。[②] 在美国以外土地上规模空前的国家政治军事行为对海外知识和语言能力产生了巨大需求；而美国缺乏欧洲老牌国家那种与殖民地治理术相联系的海外知识储备，甚至也缺乏"战略情报"观念及这种观念下的制度配置和工作领域。由此美国对域外地区各类知识的短缺一时之间凸显出来，成为须加应对之急。一战以来对"总体战"已有深入理解的美国陆

[①] 本文首发于《北京大学教育评论》，见牛可：《地区研究创生史十年：知识构建、学术规划和政治-学术关系》，《北京大学教育评论》，2016 年第 1 期。

[②] 战争结束时，美军直接控制和管理的人口达到三亿，超过当时世界总人口的十分之一。见 H. Holborn, *American Military Government，Its Organization and Policies*，Washington, DC：Infantry Journal Press，1947，p. xi；转引自 D. Nugent，"Military Intelligence and Social Science Knowledge：Global Conflict, Territorial Control and the Birth of Area Studies during WWII，" in *Producing Knowledge on World Regions：Issues of Internationalization and Interdisciplinarity*，SSRC Workshop，City University of New York，2007，p. 8.

海军对此知之甚深,在战争初期即着手应对。

　　1942 年初以来,在因应战争需要而开展的大规模培训活动中,美国军方以"地区和语言"为名,启动多项关于海外行动所需知识的培训项目,包括:陆军专门化培训项目(Army Specialized Training Program,ASTP,1942 年 12 月建立)所属的"外国地区和语言学习课程"(Foreign Area and Language Study Curriculum,FAL)、陆军的"民政事务培训学校"(Civil Affairs Training Schools,CATS,1943 年夏季开始),以及海军的"军事政府和管理学校"(School of Military Government and Administration)。这些培训项目都借重军队以外的资源,与大学建立合同关系并把项目设在大学,广泛征召大学里的专家制定培养计划、课程大纲并承担教学任务。参与军方项目的各高校经历了有关海外地区的语言、文化和社会科学(尤其是地理学和人类学)课程方面史无前例的扩张。陆军专门化培训项目之下的外国地区和语言学习课程项目有 55 所院校加入,参训人员在 1943 年 12 月达到高峰,为 13185 人。[1] 除大学和学院外,美国学术团体

---

[1] 陆军专门化培训项目设立于 1942 年底,陆续在 227 所大学和学院开办,培训对象是符合学历、智力条件的现役军人志愿申请人,他们参加一个或数个以三个月为一期的学程。学员中大部分学习基础课程,少数升入高级课程学习,科目包括工程学、医学、牙科学、兽医学等。陆军专门化培训项目的外国语言培训计划被委托给美国学术团体理事会,实际上由该组织的行政秘书格雷夫斯(Mortimer Graves)全权领导,美国语言学会(Linguistic Society of America)的执行秘书考文(J. Milton Cowan)也被调集加入,他们共同促成"强化语言培训项目"(Intensive Language Program)。该项目提供 25 种语言的教学,其中大多数是美国高等教育课程体系中未曾出现过的语种,因而大学尚需从校园内外各种人员中征集教学力量。美军最初曾在弗吉尼亚州夏洛茨维尔(Charlottesville)设军事政府学校(School of Military Government),但该校培养人数不敷所需,遂被扩展为"民政事务培训项目"(CATP),在十所大学设民政事务培训学校(CATS),针对那些原专业为外国占领地区军事行政管理所需的军官进行相关培训。军政学校毕业的军官多进入所管辖国家和较大地区的高级军事司令部,民政事务培训学校的学员则进入军事行政基层单位。与此相关,地区和外语知识在军事行政学校教学中所占比例较小,而在民政事务培训学校中是课程的全部内容。海军的"军事政府与管理学校"设在哥伦比亚大学,与陆军的学校相比,其内容更加放手由哥大相关专家主持制定,为密集的语言和特定海外地区的"地区知识"的学习以及相关的行政政策和技术方面的知识技能。 (转下页)

和大基金会也介入战时海外知识的开发和培训。美国学术团体理事会（American Council of Learned Society，ACLS）、社会科学研究理事会（Social Science Research Council，SSRC）、全国研究理事会（National Research Council，NRC）和史密森学会（Smithsonian Institution）很快参与襄助军方项目，于 1942 年 6 月决定联合组建"民族地理学委员会"（Ethnogeo-graphic Board），利用史密森学会的资金和设施，并从洛克菲勒基金会和卡内基基金会获取资助，一方面致力为军方培训项目提供支持，并直接提供军方所需的"世界地区"（world regions）知识；另一方面有意识地梳理地区研究现有资源，在参与地区研究培训的各种机构之间联系协调，承担地区研究实践的"情报交接所"（Clearing House）功能。社会科学研究理事会和美国学术团体理事会在一段时间内将民族地理学委员会视为其在地区研究方面兴趣的代理。② 而以参与战时项目为契机，自 20

（接上页）见 W. Fenton，*Area Studies in American Universities*. The Commission on Implications of Armed Services Educational Programs，Washington，D. C.：American Council on Education，1947，pp. v—vi；C. S. Hyneman，"The Wartime Area and Language Courses，" *Bulletin of the American Association of University Professors*，31(3)，1945，pp. 434—447；W. N. Fenton，"Integration of Geography and Anthropology in Army Area Study Curricula，" *Bulletin of the American Association of University Professors*，32(4)，1946，pp. 696—706。关于战时外国地区和语言培训项目，另见 M. M. Willey，"The College Programs of the Armed Services，" *Annals of the American Academy of Political and Social Science*，231，1944，pp. 14—28；W. J.，&W. J. Cahnman，"Foreign Area Study（ASTP）as an Educational Experiment in the Social Science，" *Social Forces*，23(2)，1944，pp. 160—164；R. J. Matthew，*Language and Area Studies in the Armed Services：Their Future Significance*，Washington：American Council on Education，1947。

② 关于民族地理学委员会的建立和运行，见 SSRC，*Social Science Research Council Annual Report*，1941—1942，New York，1942，p. 19；SSRC，*Social Science Research Council Annual Report*，1942—1943，New York，1943，p. 17；Rockefeller Foundation，*The Rockefeller Foundation Annual Report*，New York，1943，p. 182；又见史密森学会官网的概述，http://www. siarchives. si. edu/collections/siris_arc_216694（2015 - 09 - 01）；专门研究见 M. Farish，"Archiving Areas：The Ethnogeographic Board and the Second World War，" *Annals of the Association of American Geographers*，95(3)，2005，pp. 663—679。

世纪 20 年代以来在美国社会科学领域扮演某种中枢领导角色、被称为美国社会科学的"旗舰组织"(Flagship Organization)的社会科学研究理事会①生发出领导、发动和规划战后地区研究的意图和行动。

　　战争时期迅猛增长的军事情报,特别是在新的"战略情报"理念下开展的工作中,也有很多可归入后来所谓"地区研究"的内容和要素。战略情报局(Office of Strategic Service, OSS)创始人多诺万(William J. Donovan)在该机构初创时期就促请社会科学研究理事会和美国学术团体理事会帮助他编制学术顾问备选名单,其中很多人入选是基于其在对外研究领域的专长。特别是战略情报局的下属部门研究分析处(Research and Analysis Branch),由著名外交史和欧洲史专家、哈佛大学教授威廉·兰杰(William Langer)领导,从一开始就按照地理区域组织研究工作,并在美国各大学寻访征召社会科学学者尤其是有地区和语言专长的学者。先入者把自己的同事以及博士研究生带进战略情报局,后来者又继续把他们的同事朋友拉入,使得研究分析处像一个快速滚动的雪球,在短时间内膨胀扩张,最盛时聚集了大约 900 名学者。战时情报活动涉及敌国、友方以及战事所及之地的多方面情报采集分析,具有明确的对外研究性质,且呈现突出的跨学科协作和当下关

---

① 关于社会科学研究理事会的历史概况及其在美国社会科学演进中的作用,参见 A. F. Kuhlman, "The Social Science Research Council: Its Origin and Objects," *Social Forces*, 6(4), 1928, pp. 583—588; E. Sibley, *Social Science Research Council, the First Fifty Years*, New York: Social Science Research Council, 1974; K. W. Worcester, *Social Science Research Council, 1923—1998*, New York: Social Science Research Council, 2001; D. Fisher, *Fundamental Development of the Social Sciences: Rockefeller Philanthropy and the United States Social Science Research Council*, Ann Arbor, Michigan: University of Michigan Press, 1993; 牛可:《"社会科学研究理事会"与美国社会科学史》,《世界知识》,2010 年第 17 期,第 64—65 页。

切（presentism）取向，这些特性正是战后地区研究的突出属性。[1] 战略情报局及各军种情报机构成了某种史前阶段"地区研究"的活动平台，二战情报工作经历是后来一些社会科学家从常规学科"改宗"（conversion）进入地区研究领域的契机。由此战时情报活动——以及当时与情报机构相联系的战时宣传活动，如在战争信息办公室（OWI）下进行的活动——也与战后地区研究建立了历史联系。[2] 不过，显然战时情报活动这一领域并没有像军方地区和语言培训项目那样，从中衍生出对战后地区研究的思考和规划的系统工作。

　　知识的领域和国家权力的领域在第二次世界大战中的交叠汇合，成为一场规模宏大、影响深远的知识构建事业、学术体制改造工程和学术思想运动的美国地区研究之创生史的开篇。

---

[1] 关于战时对日情报与战后日本研究的历史联系，见 R. Dingman, *Deciphering the Rising Sun：Navy and Marine Corps Codebreakers，Translators，and Interpreters in the Pacific War*，Annapolis，Maryland：Naval Institute Press，2009。关于"战略情报"理念，参见 B. C. Denny, *Seeing American Foreign Policy Whole*，Urban and Chicago：University of Illinois Press，1985，pp. 99—115。W. Langer, *Up from the Ranks：The Autobiography of William Langer*，Mimeograph，Harvard University Widner Library，1975；B. A. Dessants, *The American Academic Community and United States-Soviet Union Relations：The Research and Analysis Branch and its Legacy，1941—1947*，Ph. D. Dissertation，University of California at Berkeley，1995；R. Winks, *Cloak and Gown：Scholars in America's Secret War*，London：Collins Harvill，1987；B. Katz, *Foreign Intelligence：Research and Analysis in the Office of Strategic Services，1942—1945*，Cambridge，MA：Harvard University Press，1989，pp. 2—5；R. Dingman, *Deciphering the Rising Sun：Navy and Marine Corps Codebreakers，Translators，and Interpreters in the Pacific War*，Annapolis，Maryland：Naval Institute Press，2009；B. C. Denny, *Seeing American foreign policy whole*. Urban and Chicago：University of Illinois Press，1985，pp. 99—115.

[2] 1946 年社会科学研究理事会在系统考察编列可用于地区研究政府机构战时遗留文件时，提到如下机构：对外经济管理局（Foreign Economic Administration）、战略情报局、海陆军联合情报研究项目（The Joint Army Navy Intelligence Studies）以及陆军部。Appendix 6，Classification Status of some War Documents，from Bart Greenwood，November 8，1946，SSRC Collection，Record Group. 1，Series 1. 19，Box 229，Folder 1386，p. 160，Rockefeller Archive Center，Sleepy Hollow，New York.

　　所谓地区研究的创生史,其基干部分大体上可以认为是在1943—1953 年的大约十年间,美国社会科学家领导共同体以社会科学研究理事会为最主要的组织平台,通过倡导、研议、调查、论证、规划、评估、组织协调以及面向公众的传播和教育,在美国学术体制和知识生活中启动、培育和推进社会科学导向的、多学科参与的对美国以外之世界的研究。地区研究在美国的创生,不是学术生活积累性变迁和"自然"演进的产物,而是一项托马斯·本德所说的"长期智识议程"(long-standing intellectual agenda)①,或者说是一项包裹着激切的变革意图而且有规划、有领导、有组织的学术构造工程和大型学术运动。

　　当然,社会科学研究理事会平台上所发生的并不是美国地区研究创生史的全部。这是因为:第一,远在地区研究创生之前的19 世纪,美国就有与"业余绅士"(gentlemen amateurs)学术活动、基督教会海外传教活动以及国际商业、国际旅行相连带的非职业化域外知识的绵长传统,同时域外知识也以欧洲式"古典学""东方学"的形式缓慢、零散地进入了新的研究型大学。在 20 世纪上半叶,由这两种传统汇合而成的美国国际知识储备大体存在于大学人文学术范畴之中,虽然一般关注古代典籍和古代问题、偏重海外语言和语言学(philology),与后来社会科学的、跨学科的地区研究有根本差异,却是战后地区研究一个局部的但也是必然的遗产。第二,1930 年以来出现了一些学者以个人努力拓展海外研究的令人瞩目的情况,继而少数高校开始设立东方学传统下的东亚、中近东等系科,同时社会科学中历史学对西欧、东亚的研究与人类学对拉美的研究形成最初集结,由此出现更接近战后地区研究的学术形态和因素;而在大约同一时期,大基金会(尤其是洛克

① T. Bender, "International Studies in the United States: The Twentieth Century," International Rectors Conference, New York University, 1997, February 22, pp. 4.

菲勒基金会和卡内基基金会）也开始推进零散的地区研究试验。因此，地区研究的规划活动有了最初的根据和基础。而在二战以来社会科学研究理事会平台上开始展开"中央规划"实践的同时，在各个高等院校、学术团体（如太平洋国际学会［Institute of Pacific Relations］、哈佛燕京学社［Harvard-Yenching Institute］、美国学术团体理事会、远东学会［Far Eastern Society, 1943 年建立］）乃至学者个人学术事业的层面，"斯拉夫"、"远东"、"中近东"、南亚、东南亚、非洲等地区领域各自的学术史也在生成和发育。这种呈现为个别地区和国别研究领域、高校地区研究团队和项目①乃至个人学术志业不同层次上的学术史，也是地区研究创生和演进历史的组成部分，而这后一部分作为"分支"的历史与作为"基干"的地区研究之"中央规划"的历史之间的联系有如树的枝与干，共同构成地区研究历史的完整结构。然而无论如何，地区研究都不应只被视为各自出生与发育着的、对个别海外地理区域和国家的研究领域（如拉丁美洲研究、东南亚研究、中国研究）的简单集合，而是美国社会科学在经历了 19 世纪晚期以来以常规学科构建为主的初期阶段之后，有着共同的社会科学认识论思考、学术文化偏好和国际主义理念的学术共同体，在 20 世纪中叶以世界战争的重大国际危机为契机重构社会科学的大型学术运动。

　　美国国际知识的规模、格局和形制在本文所述之地区研究十年创生史中发生巨变，此中根由和机理首先在于这一学术进程同时具有知识构建、学术体制改造和学术思想运动的内涵、性状和风貌。二战以前，美国社会科学各学科虽大多以实证主义和普遍主义自期

---

① 这一层面的历史，可见关于哈佛大学东亚研究和苏联研究的历史记述：R. Suleski, *The Fairbank Center for East Asian Research at Harvard University*：*A Fifty Year History*, *1955 — 2005*, Cambridge, M. A.：The John K. Fairbank Center for East Asian Research, Harvard University, 2005；C. T. O'Connell, *Social Structure and Sciences*：*Soviet Studies at Harvard*. Ph. D. Dissertation, University of California at Los Angles, 1990。

自许,但其眼界和经验采集空间多囿于北美、西欧,总体上弃置不顾
世界其余部分,尤其不以广大非西方文明区域为当然研究对象。国
际知识虚弱、零散,其规模、水平均远不如欧洲传统学术大国,而且
在美国高等教育和学术体系中存在边缘化现象而缺乏制度基础。
直至二战前的 1940 年,美国大学和学院的 15 万教师中仅有 200 人
从事与外国有关的研究,而当年获得国际研究方面博士学位者不超
过 60 人,而且大多数研究古代问题。美国关于海外世界的知识生
产传播仍主要靠传教士、旅行家、外交官、记者和商人,学术界贡献
微薄。麦考伊在考察二战前美国国际研究状况之后称:少数海外研
究学者无非是"盲瞽之国,独目为王"(In the land of the blind, the
man with one eye is king);相对于对海外知识的巨大潜在需求而言,
更是"杯酒难解大渴"(small beer for thirsty times)。[1] 尽管关于中
国的知识相对其他各国来说还算比较充实,但时人仍因深感于对
中国的无知,而发出"我们和中国的距离,几乎和月亮一样遥远"
的感叹。有学者回顾说,20 世纪 50 年代之前,在学术意义上,特

---

[1] R. A. McCaughey, "Four Academic Ambassadors: International Studies and the
American University before the Second World War," *Perspective in American
History*, Vol. XII, Cambridge, MA.: Charles Warren Center for Studies in
American History, Harvard University, 1979, pp. 563—607; R. A. McCaughey,
"In the Land of the Blind: American International Studies in the 1930s,"*Annals of
the American Academy of Political and Social Science*, 449, pp. 1—16. 关于战前
美国国际研究的总体情况和评估,另见 S. M. Arum, "Early States of Foreign
Language and Area Studies," Ph. D. Dissertation, Columbia University, 1975;W.
J. Cahnman, "Outline of a Theory of Area Studies," *Annals of the Association of
American Geographers*, 38(4), pp. 233—243; T. Bender, "International Studies in
the United States: The Twentieth Century," International Rectors Conference,
New York University, 1997 February 22. 一项早期对于零散、"贫弱"(meager)、
"落后"的大学里远东研究的教学力量进行盘点并呼吁予以推进的报告,见 E.
Carter, *China and Japan in Our University Curricula*, *with a Special Section on
the University of Hawaii*, Chicago, IL: University of Chicago Press, 1930。中国
辛亥革命之后,美国对中国兴趣大增,但这种知识由非职业(非学者)、非专业(非专
门研究中国的学者)人士提供,这种情况的一个典型例证可见 1912 年美国社会和政
治科学院组织的专题报告:*Annals of the American Academy of Political and
Social Science*, Vol. 39: China: Social and Economic Conditions,1912。

别是就社会科学而言，在美国知识的世界地图上除西欧之外的其他地区实际上都是"未知区域"(terra incognitae)。[①] 而经十年创生史完成对这一领域的学术界定和组织创建，继之以后续一二十年的发展，至 20 世纪 60 年代末，地区研究已在美国社会科学各学科和高等教育的知识体系中占据庞大比重，且以跨学科的中心和研究所为主要组织形式牢固嵌入高等教育制度体系之中。这一巨变，仅靠汇总各地区国别研究和高校地区研究史，乃无从得到深入、准确的理解。然而，社会科学史、高等教育史和学术思想史等相关领域对地区研究并没有给予应有的重视，地区研究创建阶段的历史尤其没有得到系统、全面、细致的记述和清理。以往数量本就不多的研究即使注意到社会科学研究理事会和其他组织所进行的研议和规划活动，也未加细密述说和周详解读。[②]

---

① R. E. War, B, Wood, "Foreign Area Studies and the Social Science Research Council," *Items*, 28(4), 1974, p. 53.

② 对地区研究的认识影响较大的有罗伯特·麦考伊(Robert McCaughey)、布鲁斯·卡明斯(Bruce Cummings)、伊曼纽尔·沃勒斯坦(Immanuel Wallerstein)、大卫·桑顿(David Szanton)、理查德·兰博特(Richard Lambert)、托马斯·本德(Thomas Bender)等人。兰博特的两项报告是在普查基础上对成熟期美国的地区研究状况的全面考察：R. D. Lambert, *Language and Area Studies Review*(*AAPSS Monograph 17*), Philadelphia：American Academy of Political and Social Science, 1973; R. D. Lambert, et al., *Beyond Growth：The Next Stage in Language and Area Studies*, Washington, DC：Association of American Universities, 1984。迄今唯一的地区研究"通史"著作是：McCaughey, *International Studies and Academic Enterprise：A Chapter in the Enclosure of American Learning*, New York：Columbia University Press, 1984。考察和"捍卫"地区研究的研讨文集见 D. Szanton, ed., *The Politics of Knowledge：Area Studies and the Disciplines*, Berkeley, CA：University of California Press, 2004。对地区研究的简要综论见 Wallerstein, et al., *Open the Social Sciences：Report of the Gulberkian Commission on the Restructuring of the Social Sciences*, Stanford：Stanford University Press, 1996, pp. 36—48; T. Bender, "International Studies in the United States：The Twentieth Century," International Rectors Conference, New York University, 1997, February 22; R. D. Lambert, "International Studies：An Overview and Agenda." *Annals of the American Academy of Political and Social Sciences*, 449, 1980, pp. 151—164; （转下页）

地区研究的创生史是一个在很大程度上被忽略甚至遗忘了的重要历史篇章;而缺少了对这一篇章的深入认识,对理解战后地区研究本身的性质和意义可能导致认知偏差,对理解美国学术史和高等教育史乃至更广泛的公共智识生活也可能构成或大或小的缺失。[①] 笔者在研究中逐渐认识到,因为社会科学研究理事会在美国社会科学中所占据的战略性地位,特别是它在

（接上页）R. D. Lambert, "Blurring the Disciplinary Boundaries: Area Studies in the United States. "*American Behavioral Scientists*, 33(6),1990,pp. 712—732; P. J. Katzenstein, "Area and Regional Studies in the United States. " *Political Science and Politics*, 34(4),2011,pp. 789—791。

　　两项触及地区研究的创生史且影响较大的研究是: I. Wallerstein, "The Unintended Consequences of Cold War Area Studies," in N. Chomsky, et al. eds., *The Cold War and the University: Toward an Intellectual History of the Postwar Years*, New York: The New Press, 1997, pp. 195—231; B. Cummings, "Boundary Diaplacement: Area Studies and International Studies during and after the Cold War. " *Bulletin of Concerned Asian Scholars*,29(1),pp. 6—26。《关心亚洲学者组织公报》组织了对卡明斯一文的专题研讨,多篇论文同期发表;卡明斯一文并被收入 C. Simpson, ed., *Universities and Empire: Money and Social Sciences during the Cold War*, New York: The New Press, 1998, pp. 159—188。

　　几项重要的社会科学大型系列图书均未列入地区研究问题:D. Ross,ed., *The Cambridge History of Science*, Vol. 7, *The Modern Social Sciences*, Cambridge: Cambridge University Press,2003; R. Smith, *The Norton History of the Human Sciences*. New York and London: W. W. Norton & Company,1997; A. Kuper, & J. Kuper, eds., *International Social Science Encyclopedia*(*2nd Edition*), London and New York: Routledge, 2005; E. Hunt, & D. Colander, *Social Science: An Introduction to the Study of Society*,Boston:Pearson Education Inc,2005。对冷战时期社会科学与国际事务议题的讨论集竟然也未涉及地区研究议题,如:E. T. Crawford, & A. D. Biderman, eds., *Social Scientists and International Affairs: A Case Study for a Sociology of Social Science*, New York:John Wiley & Sons, Inc, 1969。只有《国际社会和行为科学百科全书》(*International Encyclopedia of the Social & Behavioral Sciences*,Amsterdam:Elsevier,2001)分列多项词条对地区研究加以细致说明和讨论。

① 就所谓大、小两方面的情况可各举一端:说"小"者,目前国内开展较多的美国中国学(China Studies)研究,总体上缺乏战后美国中国学是以地区研究运动为背景和条件这一认识;称"大"者,地区研究为战后美国国际主义乃至于文化多元主义提供当然的知识基础,这种意义经常为人忽略。

1943 年以后那个关键历史环节上在地区研究创建过程中所发挥的强有力的中心领导作用，所以充分利用社会科学研究理事会历史档案文献的研究将集中深入地呈现地区研究创建的历史篇章，而更细致周详的地区研究创生史则有可能修正和改变关于地区研究一些模糊或者片面的通行认识。社会科学研究理事会组建或者参与的地区研究专门委员会，其组织平台上所展开的讨论、制定的思想和行动议程，其与大学、学科学术组织和其他学术组织、基金会和政府机构展开的沟通联系和合作协调，其在对地区研究加以界定与合法化论说时所引入的新学科观念和话语要素，其所主持的研究状况调查和召集的各种层级的会议，特别是所发布的学术、思想和文化内涵丰富的报告，在很大程度上影响甚至规定了美国国际知识的形制、内容、特性和发展方向。

二、社会科学研究理事会平台上的地区研究创生史：一部学术规划史

　　二战期间美国军方项目在大学的大规模实施，在美国学术界的一些部分，尤其是社会科学研究理事会、美国学术团体理事会以及基金会和一些大学中，引发了对美国海外知识匮乏的紧迫感，也促生出关于构建地区研究的长远考虑——超越当下短期的、应急性的战争需要，从美国社会科学、美国高等教育乃至美国文化构造的长期目标着眼，使战争期间开始的地区研究获致高标准的学术专业化品质，并成为美国高等教育和学术生活的永久组成部分。民族地理学委员会以及社会科学研究理事会、美国学术团体理事会和洛克菲勒基金会首先着手对地区研究现有人员和设施资源进行调查，也展开了一些相关的研议和协作组织活动。此中产生了地区研究创建时期最初的一份调查

报告,即《芬顿报告》(Fenton Report)。① 应军方项目而生并与之密切配合的民族地理学委员会,其成员将战后地区研究的发展提上议事日程,成为战后地区研究的规划者和领导者之最初的集结。如民族地理学委员会成员中的罗伯特·霍尔(Robert Hall)和温德尔·本尼特(Wendell C. Bennett)日后都转入社会科学研究理事会的地区研究领导组织并发挥了突出作用。

　　一个更加值得注意的动向是,社会科学研究理事会出于其对美国社会科学在战后发展趋势的考虑,以及大转变时代需要社会科学做出重大转变和总体规划的明确思考,于 1943 年 1 月单独组建其下属的世界地区委员会(Committee on World Regions),该委员会旋即委派专任秘书汉密尔顿(Earl J. Hamilton)起草一个"声明",旨在提出对大学和政府的地区研究加以"指导"的"原则和政策"(principles and policies)。2 月底,初稿撰成并提交世界地区委员会讨论,是为《汉密尔顿报告》(Hamilton Report)。② 经委员会讨论修订,当年 6 月正式版本以"社会科学中的世界地

① 1943 年夏,民族地理学委员会建议对美国高等教育中地区研究现有设施予以考察,由威廉·芬顿等主持于当年 12 月开始调查。1944 年 5 月,芬顿受命将所调查结果写成关于 10 所高校的报告和一个最终报告,前者以《关于美国大学中地区研究的报告》(*Reports on Area Studies in American Universities*)油印形式集结为 6 册,分别是关于加州大学、芝加哥大学、哈佛大学、康奈尔大学、卡内基理工学院和格林奈尔学院的报告;最终报告则对整个调查的基本内容予以比较分析和总结,并就战时项目的经验对未来地区研究的规划的意义提出意见,于 1947 年由美国教育理事会(American Council on Education)出版,即《芬顿报告》。见 W. Fenton, *Area Studies in American Universities*;W. C. Bennett, *The Ethnogeographic Board*,Washington: Smithsonian Institution,1947;另见 http://www. oac. cdlib. org/findaid/ark:/13030/ kt3q2nd7nr/entire_tex/(2015－10－09)。

② By Earl Hamilton, Committee on World Regions, Social Science Research Council, February 25, 1943, Washington, D. C. ; Committee on World Regions, Meeting, February 25, 1943, Washington, D. C., SSRC Collection, Accession 1, Series 1. 19, Box 229, Folder 1386, Rockefeller Archive Center (Hereafter RAC), Sleepy Hollow, New York, pp. 34—45, 46—52.

区"为题，被散发到政府部门和各大学领导层。① 《汉密尔顿报告》篇幅不长，但视野宏阔、立旨长远，是地区研究创建进程中第一份宣言和行动纲领。在社会科学研究理事会内部，《汉密尔顿报告》还表达和引发了一种领导地区研究的强烈意愿。在 9 月的一次社会科学研究理事会高层会议上，社会科学研究理事会问题和政策委员会(Committee on Problems and Policy，社会科学研究理事会最主要的倡议、规划和审议机构)主席泡芬博格(A. T. Poffenberger)在向理事会主席所做报告中以大篇幅谈及世界地区委员会的工作，他大段引读《汉密尔顿报告》原文后发问："理事会难道不能、不应该在这个(地区研究)计划中发挥领导作用吗?"②

　　《汉密尔顿报告》发布以后，世界地区委员会的工作终止。但实际上，这份报告是社会科学研究理事会领导和规划地区研究事业的开始，而不是结束。地区研究的长期规划在社会科学研究理事会高层以及问题与政策委员会中的研议擘画并未停止，而且与大基金会尤其是洛克菲勒基金会和卡内基基金会就此保持密切联络和协商。问题和政策委员会委任了一个专任小组考察现有项目，以期跟踪地区研究方面的新进展并相应地制定工作方略。这样，社会科学研究理事会开始以比民族地理学委员会更系统深入和更多学理性的方式推动对地区研究的整体思考和长远规划。1944 年 3 月，社会科学研究理事会秘书处两位成员韦

---

① SSRC Committee on World Regions, *World Regions in the Social Science*：*Report of a Committee of the Social Science Research Council*, Mimeograph, New York, Social Science Research Council, 1943；Minutes, Meeting of the Board of Directors, New York, September 11—12, 1945, Council Minutes, 15—16 September, 1942 - 1 - 2 April, 1944, SSRC Microfilm Files, Series 9, Reel 24, RAC, p. 200.《汉密尔顿报告》初稿藏于洛克菲勒档案中心 SSRC 档案(见 290 页注释②)，终稿版本则在一些美国图书馆或者档案馆有藏。

② Minutes, Meeting of the Board of Directors, New York, September 11 - 12, 1943, Council Minutes, 15 - 16 September, 1942 - 1 - 2 April, 1944, SSRC Microfilm Files, Series 9, Reel 24, RAC, pp. 155—156.

宾克（Paul Webbink）和杨（Donald Young）提交了一份题为《关于在高等教育和研究中开展地区专业化规划的社会科学思考》（*Social Science Considerations in the Planning of Regional Specialization in Higher Education and Research*）的备忘录，着意从其与社会科学的关系之角度阐述地区研究的目标和功能，进而申述地区研究作为学术专业的标准和要求，试图给出"地区专业化的必要内容"，为地区研究的规划在学理上做进一步的概念廓清。该备忘录还讨论了地区研究的学科基础以及各主要社会科学学科各自的优势和作用，明确主张未来的地区研究应由社会科学（而不是人文和语言学科）主导，并在其中实现多学科整合。①《韦宾克-杨报告》（Webbink-Young Report）是继《汉密尔顿报告》之后社会科学研究理事会阐述其在地区研究方面意图和思想的又一份重要报告。1944 年 4 月，社会科学研究理事会董事会成员、芝加哥大学人类学家雷德菲尔德（Robert Redfield）写成《教育和研究中的地区项目》（*Area Programs in Education and Research*）一文（即《雷德菲尔德报告》（Redfield Report）），提交大学社会科学组织委员会的会议，并由社会科学研究理事会散发到与《汉密尔顿报告》相同的范围。②

因应战时需要而建立的民族地理学委员会在 1944 年之后工

---

① "Social Science Considerations in the Planning of Regional Specialization in Higher Education and Research," March 1944, Social Science Research Council Memorandum, from Paul Webbink to Roger Evans, March 10, 1944, The Rockefeller Foundation Collection, Record Group 3.2, Series 900, Box 31, Folder 145, RAC.

② Agenda, Meeting of the Board of Directors, Carmel, N. Y., September 10—13, 1944, Council Minutes, September 12—14, 1944 - 10 - 13 September, 1945, SSRC Microfilm Files, Series 9, Reel 24, RAC, p. 59. R. H. Davis, *South Asia at Chicago: A History*, Committee on Southern Asia Studies (COSAS New Series No. 1), University of Chicago, p. 31.

作任务逐渐减少,战时应急性地区知识人员培训和研究活动也转
入收尾阶段。在二战已经结束的 1945 年 9 月,社会科学研究理
事会、美国学术团体理事会和全国研究理事会三方联络组织"理
事会联席会议委员会"(Conference Board of Associated Research
Councils,1944 年春设立)决定,民族地理学委员会于 12 月 31 日
终止,以 6 个月时间进行相关资料移交和收尾工作。社会科学研
究理事会、美国学术团体理事会和全国研究理事会又于 1945 年
底共同委任接替民族地理学委员会的"世界地区研究考察委员
会"(Exploratory Committee on World Area Research)。委员会
包括 6 名成员,但其中最为活跃和有影响力的显然是来自社会科
学研究理事会方面的两位成员,即担任主席的霍尔(密西根大学
教授、地理学家,美国的日本研究先驱之一)及本尼特(耶鲁大学
教授、人类学家,拉丁美洲专家)。联合委员会的任务被规定为考
察与世界地区研究相关的各种问题,并在获得三个理事会共同授
权的情况下制订地区研究领域的行动方案。社会科学研究理事
会在说明建立联合委员会的动机时强调自身的考虑:"根据世界
地区对研究和教学加以组织的相关问题,自战争初期以来即引起
理事会的密切关注。"面对二战期间地区研究加速发展的情况,理
事会"认识到自身在这种局面下的责任,并为霍尔先生关于采取
行动的必要性和机遇的认识所引导,主张建立一个关于外国地区
和文化研究的委员会"①。

　　社会科学研究理事会具有与美国大公益基金会类似的科层

① Memorandum from the Chairman of the Committee on Problems and Policy and the
Executive Director to Directors of the Social Science Research Council,March 21,
1946,Series 9,Council Minutes,April 6—7,1946 – September 8—11,1947,
SSRC Microfilm Minutes,p. 31; SSRC,*Social Science Research Council annual
report*,1945—1946,New York,1946,p. 24.

制式的"组织刚性",而且自成立后积累了学术组织和规划的大量经验,同时承袭了美国自进步主义时期"社会调查运动"(social survey movement)以来形成的对调查、统计和计划的重视,可以说有一种在学术领域对"技术治理"(technocracy)和"社会工程"(social engineering)的"文化偏好"。由此可以理解,社会科学研究理事会领导和规划地区研究的意愿和能力显然强于其他任何组织。自战时建立的三大理事会联系机制似乎越来越成为社会科学研究理事会关于地区研究之主张和创议的掣肘,社会科学研究理事会尤其与美国学术团体理事会方面产生了公开的分歧和潜在的抵牾,更强化了社会科学研究理事会方面自1943年以来一直萌动着的在地区研究方面独自行动、确立领导权的意愿。这样,世界地区研究考察委员会实际上在1946年2月和4月召开两次会议之后即陷于停顿,未再发挥作用,至1946年12月18日正式由理事会联席会议委员会宣布解散。

然而在此期间,社会科学研究理事会在地区研究上的工作动力并未因联合考察委员会内部协作不利而稍有减退。在与美国学术团体理事会不能达成一致的情况下,1946年3月,社会科学研究理事会自行拨出专款,授权霍尔开展一项关于美国大学和学院内地区研究进展情况的调查。霍尔的调查从4月1日正式开始直至9月,其间,访问了精心选择的24所美国主要大学,并顺路走访了三个本科学院以及一些研究机构和基金会。霍尔考察了所选列大学中开展的114个地区研究项目,其中包括52个本科生项目、41个研究生培训项目以及21个针对特定地区的集体研究项目。霍尔调查的任务并非编列美国地区研究的项目目录(inventory)或清单(roster),而是把重点放在考察和评估地区研究对社会科学学术研究的意义上,因此,更关注研究生项目和集体研究项目,只把那些在人文学科之外至少有三个社会科学学系参加的项目列入考察范围。霍尔调查也关心地区研究和本科生通识教育的关系，但鉴于美国学术团体理事会等机构已对此着意，因而将这个问题放在较为次要的地位。调查按照美国六大地理区域（新英格兰、大西洋中部、中北部、西海岸地区、西南部和中西部南方）选取各区域有代表性的机构，显然有为地区研究的全国布局提供基础的意图。①

　　1946年9月，霍尔携调查成果返回纽约。他在向社会科学研究理事会的理事会议汇报时称，经由战时经历，很多高校产生或增加了对地区研究的兴趣，地区研究方面的活动相当活跃，相关项目和组织的存在比以往所知广泛得多。同时霍尔也指出，很多地区研究项目当前处于试验和蓝图阶段，相关思考和决定纷杂凌乱；关于地区研究在未来高等教育体系中的地位和作用，各高校内部意见分歧严重。霍尔强调指出，在这种局面下，正有待社会科学研究理事会发挥不可替代的领导和推动作用。他进而呼吁社会科学研究理事会单独建立一个新的地区研究委员会，其"任务是观察地区研究组织方面的趋势，并为未来发展制定计划"②。此后霍尔继续推动此议，并为新的委员会开列了多项工作和研议议程。1946年10月底，问题与政策委员会的会议决定将由社会科学研究理事会单方面发布霍尔调查报告，以此为起点开展新的调查研究，并同意建立"社会科学中的世界地区研

① Minutes，SSRC Meeting of the Board of Directors，New York，September 9 – 12，1946，Council Minutes，April 6—7，1946 – September 8—11，1947，SSRC Microfilm Minutes，Series 9，Reel 24，RAC，pp. 53—54；R. B. Hall，*Area Studies: With Special Reference to Their Implications in the Social Sciences*，Social Science Research Council，Pamphlet 3，1947，pp. 6—7.
② Minutes，SSRC Meeting of the Board of Directors，New York，September 9—12，1946，Council Minutes，April 6—7，1946 – September 8—11，1947，SSRC Microfilm Minutes，Series 9，Reel 24，RAC，pp. 53—54.

究委员会"（Committee on World Area Research in the Social Sciences）。① 随后在正式组建中弃去"社会科学"这一赘语，而定名为"世界地区研究委员会"（Committee on World Area Research，CWAR）。与先前三个地区研究委员会相比，世界地区研究委员会的人员组成有一个明显区别，即不再有代表其他理事会和基金会方面的成员，而且4位委员全部是社会科学家，这当然体现世界地区研究委员会对社会科学研究理事会和社会科学（而非人文学科）的归属。与1943年的"世界地区委员会"（Committee on World Regions）相比，新设委员会的名号中添加"Research"一词，意在凸显其强调学术导向、崇扬专业化/职业化的旨趣。② 显然，较之民族地理学委员会和三方联合委员会，由霍尔任主席、专属社会科学研究理事会的世界地区研究委员会是社会科学研究理事会更得心应手的组织手段。世界地区研究委员会的观点将更顺畅地转化为"政策"，而这种"政策"也将更易于化为实际的行动。世界地区研究委员会取代三方联合委员会，标志着地区研究的规划彻底脱离二战时形成的路径和组织模式，实现了这一事业由战争驱动向长期学术建设方向发展的重要转换。

地区研究当时之大局有两个突出情况：其一，在社会科学研

---

① Minutes，Committee on Problems and Policy，SSRC，New York，October 27，1946，Committee on Problems and Policy Minutes，April 5，1946 – October 27，1946，SSRC Microfilm Minutes，Series 2.1，Reel 6，RAC，pp. 235–236.

② 在19世纪晚期美国现代大学体系构造和学术职业化过程中，research一词与"纯科学"的客观性、精确性以及学术的专业化、职业化、制度化等观念要素密切结合起来，成为一种标示职业化学术的特殊精神气质（ethos）和智识合法性的语汇。参见 L. R. Veysey，*The Emergence of the American University*，Chicago：The University of Chicago Press，1965，pp. 121—179。1952年，SSRC主席称："理事会范围之内我们的共同目标是在社会科学中推进研究。""Annual Report of the President，"*Social Science Research Council Annual Report*，*1952— 1953*，New York，1953，p. 12.

究理事会方面以及与其保持密切联系的高校社会科学界、基金会方面的领袖人物中，经多年思谋研议，已就地区研究的理念和方略形成相当多的定见和共识；其二，多个高等教育机构经战时项目实施经验的刺激推动，地区研究方面的活动和项目陡然增加，但同时也存在突出的纷乱和无组织状况。因此对社会科学研究理事会而言，在繁多议题和事务中凸显出来的中心问题是：如何就地区研究的学术理念和组织建设的基本方略在全国范围内予以传播和推进，从而使地区研究稳固地嵌入当时的高等教育体系之中。世界地区研究委员会之积极活跃显然为前三方联合委员会所不可同日而语。

从 1946 年底至 1952 年春季，世界地区研究委员会共举行了 17 次会议。在其活动和研议日程中，推广和贯彻地区研究中业已达成的"长期智识议程"的目标更加明确和强烈，也以更加多样化、更具实践性的措施得到更加切实的实施。世界地区研究委员会的会议以不同程度的注意力和精力加以关注、商议的议题包括：地区研究的专业化质素和标准，地区研究和常规学科的关系，地区研究中社会科学和人文学科的平衡，地区研究和语言教学研究的关系；地区研究在高校中适当的组织形式，中心、研究所和项目以及常规系科各自的优势和缺点，地区研究组织与常规系科的配合协作；如何确立地区研究的"全世界覆盖"格局的问题，地区研究的合理地理区划方式，以及是否和如何给各分支地区的研究制定优先发展次序的问题；地区研究和通识教育的关系，地区研究中本科和研究生教育的关系；地区研究专业化培养中常规系科与地区研究组织和项目的关系，国外学习、田野工作以及在本科接受培训的关系；促进官方战争文件的解密，使之成为地区研究可用的资料，建立地区研究资料库和加强图书馆建设（曾一度考虑建立全国性地区研究信息中心），发布地区研究公报或者简报，选列编制美国优秀的地区研究中心目录；地区研究项目如何与其他学术项目(尤其是富布赖特项目)相衔接配合的问题;在地区研究方面与政府、商业界和其他学术团体保持沟通和协作,推动政府机构对地区研究的支持;地区研究人力资源的各种来源,充分利用外国在美学者的问题,以及如何增进地区研究学者的就业机会和职业前途;等等。这些议题既涉及学科认识论问题,又涉及高等教育机构内部组织调整和改造的问题,当然还有一些属于具体行动措施。可以想见,通过与高校的各种联系和传播途径,这些研议对高校地区研究的建设自然有启发、指示和建议作用。而地区研究的构建过程内容之繁杂、牵连之广,由此可见。

　　1946 年 11 月至 1947 年 11 月的一年间,世界地区研究委员会召开了 6 次会议。此间三项工作尤为突出:第一是在《霍尔报告》(Hall Report)的基础上对地区研究的认识论和实践方略问题继续予以深入研议;第二是提出召开地区研究全国大会并进行相应的筹备;第三是对设立全国性地区研究奖学金一事进行实际部署和操作。① 与此同时,世界地区研究委员会还设立下属的西海岸地区分委员会(Pacific Coast Subcommittee on World Area Research),以求推进地区研究规划和研议在全国范围内充分开展,进而促进地区研究在全国的平衡发展。② 1947 年 1 月 11 日,世界地区研究委员会第二次会议对尚在社会科学研究理事会内部流通、并加以"严格保密"的《霍尔报告》予以审议,商讨其修改和公布事宜。会议显然意识到《霍尔报告》的意义非同寻常,在对

---

① Minutes and Appendixes, Committee on World Area Research, Social Science Research Council, First Meeting, November 9, 1946, Office of the Social Science Research Council, New York, N. Y., SSRC Collection, Record Group. 1, Series 1. 19, Box 229, Folder 1386, RAC, pp. 154—160.

② Committee on World Area Research, SSRC, Fourth Meeting, May 11, 1947, Institute of Human Relations, New Haven, Connecticut; Pacific Coast Subcommittee on World Area Research, Summary of a meeting held at the Hoover Institute, Stanford University, October 18, 1947, SSRC Collection, Series 1. 19, Box 229,Folder 1386, RAC, p. 173; pp. 184—186.

报告初稿表示"高度赞成"的同时，决定通过吸收委员会其他成员的意见，将报告由一份表达霍尔个人观点的研究提升为委员会的集体意见，并作为社会科学研究理事会公报予以发布。[①] 5 月，社会科学研究理事会在其工作文件系列中以《地区研究及其对社会科学研究之意义的思考》(*Area Studies：With Special Reference to Their Implications in the Social Sciences*)为题发布《霍尔报告》。[②] 该文件梳理、分析了美国地区研究的现有基础，并力图呈现 1943 年以来美国学术共同体在地区研究议题上已经形成的基本共识，在此基础上系统、深入地阐发了地区研究的理念以及战后地区研究发展的基本方向和诸多内容，在地区研究创生史上具有首屈一指的地位，堪当地区研究"宪章"。《霍尔报告》的发布也使地区研究全国大会有了一个讨论的共同基础。

1947 年 11 月 28 至 30 日，经由世界地区研究委员会和社会科学研究理事会其他层级会议近一年的筹划，在卡内基基金会的赞助下，美国学术史上罕见的地区研究全国大会(the National Conference on the Study of World Areas)在哥伦比亚大学男教授俱乐部(Men's Faculty Club)举行。会议在酝酿参会人员名单时考虑学科、地区和机构的代表性，但更重要的意图是要集合那些"有成熟的研究、思想和洞察力并对地区研究有强烈兴趣的人"，而且这些人"要么能够对地区研究的思考做出真正的贡献，要么有必要就地区研究学到些什么"(后者显然是指那些对地区研究的意义还认识不足的人)。最后确定代表社会科学研究理事会方面参会者 11 人，社会科学研究理事会以外发出会议邀请 109 份，

---

① Minutes，Committee on World Area Research，SSRC，Second Meeting，January 11，1947，New York，Recorded by W. C. Bennett；Appendix A，Memorandum，SSRC Collection，Record Group. 1，Series 1. 19，Box 229，Folder 1386，RAC，pp. 161—165.

② R. B. Hall，*Area studies：With Special Reference to Their Implications in the Social Sciences*.

会前将《霍尔报告》散发到每一个参会者手中。实际与会者为 105
人,其中 74 人是大学教授、17 人是联邦官员、5 人是基金会成员、
9 人来自其他学术机构。会议特意要求参会者均不代表所在机构
发言,用意显然在于使学术意见得以充分、自由地表达。参会者
包含了当时地区研究领域的倡导者、领导者,即那些从 1943 年以
来深入介入地区研究的研议和规划者,包括曾在各个地区研究委
员会机构任职的人士;其中也有当时以一己之力在各个高校筚路
蓝缕,开拓海外研究的为数不多的学者,如中国和东亚领域的欧
文·拉铁摩尔(Owen Lattimore)、费正清(John King Fairbank)、
韦慕庭(C. Martin Wilbur)、埃德温·赖肖尔(Edwin O.
Reischauer)等人;此外,还有一些代表美国社会科学各学科而严
格意义上并非地区研究的学者,但其工作涉及外国问题或者本人
对地区研究有某种兴趣且参与高校地区研究的重要学者,其中如
政治学家、后任社会科学研究理事会主席的彭德尔顿·赫林
(Pendleton Herring),社会学家塔尔科特·帕森斯(Talcott
Parsons),人类学家克莱德·克拉克洪(Clyde Kluckhohn)和露
丝·本尼迪克特(Ruth Benedict),经济学家瓦西里·里昂惕夫
(Wasily W. Leontief)和亚历山大·格申克龙(Alexander
Gerschenkron),等等。在全体成员参与的会议之外,本次大会还
按大地理区域分为苏联、拉丁美洲、欧洲、近东、远东、东南亚和印
度举行小组会议。① 全国大会之后,社会科学研究理事会委托哥

① Minutes of the Committee on World Area Research, September 12, 1947; Minutes
of the Committee on World Area Research, November 2,1947, SSRC Collection,
Series 1. 19, Box 229, Folder 1386, RAC, pp. 176—178,189—194; C. Wagley,
Area Research and Training: A Conference Report on the Study of World Areas,
Social Science Research Council, Pamphlet 6, 1948, pp. iii—iv,1—4,52—58. 中国
学者李安宅(Ll An-Che)也受邀与会,他参加了远东小组,并在大会上发言。关于大
会情况的报道,另见 C. Wagley, "The Study of World Areas: A Report on the
National Conference," *Items*,2(1),1948,pp. 1—6。

伦比亚大学人类学家、拉丁美洲专家查尔斯·瓦格雷（Charles Wagley）就会议情况予以记录和总结，次年以社会科学研究理事会工作报告的形式公开出版，以求进一步巩固、传播全国大会的成果，此为《瓦格雷报告》（Wagley Report）。霍尔称："美国地区研究和地区培训随着这份关于世界地区研究全国大会的报告而告一段落。"①

　　世界地区研究委员会自建立以来着力推动的另一事项是建立全国性的地区研究奖学金项目，及至全国大会前，也已就此形成意向共识和较为细致的方案。这一项目的要旨是从各种层次以及各种可能的来源为合格人员严重短缺的地区研究"招募"从业者，以求在短期内扩充地区研究人员力量。在多次研议的基础上，1947 年 11 月 2 日，世界地区研究委员会召开会议划分了功能明确的三种奖学金项目：给博士和博士后阶段的学者提供的田野研究培训资助、为吸引社会科学常规学科中的成熟学者进入地区研究领域的所谓"改宗资助"（Conversion Fellowships），以及针对资深地区研究专家进行海外研修的补充性资助。与此同时，社会科学研究理事会经与卡内基基金会接洽求助，得到后者对地区研究奖学金项目 10 万美元的第一期专项支持。1948 年 1 月，世界地区研究委员会第七次会议通过了关于建立地区研究培训奖学金（Area Research Training Fellowship，ARTP）和世界地区研究旅行资助（Travel Grants for Research in World Areas）两个项目议程，并决定在世界地区研究委员会之外建立地区研究培训奖学金委员会（Committee on Area Research Training Fellowships，CARTF），全权负责以上两个项

---

① C. Wagley, *Area Research and Training: A Conference Report on the Study of World Areas*, pp. 52 – 58.

目的人员选拔和管理。① 该委员会工作任务与世界地区研究委员会相互协调，人员组成与世界地区研究委员会有所重叠，亦可视为后者的附属组织。由此社会科学研究理事会实际上建立了一个特别机制，在其多年来对社会科学人才施行奖励资助的一般框架——当时由社会科学人才委员会（Committee on Social Science Personnel）统一管理——之外，对地区研究人才培养着重予以支持。1949 年，卡内基基金会又提供了第二笔赠款 13 万美元。② 截至 1953 年，地区研究培训奖学金在 6 年间累计向 216 人发放了奖学金和旅行资助，总金额超过 70 万美元。地区研究学者因而"得以前往世界上几乎所有可以去的地方开展他们的研究"。③

为推进地区研究专业化、探索和界定地区研究的方法并建立高水平研究的典范，世界地区研究委员会曾先后考虑在"示范性研究计划"（Demonstration Research Project）、"试点田野研究计划"（Pilot Field Research Project）和"鉴定项目"（Appraisal Project）名目下直接组织研究项目。由于拉丁美洲研究在当时美国社会科学对海外研究中具有某种领先地位（在战争期间的 1942 年，社会科学研究理事会与全国研究理事会、美国学术团体理事

① SSRC，*Annual Report of the Social Science Research Council*，1946—1947，New York，1947，p. 23；SSRC，*Annual Report of the Social Science Research Council*，1947—1948，New York，1948，p. 31；Committee on World Area Research，Social Science Research Council，Meeting，March 2，1947，pp. 166—167；Appendix A，Correspondence from John W. Gardner to Donald Young February 19，1947，pp. 168—171；Minutes of the Committee on World Area Research，November 2，1947，pp. 191—193；Minutes of the Committee on World Area Research of the Social Science Research Council，January 11，1948，pp. 196—197，SSRC Collection，Series 1. 19，Box 229，Folder 1386，RAC.

② Minutes of the Committee on World Area Research，November 13，1948，SSRC Collection，Series 1. 19，Box 229，Folder 1386，RAC，pp. 221—222.

③ "Annual Report of the President，" *Social Science Research Council Annual Report*，*1952 –1953*，pp. 15—16.

会共同建立了拉丁美洲联合委员会，开展了大量工作）①，同时鉴于人类学方法对海外研究具有普遍意义，能够给地区研究提供相对宽阔的基础，世界地区研究委员会在 1948 年春选定哥伦比亚大学人类学家朱利安·斯图尔特（Julian Steward）主持一个全面考察波多黎各文化的研究项目。② 斯图尔特属于少数已对地区研究的整体问题有深入思考的专家，而该项研究是从他所属的人类学角度定义地区研究并构造地区研究之一般工作路径的一种尝试。虽然这引起对如此多样而分散的领域是否可能确立共同工作法则的怀疑，但世界地区研究委员会认为这一项目对深入推进地区研究的概念、理论和方法——尤其是跨学科工作方法——的探索和讨论大有助益，仍属意于推广该项研究。为了使地区研究工作者从斯图尔特的研究实践中充分获益，世界地区研究委员会特意安排斯图尔特在 1948—1949 年扩充其研究，经世界地区研究委员会委员和其他学者对初稿的审阅，于 1950 年春以社会科学研究理事会工作公报的形式发布，是为《斯图尔特报告》（Steward Report）。③

　　1949 年 10 月以后，世界地区研究委员会又开始筹备第二次地区研究全国大会，此事继续得到卡内基基金会的资助支持。1950 年 5 月 5 日至 7 日，大会在哥伦比亚大学召开，有 97 名代表

---

① SSRC, *Social Science Research Council Annual Report*，*1942—1943*，p. 25；SSRC, *Social Science Research Council Annual Report*，*1944—1945*，New York，1945，p. 30；SSRC, *Social Science Research Council Annual Report*，*1945—1946*，p. 29.

② Minutes of the Committee on World Area Research，September 12，1947，p. 179；Minutes of the Committee on World Area Research，November 2，1947，p. 193；Minutes of the Committee on World Area Research，January 11，1948，pp. 195—196，RAC，SSRC Collection，Series 1. 19，Box 229，Folder 1386.斯图尔特对地区研究认识论和方法的讨论思考，见 Agenda 2，May 15，1948，"Area Program Planning," RAC，SSRC Collection，Series 1. 19，Box 229，Folder 1386，p. 207.

③ J. H. Steward, *Area Research：Theory and Practice*，Social Science Research Council Bulletin 63，Committee on World Area Research，1950.

参会,以小组讨论和圆桌会议方式就"地区研究的方法和成果"
"地区研究在大学的地位""地区研究未来的作用"以及"地区研究
与世界事务"展开讨论。大会主席指出:"如果把 1950 年与 1945
年相比,我们可以看到,学生、教授和大学管理层(对地区研究)的
态度已然发生巨大变化,说明我们为此付出的时间、金钱和精力
全都是值得的。很大程度上是因为地区研究项目的开展,今日大
学的课程已经更好地适应了现代世界的现实。"第二次大会"在更
多研究的基础上,基本上肯定了 1947 年大会就以下问题做出的
结论,即:开发高素质人才,提供培训奖学金,提供田野工作条件,
改善地区研究组织,开发更精确的理论和技术等方面"。与第一
次大会相比,高扬的乐观情绪让位于对地区研究实践已开展项目
的冷静评估,以及对其中更具体、更困难的问题的仔细审视,同时
关注的中心从"地区研究能为社会科学贡献什么"转向"社会科学
各学科能为地区研究做些什么"的问题①。这显示出地区研究创
建者在地区研究的学术合法性已被广泛认可的情况下,更多关注
实际操作和细节政策问题。1950 年大会亦由社会科学研究理事
会秘书处的辛德尔(Richard H. Heindel)撰成总结报告,是为《辛
德尔报告》(Heindel Report)。②

　　社会科学研究理事会与卡内基基金会以及一些美国大学的
领导层酝酿继霍尔调查后举行一次对美国大学地区研究状况的

---

① G. E. Taylor, "Notes on the Second National Conference on the Study of World Areas," *Items*, 4(3), 1950, pp. 29—32; Minutes, Committee on Problem and Policy, February 18, 1950, p. 257; Appendix 19, Committee on World Area Research Annual Report, 1949—1950, Committee on Problems and Policy, p. 356, Committee on Problems and Policy Minutes, 18 February, 1950 - 29 - 30 July 1950, SSRC Microfilm Files, Reel 7, Series 2.1; SSRC, *Social Science Research Council Annual Report*, *1949—1950*, New York, pp. 11—12.
② R. H. Heindel, *The Present Position of Foreign Area Stutdies in the United States: A Post-conference Report*, Mimeograph, Committee on World Area Research, Social Science Research Council, New York, 1950.

新调查。1949 年 2 月 2 日，卡内基促进教学基金会（Carnegie Foundation for the Advancement of Teaching）召集美国主要大学校长会议，提议就地区研究情况进行新的普查，目的是获取关于大学地区研究，尤其是已经建立的中心组织的状况的准确图景。调查结果由世界地区研究委员会委员本尼特撰写成文，题为《美国大学里的地区研究》（*Area Studies in American Universities*），于 1951 年 6 月由社会科学研究理事会公布，是为《本尼特报告》（Bennett Report）。① 报告对所考察各主要高校地区研究项目予以梳理介绍，并指出未来地区研究有待加强的方面和需要克服的障碍；报告也显示出已经形成的地区研究共同体对 1949 年杜鲁门政府提出的"第四点计划"的重视和回应，讨论了地区研究能在多大程度上和以何种方式对政府方面的需要给予帮助，以及与政府加强协作的可能性和方式等问题。

第二次全国大会和《本尼特报告》发布后，美国的地区研究全国格局基本确定，世界地区研究委员会工作明显趋向收缩，只在增进政府部门对地区研究的兴趣和支持方面有所擘画和作为。实际上，为适应地区研究向纵深发展、加速实际研究开展的需要，接续 1942 年建立拉丁美洲研究委员会的先例，社会科学研究理事会先后于 1948 年和 1949 年与美国学术团体理事会联合组建斯拉夫研究委员会、南亚研究委员会和中近东研究委员会，这些致力于建立个别地区研究分支的组织与以总体规划为任务导向的世界地区研究委员会平行存在至 1953 年。1953 年 2 月，世界地区研究委员会主持举行了一次以公共卫生为主题的会议，意图是为公共卫生专家和地区研究专家共同研讨欠发达国家的当代问题提供机会，同时也敦促地区研究超越单纯学术研究的眼界而

---

① W. C. Bennett, *Area Studies in American Universities*, Committee on World Area Research, Social Science Research Council, New York, 1951.

更多关注外部世界的现实问题。① 这是世界地区研究委员会的最后一次活动,当年它与地区研究奖学金委员会同时平静地终止工作,此后社会科学研究理事会在地区研究方面的兴趣和努力出上述各分支地区委员会以及 1954 年建立的比较政治学委员会(Committee on Comparative Politics)所承担。②

三、地区研究创生史的长期历史和知识社会学透视

地区研究创生史之基干部分,就此告一段落。在这段历史中,贯穿着作为制度工具和组织平台的民族地理学委员会(1943—1944)、世界地区委员会(1943—1944)、世界地区研究三方联合考察委员会(1943—1946)、世界地区研究委员会(1946—1953)、地区研究培训奖学金委员会(1947—1953),以及拉美(1942—1947)、斯拉夫(1948 年设立)、南亚(1949 年设立)、中近东(1949 年设立)等几个个别地区委员会,其中 1946 年以后社会科学研究理事会专属的世界地区研究委员会发挥了强有力的、特殊的规划和组织功能。在这些组织平台上举行的数次各种规模和层级的会议,尤其是 1947 年和 1950 年的两次全国地区研究大会,承担着学术思想史方面的丰富内涵和学术制度创设的重要意义。这十年间依次问世的《汉密尔顿报告》(1943)、《芬顿报告》(1944,1947)、《韦宾克—杨报告》(1944)、《霍尔报告》(1947)、《瓦

---

① Appendix 23,Committee on World Area Research Annual Report, 1951—1952, by the Staff of the Committee, Council Minutes, 8－11 September, 1952 – September 15－18, 1953, Reel 25, Series 9, SSRC Microfilm Files, RAC, pp. 165—166; "Annual Report of the President," *Social Science Research Council Annual Report*, p. 16.

② 1959 年以后,SSRC 又先后设立关于拉美(重建)、非洲、东欧、中国、日本、韩国等国家和地区的专门委员会。K. W. Worcester, *Social Science Research Council, 1923—1998*, Social Science Research Council,2001, pp. 115—127.

格里报告》（1948）、《斯图尔特报告》（1950）、《辛德尔报告》（1950）、《本尼特报告》（1951）等历史文本，负载着地区研究领导集团的抱负、思虑和学术规划蓝图，也清晰刻录了这一历史进程的各个环节和阶段。以社会科学研究理事会为主体的学术共同体领导层对地区研究的规划是地区研究创生史的基干，其中的委员会组织、会议和报告又是这一学术规划史的主要元素；或者可以说，这些委员会、会议和报告蕴含和昭示着早期阶段地区研究运动的规划和组织的特性。在这一历史时期，学者个体、学术机构（高等院校）、地区研究之下级单元（特定国别和地区分支）和学派等各个层面的基层学术史的意义是次要的，而呈现在高层中枢平台（即社会科学研究理事会）的规划和组织才是首要的关键因素。与这种规划特性同样明显的是，在地区研究的创生和早期发展中呈现出明显的整体布局、全面推进、高速发展的性状。这一基本状况要求我们以更充实的知识社会学和科学"外史"（external history）问题意识来认识和阐发地区研究。就此而言，桑顿（David L. Szanton）称地区研究是一项"强大的社会和智识发明"（powerful social and intellectual invention），恰如其分。

地区研究创生的历史篇章展现或牵涉美国学术史和公共生活史的多重面向、多种问题，但它直接和首先显示的是学术组织和学术规划在一个重要知识领域之形成中的决定性作用。而这一点也许要联系认识美国历史的更大图景才能得以领会。自19世纪晚期并行的进步主义运动和高等教育革命以来，互有交叉重叠的社会调查运动、城市管理运动和社会改良运动建立起社会知识和公共生活之间前所未有的密切关系，"社会智能"（social intelligence）和"技术治理"（technocracy）理念日趋丰沛并广泛传播，致力于运用知识改善社会的各种公民组织（civic organizations）和"旨趣团体"（interest groups）层出不穷，大公益基金会更将"科学公益"（scientific philanthropy）和对社会科学的支持确立为其工作任务，学术规划因而也获得最初的实施。与此同时,伴随着社会科学学科在大学体系里的扩张以及职业化、制度化,崇尚客观性、确定性、精确性的实证主义成为美国社会科学学术的文化底色,一方面规范化社会知识的生产能力大为提升,另一方面现代专业化知识体制本身就赋予智识生活以前所未有的组织性和规划性。凡此诸般,潮流汇聚,美国式"规划"(planning)理念和规划文化得以生发成长;而于上述各项历史事态,社会科学研究理事会或接续余流,或深涉其中,不仅成为美国在社会政治和公共管理领域规划理念和实践的主要推手之一,而且也从不迟疑退缩于将计划施诸学术领域①。社会科学研究理事会创建20多年来已在美国社会科学领域占据特殊权威地位,且借学术规划积累丰富经验,至时机来临之际承担地区研究创建大任,根深蒂固。只是以地区研究事业规模之巨大、任务之迫切、牵涉之繁复,在社会科学研究理事会工作历史上即便不是仅此一例,亦属罕见。在自然科学领域,大约同一时期"大科学"模式因"曼哈顿计划"而大行其道,当时与后世均备受关注。② 地区研究创生运动中则有某种意义上的"大社会科学"赫然浮现,其资金投入固然不如曼哈顿计划,但其对学术体制牵动之大、对智识生活影响之巨,或与前者可有一比。

美国式的计划理念和实践在公共事务领域(包括政府政治领域)的扩张中有三项要素殊为突出。第一是任务为本、功能单纯、

① O. Zunz, *Why American Century*? Chicago: The University of Chicago Press, 1998, pp. 3—45; W. E. Akin, *Technocracy and the American Dream: The Technocratic Movement, 1900—1941*, Berkeley: University of Chicago Press, 1977; J. A. Smith, *The Idea Brokers: Thinktanks and the Rise of The New Policy Elite*, New York: The Free Press, 1991; G. Alchon, *The Invisible Hand of Planning: Capitalism, Social Science, and the State in the 1920s*, Princeton: Princeton University Press, 1985; D. Fisher, *Fundamental Development of the Social Sciences: Rockefeller Philanthropy and the United States Social Science Research Council*.

② P. Galison & B. Hevly, eds., *Big Science: The Growth of Large-scale Research*, Stanford, Calif.: Stanford University Press, 1992.

目标清晰的小组形式的组织设施，即"委员会"，常见以
committee、commission、task force 或 board 为名，其活动在不同
程度上涉及研究、论说、咨议、决策，人员构成往往以专业知识和
经验上的资质和权威性以及与相关领域的代表性和联系效能
（associational effects）为依据。第二是针对特定议题和任务，充
分动员、恰当配置专业知识，广泛采集、测量和分析事实数据，并
往往指向规划纲领和政策方案的文体类型，即"报告"（report）。
报告，特别是大型报告经常跨越专业化知识的常规界限，兼涉或
贯通思想和行动、目标和现状、历史与当下、原理和方案，是在高
度专业化、知识化的社会公共事务中计划、实践最通用的工具。
第三是在委员会内部或在委员会主持下频繁举行的各种层级、规
模、形式的会议。它们承担商议（deliberation）、传播（教育）、发起
创议、酝酿共识的功能，是一种体现集体合作、民主商议的常规工
作方式。借用社会学家查尔斯·梯利（Charles Tilly）所说"社会
抗争运动的戏码"（repertory）一语，此三要素正构成历史的演化
并获具文化意涵的"美国式规划实践的戏码"。① 20 世纪美国历史
枝枝节节纷繁多出，其间，"委员会"和"报告"也层出不穷，其中多
有堪为历史进程的载体和历史环节的标记。在美国已形成的"公
民组织"和技术治理两方面的强大传统之下，才有此三项戏码在
公共生活中的显要作用。此举或可为美国特性之一端？不论如
何，这里已经看到，在地区研究创生史的大剧中，承载着美国历史
和文化某些特定要素的三项"规划的戏码"如何交错上演并大发

---

① 梯利在使用 repertory（源自法文 repertoires）时有意借重该词连带的文化维度和历
　史含义，这也是笔者在此引入该词所试图传达的意涵。参见 C. Tilly, *Regimes and
　Repertoires*, Chicago：University of Chicago Press, 2006；孙琇：《解读梯利：查尔
　斯·梯利的政治转型研究与美国历史社会学的发展》，济南：山东人民出版社，2015
　年，第 145—171 页。

其效。①有鉴于此,笔者很难认同多年关注地区研究问题的兰博特
(R. D. Lambert)称美国地区研究是一种"自由放任式增长"(laissez-
fairc growth)的说法。② 至少对创生十年而言,其所谓"自由放任"
并不适用。

　　计划在地区研究创生史中的突出作用,使人联想到一个乍看之
下似不相干领域的"格申克龙命题"。经济史学家格申克龙在遍察
欧洲各国工业化后发现,一国经济之"相对落后"程度越高,该国在
后来经济发展中越可能呈现出强调高速度、大规模、整体推进的特
性,越可能借重非经济干预和基层经济单位以外的制度工具,也就
会在更大程度上脱离原有经济生活的自然演进轨迹或者说"历史路
径依赖",更多受制于"赶超"的目标设置和中央计划。③ 这里不用
牵强引入此说,在于可用它协助理解地区研究创生史的一个关键机
理:在 20 世纪 40 年代,一方面是美国海外研究的薄弱状况,另一方
面是美国社会科学领军群体对这一知识领域应然状态的期待
(expectations),这两者之间的巨大差距是学术规划主导地区研究创
生过程的根本原困。在两个案例中,计划都意味着对现状的不满和
对"自然进程"的废弃。只不过格申克龙的领域与地区研究的领域

① 此处讨论,受以下研究启发:G. Myrdal, "Spread and Impact of the Ideology of
　　Planning," *Asian Drama*: *An Inquiry Into the Poverty of Nations*,London: Allen
　　Lane/Penguin, 1968, pp. 709—740, J. B. Cullingworth, *The Political Culture of
　　Planning*: *American Land Use Planning in Comparative Perspective*, New York:
　　Routledge,1993; F. H. MacGregor, *City Government by Commission*, Madison,
　　Wisconsin: The University of Wisconsin, 1911; T. R. Wolanin, *Presidential
　　Advisory Commissions*: *Truman to Nixon*, Madison,Wisconsin: The University of
　　Wisconsin Press,1975; D. G. Marquis, "Research Planning at the Frontiers of
　　Science," *American Psychologist*,3(10),1948,pp. 430—438。
② R. D. Lambert, "Blurring the Disciplinary Boundaries: Area Studies in the United
　　States," *American Behavioral Scientists*, 33(6),1990,pp. 712—713。
③ A. A. Gerschenkron,*Economic Backwardness in Historical Perspective*: *A Book of
　　Essays*, Boston: Belknap Press of Harvard University Press,1962. 对格申克龙命题
　　的发挥,见 D. Senghaas, *The European Experience*: *A Historical Critique of
　　Development Theory*, Leamington: Berg Publishers,1985。

之间还有一个并非不重要的差别，即：格申克龙的落后国家经济赶超计划更多受到表现为国际发展差距的"相对落后"的驱动；而地区研究的规划更多立基于"绝对落后"之上，也就是在本国社会科学学术、公共智识生活和国家使命的参照范围内诊断其国际知识的虚弱、欠缺和"落后"，而不是在与他国的比较中认知现状、想象差距和制订规划。美国的地区研究创建者自《汉密尔顿报告》后一再迫切表达对美国海外研究薄弱的不满和危机感，其中也可见到他们对欧洲传统海外研究大国经验的考察分析，但从未出现以欧洲某国（如德国、英国）为典范和"赶超"对象的想法和表述。① 证之以事后大体状况，美国地区研究与欧洲海外研究传统有两个截然的断裂：其一是在智识上与其欧洲式人文学术和东方学传统的断裂；其二是在制度方面，美国的地区研究不像欧洲海外研究那样依赖政府的资金投入或者政府下属研究机构。这里要注意，领导和规划地区研究的是社会科学研究理事会，而它是一个非政府组织，尽管也是一个"全国性"（national）组织。它的领导地位在于其在学术共同体权威体系中的地位，而不是其政治和行政权力。

　　第二个方面的差异可能具有更加重大的意义。在世界大多数国家，海外研究的规模经常取决于政府机构资金支持和建立研究机构的政策举措，非政府学术部门在通常情况下不会供养大规模的域外研究队伍，尤其是本国文化传统区域以外的地区研究。1940 年以前美国的情况大抵如此。② 其中很可能有一个机理在

---

① 实际上，《汉密尔顿报告》初稿以很大篇幅讨论了英国、法国、意大利，特别是最为强大的德国海外研究，但并未提出倾向性意见。在随后举行的世界地区委员会会议上，不仅汉密尔顿本人表示无意以德国模式为范例，而且其他与会者也指出以欧洲模式作为范例是危险的。Committee on World Regions, Meeting, February 25, 1943; Committee on World Regions, SSRC, Dinner Meeting, April 14, 1943, SSRC Collection, Accession1, Series 1. 19, Box 229, Folder 1386, RAC, p. 49, pp. 50—52.

② R. D. Lambert, "Blurring the Disciplinary Boundaries: Area Studies in the United States," *American Behavioral Scientists*, 33(6), 1990, pp. 712—713.

起作用,即职业化、专业化学术追求"高深研究"(advanced research)的律令会自发产生优待本国研究而排抑外国研究的效应,至少在有些学科如此。二战期间军方项目的大规模实施打断了已经职业化了的美国学术生活的"自然"进程,地区研究因而获得在学术的"自然进程"下或许不可能出现的发展机遇。

　　的确,战后地区研究在很多方面发端于战时军方"外国地区和语言"名目下的培训项目,两者之间存在直接的、实质性的依承关系。单就多所大学因战时项目而首次纳入地区研究,强化相关人员和设施,并在理念、管理和组织方面做出相应设置和变更而言,可以说这是二战留给战后地区研究的一笔切实遗产。战时项目开启大规模的跨学科协作,是很多美国大学的全新经验,为战后各高校内部为地区研究的教学和研究以及相应的组织重建提供了最初凭据。①《芬顿报告》据在 1944 年所做的调查称:一些学校管理层非常欢迎陆军专门化培训项目,因为这是一个打破系科隔阂、在特定地区的文化基础上实现统一的学术规划和组织的机会。同时主持军方项目的大学学者更加认识到,这一就美国以外的世界展开的研究项目"在学院和大学的历史上没有前例",靠现有社会科学课程体系无法满足其需求;而且现有学科格局和地区研究的目标存在多方面的冲突和不适应。为此,参与军方项目的高校经常成立跨系委员会进行必要的组织协调。《芬顿报告》还指出:"如果我们把整合性地区研究界定为为了探究一个特定地区的整体文化和文明而结合社会科学的方法和人文学术的研究对象,那么就可以看到,我们现在已经获得了一种研究途径或者学术实体,

───────────

① 如哈佛大学校长科南特(James Conant)说明战时项目与哈佛战后地区研究计划的依承关系:"一个特别(军方地区研究)项目组建起来,其中包括对特定国家和地区的语言、文化、地理和经济背景的学习研究。事实证明这种路径的价值如此之大,所以(哈佛)文理研究生院现已就一个地区采纳了一个计划,而关于其他地区的计划也在酝酿之中。" "The College Curriculum," *The President's Report*, 1946, Harvard University, 1947, January 13.

而这是到目前为止的学院或者大学已有的任何学科和研究领域所不能提供的。"①而且，社会科学研究理事会、美国学术团体理事会和大基金会开始推动和规划地区研究并相互间展开协作，在这一过程中形成地区研究的领导集团，也因军方战时项目而起。

但是战时军方项目和战后地区研究的这种继承关系——以及相应的政府和军方在战后地区研究中的地位和作用——不应过度放大。一个关键问题在于，把战后地区研究看成战争期间军方项目模式的复制和扩大，进而断定冷战时期地区研究也主要受冷战斗争的需要和政策动机的支配，这是有偏颇和误导的。上文已经述及，在从战争当中到战后的大约十年时间里，地区研究理念的构建、规划的推行以及相关的研议和传播在持续进行中，战时项目不过是这一进程的发端。而战争尚未结束，这个研议和规划进程已经就在美国学术共同体的某些关键部分（最重要的是在社会科学研究理事会的组织平台）启动了——在这里不可忽略一个基本事实，地区研究的规划活动毕竟不是在政府官僚和军人操持之下。为地区研究进行的整体规划与战时项目有着根本不同：它不再仅仅着眼于急迫的军方和政府的需要，而更多地基于美国社会科学、美国文化长期发展的长远思考，尽管为政府政策目标服务从来也不是地区研究所刻意排拒的。《汉密尔顿报告》中的这段文字可为此佐证：

> 我们关于海外土地的全面知识的需求不会随着停战和重建而消失。无论国际格局呈现什么样的性状，美国都将获得前所未有的机遇，也面临沉重的责任。便利、快捷、廉价的通信和交通势将促进各国间经济、政治和文化的关系，贸易、海运、航空、新闻、石油的生产和分配、银行业、工业、政府机构、通信都会要求千千万万的美国人把他们的职业和技术训练与关于外国的语言、经济、政治、历史、地理、民族、风俗习

---

① W. Fenton, *Area Studies in American Universities*, p. 22.

惯和宗教的知识结合起来。为了担当我们作为联合国家成员的战后角色,我们的公民必须了解外国土地上的人民、文化和制度。展望未来,关于世界地区的研究、研究生培养、本科生教学、基础教育都将不可或缺。①

在一篇产生广泛影响的指认地区研究之"冷战"起源的文章中,沃勒斯坦(I. Wallerstein)在引述上段文字后,径直断称这是《汉密尔顿报告》的出发点,即"地缘政治考虑"(geopolitical considerations)。② 但这段文字更恰当的旨要和标签是"国际主义",是20世纪中期那种包含对国际关系丰富性的认知、整体的文化和文明观念以及"跨文化理解"的文化意愿的美国式"自由国际主义"(liberal internationalism)。③ 而且沃勒斯坦在引述中删去关于战时项目的两段文字,而这两段的意见恰恰指向战时项目的局限性:"……紧急状态期间为地区研究培训所制订的计划会广泛地偏离由国家的长期需要所决定的模式……为紧急状态制订的计划不考虑永久性需要,将扭曲和削弱我们的高等教育机构给未来几代人提供的服务。"④

就社会科学研究理事会来说,它一方面通过参与组建民族地理学委员会介入、襄助军方项目,另一方面对军方项目始终保持一种有距离的观察和有保留的态度,把它看成一个有价值的试验而不是

---

① SSRC Committee on World Regions, *World Regions in the Social Science*: *Report of a Committee of the Social Science Research Council*, Mimeograph, New York, Social Science Research Council, 1943, pp. 1—2.

② I. Wallerstein, "The Unintended Consequences of Cold War Area Studies," in N. Chomsky, et al., eds., *The Cold War and the University*: *Toward an Intellectual History of the Postwar Years*, pp. 195—231.

③ 对美国国际主义的文化面向的理解,笔者深受宁科维奇巨作的影响。F. Ninkovich, *Global Dawn*: *The Cultural Foundation of American Internationalism*, *1865—1890*, Cambridge, MA: Harvard University Press, 2009.

④ SSRC Committee on World Regions, *World Regions In the Social Science*: *Report of a Committee of the Social Science Research Council*, pp. 1—2.

用以在战后推广的模板。实际上，在《汉密尔顿报告》之后对地区研究的研议和思考中，一个不时浮现出的主题正是对战时项目局限性的考虑。此处，更多强调的是战时地区研究模式影响过大所可能造成的弊害，而不是其成功经验和范例意义。换句话说，与其说社会科学研究理事会是在考虑如何利用战时项目的遗产，不如说它是在思谋如何避免陷入对这个已经形成的地区研究之历史基础的路径依赖。这一想法在学术共同体中获得越来越多的回响。在《汉密尔顿报告》初稿草成后，在社会科学研究理事会世界地区委员会乃至理事会会议对初稿的专门讨论中反复被提出的是，战时项目肤浅粗糙，具有忽视长远学术目标和偏离高深学术的弊端，地区研究的规划组织必须从以仅满足战争需要为基础转向为和平时期的长远发展奠定基础。①1944年3月发布的《韦宾克—杨报告》断言，战时军方项目过于偏重语言学的路径存在根本缺陷，其"培训在社会科学方面过于肤浅(superficial)，对社会科学的内容和资料事前计划太少"；而军方培训项目以及在战略情报局和国务院开展的地区研究相关活动都不足以为"大学地区研究教学的发展提供一个合理的基础"。②1944年4月发布的《雷德菲尔德报告》也认为，战时项目是一把适用于战争条件的"熠熠闪亮的利剑"，但其模式却不敷战后和平时期需要，特别是就旨在"造就明智的公民或者培养能够采取明智行动的头脑"的大学通识教育而言。③ 1944年7月，与社会科学研究理事会在

---

① Committee on World Regions, Meeting, February 25、1943, Washington, D. C., SSRC Collection, Accession 1, Series 1. 19, Box 229, Folder 1386, RAC, pp. 46—52; Minutes, Meeting of the Board of Directors, New York, September 11 - 12, 1943, Council Minutes, 15 - 16 September, 1942 - 1 - 2 April, 1944, SSRC Microfilm Files, Series 9, Reel 24, RAC, pp. 156—155, pp. 165—168.

② "Social Science Considerations in the Planning of Regional Specialization in Higher Education and Research," pp. 7—12, March 1944, Social Science Research Council Memorandum, from Paul Webbink to Roger Evans, March 10, 1944, The Rockefeller Foundation Collection, Record Group 3. 2, Series 900, Box 31 Folder 145.

③ R. H. Davis, *South Asia at Chicago: A History*, p. 31.

地区研究方面展开密切合作的洛克菲勒基金会一份备忘录中称,已在广泛的交流中趋近的共识是:"地区研究不应该被作为一种针对军方弃置的剩余资源的活动方式,它们(军方项目)是为有限的目的而造就的,为此设计的方式不大可能是实现新的非军事目标的最恰当方式。一旦新的目标被充分确认,就应该考虑达成新目标的恰当途径。"①

　　进而言之,社会科学研究理事会主导战后地区研究规划、脱离军方项目,既是主观意图也是客观结果。社会科学研究理事会在地区研究方面组织设施的经历也大体符合这一情况。1943 年,社会科学研究理事会之所以在已有民族地理学委员会的情况下另起炉灶,单独组建世界地区委员会,即说明社会科学研究理事会领导层当时已不再满足于应对战争期间的短期应急性需求,开始着眼于社会科学在战后的发展前景而对诸多社会科学领域开展长期规划,而他们看到民族地理学委员会不能满足地区研究长期规划的需要。② 1945 年,民族地理学委员会在解散前夕提交最终建议,主张其后续组织继续沿用"民族地理学"的名称,但当年12 月社会科学研究理事会问题与政策委员会召开会议断定,如此冠名的委员会无论对提供研究建议还是对"推进外国事务和文化的研究所必需的领导作用的发挥",都"太过狭隘",而"一个关于世界地区的联合委员会应该能够包含所有这些活动"。③ 至 1946

---

① "Area Studies," Memorandum From Joseph H. Willits, to David N. Stevens, June 7, 1944, The Rockefeller Foundation Collection, Record Group 3.2, Series 900, Box 31, Folder 165, RAC.

② 这一点也突出地见证于 1943 年 3 月底的社会科学研究理事会高层(Board of Directors)会议,特别是执行主任克兰(Robert T. Crane)在会议上所做的报告。Minutes, Meeting of the Board of Directors, New York, March 27 - 28, 1943,Council Minutes, 15 - 16 September, 1942 - 1 - 2 April, 1944, SSRC Microfilm Files, Series 9, Reel 24,pp. 111—141(涉及世界地区研究的言论,尤见 p. 121),RAC.

③ Minutes, Committee on Problems and Policy, SSRC, New York, December 8, 1945, Series 2.1, Committee on Problems and Policy Minutes, September 9, 1945 - February 16, 1946, SSRC Microfilm Files, pp. 87—88.

年，社会科学研究理事会设立世界地区研究委员会（CWAR），霍尔在对该委员会的工作任务予以说明和规定时完全着眼于学术性考虑，首先强调地区研究任务是在专业研究和研究生培养层次上确立"完全的世界覆盖"（complete world coverage）的目标，社会科学研究理事会方面须对地区研究予以"长期的规划和推动"，而丝毫没有提及因应政府需要、提供决策支持等方面的话题。① 麦考伊在考察地区研究的重要著作中将世界地区研究委员会说成是"战时民族地理学委员会的自然产物（outgrowth）"②，这显然是仅从时间先后相继着眼的想当然之论，未能深查其中款曲，对世界地区研究委员会的"身世"和创建使命多少算是一种误读。可以说，世界地区研究委员会最好被看成 1943 年世界地区委员会的再生和拓展，进而也恰恰是对民族地理学委员会的某种割弃。

　　1947 年，在《霍尔报告》这个地区研究的"宪章"中，作者系统地分析了地区研究的战时遗产后得出两个结论：第一，"第二次世界大战不是地区研究之母"；第二，"战争（对地区研究）的影响中有许多对合理的（sound）地区研究是有害的而不是有利的"。③ 八年后，另一位学者也刻意重申了"二战并非地区研究之母"的论断。④ 此皆时近深察之论，其切当在于洞悉了战争促动的海外研究活动与后来作为一场本质上的学术运动的地区研究之间的根本差异。这一差异正是后来因立旨于冷战批判而夸大地区研究在二战期间之非学术起源的各类论说所有意无意忽略或遮蔽了的。

---

① Minutes，Committee on Problems and Policy，SSRC，New York，October 27，1946，Series 2. 1，Committee on Problems and Policy Minutes，April 5，1946 – October 27，1946，SSRC Microfilm Minutes，pp. 235—236.

② McCaughey，*International Studies and Academic Enterprise：A Chapter in the Enclosure of American Learning*，p. 128.

③ R. B. Hall，*Area Studies：With Special Reference to Their Implications in the Social Sciences*，pp. 12—19.

④ M. K. Powers，"Area Studies：A Neglected Field of Academic Responsibility，" *Journal of Higher Education*，26(2)，1955，pp. 82—113.

　　有学者把地区研究看成美国"帝国扩张"目标之下的一种知识建构,尤其认为战时军方项目是"经冷战时期巩固下来的地区研究的学术版本的一个模型"。这背后是越南战争以来美国学术界在对冷战的批判中形成的"冷战知识史"或者"冷战科学史/冷战社会科学史"论说,而这种论说已经成为关于现代美国权力和知识关系的"常规智慧"(conventional wisdom,加尔布雷斯语)。这些研究惯于以"恩主—附庸"(patron-client)关系模式看待冷战中美国"国家安全国家"(national security state)和学术的关系,武断地认为自然科学和社会科学为冷战政治和国家政策的需要所塑造、驱动和制约,具有作为国家政治权力的仆从、"冷战知识事业"的性质和作用。在这一本质上批判性的学术传统中,地区研究是一个突出的靶标。① 但

① D. Nugent, "Military Intelligence and Social Science Knowledge: Global Conflict, Territorial Control and the Birth of Area Studies during WWII," Producing Knowledge on World Regions: Issues of Internationalization and Interdisciplinarity, SSRC Workshop, City University of New York, 2007, p. 8. 另见 I. Wallerstein, "The Unintended Consequences of Cold War Area Studies," in N. Chomsky, et al. eds., The Cold War and the University: Toward an Intellectual History of the Postwar Years, pp. 195—231; B. Cummings, "Boundary Displacement: Area Studies and International Studies during and after the Cold War," Bulletin of Concerned Asian Scholars, 29(1), 1997, pp. 6—26; 及 D. Nugent, "Knowledge and Empire: The Social Sciences and United States Imperial Expansion.," Identities: Global Studies in Culture and Power, 2010, pp. 17,2—44; B. Wang, "The Cold War, Imperial Aesthetics, and Area Studies.," Social Text, 20(3), 2002, pp. 45—65。涉及地区研究的"冷战知识史"论说,另见 C. E. Pletsch, "The Three Worlds, or the Division of Social Scientific Labor, circa 1950—1975," Comparative Studies in Society and History, 23(4), 1981, pp. 565—590; I. L. Gendzier, Managing Political Change: Social Scientists and the Third World, Boulder: Westview Press, 1985; S. Diamond, Compromised Campus: The Collaboration of Universities with the Intelligence Community, New York: Oxford University Press, 1992; N. Gilman, Mandarins of the Future: Modernization Theory in Cold War America, Baltimore and London: The Johns Hopkins University Press, 2003; D. C. Engerman, N. Gilman, M. H. Haefele, and M. E. Latham, eds., Staging Growth: Modernization, Development and the Global Cold War, Massachusetts: University of Massachusetts Press, 2003; R. Robin, The Making of The Cold War Enemy: Culture and Politics in the Military — Intellectual Complex, Princeton, N. J.: Princeton University Press, 2001; P. Novick, That （转下页）

是，通过对地区研究创生史的更细密考察，可以看到其中存在着不恰当的"冷战规约论"（Cold War reductionism）或者说"过度的冷战决定论"（Cold War over-determinism）。②本文已经呈现的地区研究创生史以及这一创生史所承载的思想史（本文对此来不及着力呈现）都将显示，这种"冷战地区研究"忽视和贬低了驱动地区研究的深刻文化关切以及丰富的学术和智识内涵。在地区研究初创的历史篇章中，社会科学研究理事会占据了独特、关键的战略性领导地位，而其地位和行动首先反映的不是政治宰制学术的逻辑。

　　地区研究的创生，是发生在 20 世纪中期美国"知识社会学情境"中的一个事件。连续发生的国内、国际危机事态，如大萧条、二战和冷战推动美国"管理型国家""国家安全国家"快速形成和扩张，联邦政府逐渐改变不供养、不干预学术领域的美国固有传统，大幅度提升对知识和学术的运用和动员；与此同时，在美国现代自由主义共识之下，学术领域也对美国的国家目标和国际使命予以总体支持。由此，权力和知识的关系趋向紧密，政府政治领域与大学和学术生活领域各自的相对独立被打破，两个领域之间出现了大片灰色地带，政府（包括军方）与大学和学术领域构成多方面、多层次的联系；而在这种关系中，在美国学术生活占有独特

（接上页）*Noble Dream：The "Objectivity Question" and the American Historical Profession*，Cambridge：Cambridge University Press，1988，pp. 309—311；等。

　　中国国内跟从"冷战政治附庸"议题对地区研究的考察，见梁志：《美国"地区研究"兴起的历史考察》，《世界历史》，2010 年第 1 期，第 28—39 页。笔者早先对地区研究的认识也基本是在这种思路之下，见牛可：《国家安全体制与美国冷战知识分子》，《二十一世纪》（香港），2003 年第 5 期，第 28—41 页。

② 关于对"冷战规约论"和"过度的冷战决定论"的批评，参见 J. Issac，"The Human Sciences in Cold War American，" *The Historical Journal*，50(3)，2007，pp. 725—746；D. Engerman，"Bernath Lecture：American Knowledge and Global Power，" *Diplomatic History*，31(4)，2007，pp. 599－622；D. Engerman，"Social Science in the Cold War，" *Isis*，101(2)，2010，pp. 393—400.

领导地位的全国性学术组织（如社会科学研究理事会）和大公益基金会经常扮演政府方面所乐见的联系中介角色，并承担就学术的供养和规划而言的（对政府缺位的）"替代"作用。

　　但是，美国式"知识社会学情境"不止上述"学术政治化"方面的内容。实际上，在地区研究运动领导群体的思想和行动中能够看到，默顿意义上的"科学（学术）共同体"并没有因为这种政治化而消亡。时至1947年冷战启动大局已定，但在社会科学研究理事会此后的研议和报告中并没有看到多少冷战的影子，更没有看到地区研究的目标从此受制于"了解你的敌人"（know your enemy）的动机，地区研究活动从此步调一致地反映冷战斗争的节律。地区研究有与"冷战史"交叉重叠的部分①，但地区研究的整体不能被置于冷战史之下。本文已经表明，在地区研究创生史中，最为明显和重要的不是冷战斗争的"律令"，而是在20世纪中期美国学术生活中那种宽松、开明的实证主义和普世主义（universalistic）知识议程和学术文化偏好之下，追求"所有知识的根本整体性"（fundamental totality of all knowledge）②，为此对西

———————

① 笔者深知，与更大范围的美国学术界一样，地区研究作为一个范围广大、包罗繁多的知识领域，其不同的地区分支、研究机构和学者个人与冷战政治的关系紧密程度会有巨大差异。有些机构，如麻省理工学院国际问题研究中心，具有特别强烈的冷战知识工具的色彩，见 D. Blackmer, *The MIT Center for International Studies : The Founding Years , 1951—1969* , MIT Center for International Studies, 2002；而俄国/斯拉夫研究作为地区研究重要分支之一，其与冷战政治的关系在地区研究各分支中显然最为突出，例见 B. A. Dessants, *The American Academic Community and Unite Sates-Soviet Union Relations : The Research and Analysis Branch and its Legacy, 1941—1947* , Ph. D. Dissertation, University of California, Berkeley, 1995；V. E. Bonnell & G. W. Breslauer, "Soviet and Post-Soviet Area Studies," in D. Szanton, ed. , *The Politics of Knowledge : Area Studies and the Disciplines* , Berkeley, CA: University of California Press, 2004, pp, 217 — 261；D. Engerman, *Know your enemy : The Rise and Fall of the Soviet Experts*. Oxford: Oxford University Press, 2009.

② R. B. Hall, *Area Studies : With Special Reference to their Implications in the Social Sciences* , p. 2.

方中心论和美国中心论的社会科学加以"去偏狭化"（de-parochialization）和"去想当然化"（denaturalization）改造，建立"全世界覆盖"的完备社会知识体系。地区研究也被其构建者明确看成克服社会科学"过度专业化"（hyper-specialization）和学科间"画地为牢"（compartmentalization）状态的一种途径，因而汇入19世纪晚期以来在专业化、职业化初期阶段之后美国社会科学新的跨学科运动的长期潮流。地区研究规划者念兹在兹的，是在美国高等教育体系内社会科学常规系科之外确立地区研究的学术合法性，并使之成为大学通识教育乃至更广泛的公共智识生活不可分割的部分。通过对美国通识教育的"国际化"改造，地区研究运动对美国国民心智中的"狭隘孤陋"（provincialism，parochialism）予以明确、系统的反对和削弱，使其学术文化和精英心智中自美国立国早期所具有的"世界主义"（cosmopolitanism）和"国际主义"成分得以巩固、丰富和拓展，并开始有意识地注入"文化相对主义"和"文化多元主义"的价值和精神要素。

作者简介：牛可，北京大学历史学系副教授。

区域研究、学科体系与大学组织

——《看世界：美国大学如何在全球化时代生产知识》述评[①]

牛　可

　　美国是具有特殊地位和影响的国家，美国关于外部世界的学术知识体系——今天经常被称为"区域和国际研究"——也在世界上占据独特而重要的地位。美国关于外部世界的学术性知识经历了怎样的历史演变？在美国高等教育和专业化学术体系中，区域和国际研究占据什么样的地位、承担什么样的功能？它在美国的社会和学术生态中，如何申述和证明自己在智识和社会效用上的价值，又如何获取并保证充足和持续的社会供养和支持？它具有怎样的独特制度安排和组织形式，又有什么样的认识论和学术文化上的偏好和特性？进而，它如何嵌入美国高等教育体制，尤其是如何与作为美国学术体系之主轴的科学体系相对接和调适，相互间又有哪些龃龉和纠葛？当前美国区域和国际研究已经充分显露出来的困难和危机的根源在哪里，它又该如何走出困境，完成自我更新？

　　这些问题显然都是重要的问题，但长期以来，美国学术界鲜

---

① 本文首发于《中国国际战略评论 2019（上）》，见牛可《区域研究、学科体系与大学组织——〈看世界：美国大学如何在全球化时代生产知识〉述评》，载《中国国际战略评论 2019（上）》，北京：世界知识出版社，2019 年。

少以专门研究的方式郑重、系统地面对、廓清和回应这些问题。①
这些也都是充满挑战的问题,对它们的回答不可能一次性完成,
而须寄望于以多种视角和类型的研究形成一个充实而活跃的专
题研究领域。

不过现在终于有了一项研究帮助我们进入和思考上面列出
的那些问题,而且我们大可期待,它将推动美国区域和国际研究
形成充实而活跃的研究格局——这就是由史蒂文斯、米勒·艾德
利斯和沙米三人合著的《看世界:美国大学如何在全球化时代生
产知识》。② 这本书篇幅不大,但三位作者学科背景的组合给整体
处理区域和国际研究问题赋予了独特优势。其中,史蒂文斯是研
究高等教育的组织社会学家,米勒-艾德利斯是长期关注高等教
育文化和国际化问题的社会学家,而沙米是中东和中亚研究领域
里的人类学家和学术管理者,多年来在社会科学研究理事会担任
中东、俄罗斯和跨亚洲(Inter Asia)区域研究项目主管。而且这项
研究还有一个非同一般的组织依托,即 20 世纪 40 年代以来即在
区域研究的规划、发展中扮演重要角色的美国社会科学的"旗
舰"——社会科学研究理事会(Social Science Research Council,
SSRC)。③ 自 20 世纪 90 年代中期以来,社会科学研究理事会开
始对美国区域研究的状况进行持续考察和评估,而后两位作者

---

① 关于美国学术界对区域和国际研究领域系统研究之不足的原因所做的简要分析,
参见刘青:《区域和国际研究:关于历史和"原理"的思考——牛可副教授访谈》,《国
际政治研究》,2018 年第 5 期,第 131—134 页。
② Mitchell L. Stevens, Cynthia Miller-Idriss, and Seteney Shami, *Seeing the World:
How US Universities Make Knowledge in a Global Era*, Princeton: Princeton
University Press,2018.
③ 关于社会科学研究理事会规划和构建美国区域研究的情况,参见牛可:《地区研究
创生史十年:知识构建、学术规划和政治—学术关系》,《北京大学教育评论》,2016
年第 1 期,第 30—60 页。关于社会科学研究理事会近期重审美国区域研究的工作,
见 https://www.ssrc.org/programs/view/producing-knowledge-onworld-regions/
(2019 - 04 - 11)。

正是这一系列工作的参与者和组织者。本书也正是社会科学研究理事会相关工作的继续和副产品。① 从区域研究发展的历史来看,这也是其创建以来形成的学术调查和规划传统的某种继续。

　　区域和国际研究如此重要而醒目,但长期以来对其作为一个整体对象的审视和研究殊为不足。究其原因,可能首先还在于这个认知对象本身的存在方式。首先,"区域研究"经常并不是严格意义上的智识共同体,其概念之下最常见的认同和正式组织乃是依照地理文化区域和国别划分而成;与此相应,自发的和"合理"的认知对象和学术史单元经常是"东亚研究""非洲研究""斯拉夫研究"或者"中国研究"等由专业学会和大学研究机构所确认的区域(国别)分支领域;而且,区域研究学者在区域性的认同和组织身份之外,通常还具有强固的常规学科向度上的智识和组织归属。其次,在以单一地区和国家为对象的研究领域之外,高等教育体系内外还存在各种"跨国的"或者"国际的"学科和研究领域,如国际关系、国际政治经济学、战略和安全研究、对外政策、外交史、对外情报研究,以及各种以多国比较研究和"全球研究"为标签和旨趣的学术活动。② 在实际学术生活中,无论"区域和国际研究"还是"区域研究",通常都只是一个含义宽泛的标签,没有多数学术部类那么强的概念和组织上的严格性、条理性。其下的各个分支领域各自分立、自足,相互间在智识和组织上都缺乏稳定的联系和交往,呈现一派"碎片化"的状况。进一步说,"区域(和国

---

① 两位作者在该项工作中的成果之一是:Seteney Shami and Cynthia Miller-Idriss, eds., *Middle East Studies for the New Millennium*: *Infrastructures of Knowledge*, Social Science Research Council, New York: New York University Press, 2016。

② R. D. Lambert, "Area and International Studies in the United States: Institutional Arrangements," in Neil J. Smelser and Paul B. Baltes, eds., *International Encyclopedia of the Social & Behavioral Sciences*, Amsterdam: Elsevier, 2001, pp. 686—692.

际)研究"更多呈现为多层次、多向度、任务复杂、组织分散的"网络",而不是单一、内聚的"领域"或者"部门"。它的整体概念,过去经常更多地在学术组织、基金会和大学的研议、规划和整体组织中出现,抑或是作为范围较小的分支区域的学术史背景被使用或者提及,但不经常呈现为专门、系统的学术研究对象。所以,如果没有合理的视角或者充实的"概念化"(conceptualization),"区域和国际研究"概念所涉及的事实和素材将散落在各学术领域(如学术史和高等教育史)之中,或者只是粗略照应现象和局部。

而《看世界》一书正提供了考察区域和国际研究的整体视角和有效的概念化手段,也在很大程度上拓展到先前未经开掘的经验研究领域。这项研究首先声明要探究美国大学"看世界"的方式,并将区域研究界定为美国研究型大学关于美国以外世界的知识生产机制。为此它搭建以知识社会学和组织社会学理论视角相结合的进路,强调智识理念/学术文化与组织形式之间的关联性,并设计相应的资料采集和分析方法。该研究的核心经验对象是大学区域研究机构,其独到的研究资料是对八所研究型大学的精英学者和管理者——包括区域研究中心的主任、行政副主任、社会科学系负责人、负责国际事务的校级领导人等——进行面对面的、交互对话式的访谈(而不是调查问卷),使得该项研究的主体部分具有某种"组织民族志"(organizational ethnography,这是史蒂文斯的学术专长)的深度和丰富性,由此既进入大学区域研究组织的堂奥,又探查其在认识论、理念(使命)和文化方面的幽微。不仅如此,该项研究充分调集既有研究成果,在关于组织和文化的社会科学研究之外,各种向度上的高等教育研究、社会科学认识论、学术史、思想史,乃至于冷战史文献均予采收、利用。

虽然研究的主体部分是关于区域研究的当代状况,但该书仍提供了以往研究中少见的整体性历史框架,用以勾画美国大学关

于美国以外世界的知识生产体系所经历的长期演变。基于一个
理论假设,即特定知识生产模式须由与之相匹配的认知架构
(schema)来提供默会的智识假设和核心的组织路径,该书认为美
国大学对外部世界的观察方法在历史上大致经历了三种样式,相
应地将美国海外知识的历史演变简洁地划分为三个阶段,分别是
"文明架构"(civilizational schema)、"民族国家架构"(national
schema)和"全球架构"(global schema)。18 和 19 世纪主导美国
高等教育的"文明架构"从属于欧洲的帝国主义知识工程,外部世
界在其中被想象为与西方截然分离的多个文化、语言、族裔—宗
教传统,域外知识以语言文学(人文学)为基础和核心,并通过语
言、历史时期和题材(genre)加以划分的(学)科系加以组织,如欧
洲语言和历史、人类学、考古学、东方学等。自第一次世界大战开
始,欧洲殖民帝国解体,非西方新民族国家不断涌现,"文明架构"
在美国学术生活中逐渐失去存在依据;而二战后美国成为世界霸
权,同时面对苏联集团和第三世界的挑战,美国观察外部世界的
整体方式发生深刻改变,同时政府政策活动对各种外部知识——
首先是社会科学形态的域外知识需求大增。按照地区向度加以
组织的国际知识研究,即"区域研究",在大学、政府和基金会的共
同推动下成为主导模式。同时,兼具冷战知识和"国际主义工程"
意义的现代化理论勃兴,为区域研究制造了理论共识、概念架构
和持久的"学术基础设施"。作者甚至认为,区域研究是一种大型
"智识—科学运动"(scientific/intellectual movement)的现代化理
论的一个"组成部分"。① 第三阶段的"全球架构"则指 20 世纪 90

---

① Mitchell L. Stevens, Cynthia Miller-Idriss, and Seteney Shami, *Seeing the World: How
US Universities Make Knowledge in a Global Era*, pp. 49—50. 本书关于"科学/知识
运动"的界定来自 Scott Frickel and Neil Gross, "A General Theory of Scientific/
Intellectual Movements," *American Sociological Review*, Vol. 70, No. 2, pp.
204—232。

年代以后浮现的一种新的认知世界的方式，以强调世界范围内观念、商品和人员的流动和互动为关键特征，往往包含对传统区域研究单位和议题的"去中心化"（de-center）改造，反映了后冷战时代"关于'他者'的本体论稳定性"（ontological stability of "others"）的销蚀。但"全球架构"是一种尚未充分实现的趋势，仍然存在很大的模糊性和不确定性。作者还指出，三个阶段之间并非界限分明，而是类似珊瑚礁那样"层累的"（cumulative）过程，前一阶段观察世界的方式仍以各种思想和组织遗产留存于后一阶段，比如经由古典学、东方学建立起来的各种古代语言和文明史的课程和研究项目在大学中持续存在。而演进中的"全球框架"实际上也包含前两个阶段的多样化遗产。[1]

　　该项研究的主要目标当然是"区域研究"，故此专以"什么是区域研究？"一章讨论其基本智识和组织特性。[2] 书中认为，一方面，区域研究从"文明架构"中继承和强化了关于地区内聚性（regional coherence）的假设，但也放弃以文明为分析单位，而代之以民族国家的本体论假设。尽管"地区"在概念上包含各种层级的地理文化区域，但区域研究的重心当然还是民族国家而不是国家之上和之下的区域单位，比如印度经常是"南亚"的"拟相"（simulacrum），中东研究则差不多等同于对埃及、土耳其和伊朗的研究。另一方面，区域研究内部在思想、政治和组织上差异巨大，而且不断经受"硬"学科对区域进路和方法过于"软性"、理论性薄弱的指责。因此，区域研究在学术体制中始终具有突出的不确定性和流变不断的特征。然而区域研究也有独特、持久的组织载体，即大学里的区域研究中心，特别是为《国防教育法》第六条所支持的"国家资源中心"。中心组织是区域性知识活动的"脚手

① Mitchell L. Stevens, Cynthia Miller-Idriss, and Seteney Shami, *Seeing the World: How US Universities Make Knowledge in a Global Era*, pp. 8—26.
② Ibid., pp. 27—38.

架"(scaffolding)，它有效展开语言教学和培训、公共延伸服务
(public outreach)、支持海外实地研究和与对象国的学术交流，以
各种方式对区域研究予以总体引领、组织和推动。书中特别强调
这些中心一般都配备"物理空间"，即办公、研究和学术交流的场
所设施，而非流于纸面组织(paperorganization)，这是区域研究之
有效性、丰富性和合法性的重要支撑。①

　　本项研究不仅将当代美国区域研究置于长期历史演变之
中，更将其置于现代美国研究型大学的组织和文化环境之中。
人文学和社会科学在以往美国高等教育的组织研究中殊为不
足，因而对区域研究予以系统的组织分析是本项研究的独到
贡献。

　　美国研究型大学是目标、功能和构成极为复杂的智识和社会
组织，基础性研究部类即"文理学"(在本书中被称为 arts and
sciences core)在其中居于核心位置。② 自 19 世纪末以来，美国大
学即以"(学)科系"(departments)作为文理学部分的基本组织单
元，使之成为大学学术生活的枢轴和持久特征。但在科系内部和
外部，美国大学也存在大量跨学科和弱学科性活动。大学逐渐认
识到，这些活动对科系的学术研究构成补充，并有效回应各种公
共服务需求，遂以不同于科系的目标和方式加以组织和运作。而
对此不加认识则无以全面了解研究型大学，特别是其文理核心的
组织和功能。大学的次级单位具有基本的组织自主性，相互之间
对生源、经费和教席配额展开持久竞争，因此形成某种内部治理
的"无政府特征"。从区域研究的实际组织格局出发，并针对以往

① Mitchell L. Stevens, Cynthia Miller-Idriss, and Seteney Shami, *Seeing the World : How US Universities Make Knowledge in a Global Era* , pp.37—38. 关于办公空间对区域中心组织效力作用的一个案例，即康奈尔大学东南亚研究中心，见高子牛：《作为跨学科组织的研究中心：以康奈尔大学东南亚研究中心为例(1950—1975)》，《北京大学教育评论》，2018 年第 2 期，第 116—133 页。
② 在很多高校呈现为"文理学院"(The Faculty of Arts and Sciences)的建制。

大学组织研究单方面关注科系的状况①,本研究提出以"科系
(department)—非科系(not-department)二元结构"作为当代美
国大学的基本组织模式,并深入分析"非科系"的功能和特性,由
此对理解区域研究在现代大学中的制度地位和组织特性提供概
念工具。非科系组织以研究中心和研究所为主,也包括各新近流
行的形式,如"计划"(project)、"团队"(consortium)、"论坛"
(forum)、"网络"(network)和"项目"(initiative)等。与科系不同,
非科系经常没有终身教职设置、博士研究生项目和完整的学术自
主权,但拥有科系组织所不具备的一些灵活性和独特优势。比
如,非科系组织经常能够对外部公共需求和兴趣做出有效回应,
因而成为吸引外部资源的有效途径;非科系组织还经常是科系内
部的"企业家型学者"发挥作用的理想平台。第二次世界大战以
前,科系组织曾经是域外研究默认的制度形式;但二战后,非科系
组织就成为迅速扩张的区域研究的主要组织方式。作者的实证
研究显示,在区域研究领域,科系和非科系组织之间在研究、教学
和聘任程序等方面具有复杂的互补和互惠关系。在作者看来,非
科系组织在大学生活中的优势和合法性,一方面源自美国研究型
大学宏观的结构特征,单凭强固和孤立的科系组织无法适应现代
智识活动多任务、多面向、跨边界的趋向;另一方面也立基于区域
研究有别于科系的学术生产方式的鲜明特征:其天然具有跨学科
的自发趋势和偏好。②

　　科系和非科系的建立在根本上都是为了提供团队工作的组
织途径。然而,大学内部团队工作的组织策略,并不只体现于科
系和非科系这两种集群的内部。大量的学术活动并不发生在科

----

① 在这里本研究尤其借重和推展社会学家安德鲁·阿伯特(Andrew Abbott)的权威
　性研究:Andrew Abbott, *Chaos of Disciplines*, Chicago: University of Chicago
　Press, 2001。
② 以上讨论见《看世界》第三章:"Departments and Not-Departments," pp. 39—60。

系和非科系各自内部,而是发生在中心和科系、中心和中心相互之间,这就是作者以"石汤"(stone soup)为题,以一章篇幅加以讨论的"跨单位活动"(cross-unit endeavor)。作者在访谈中发现,这种跨单位学术活动经常由非科系单位组织和发动,而"石汤策略"是其中关键所在。所谓"石汤"取自一则民间故事,说几个无食果腹、只有一只锅的旅人进入一个村庄,架起火在锅中沸煮石子一枚,对前来围观的村民说所烹者为一锅美汤,只是缺少其他食料,于是村民纷纷接济,最后凑成一餐美食由众人共享。区域研究专家的聘任职位一般都由科系掌握,区域研究中心经常并无丰厚资源和容易调动的学术人力,但它们常以少许投入——甚至单凭机构的学术声望——为"釜中之石",施以倡议和"引诱",从而动员学术合作者各种形式的投入和参与,促成研究项目、海外实地工作、课程和学位项目开设等方面的"合办"(co-sponsorship)。对区域研究来说,尤其具有重要意义的一种"合办"是,缺乏固定教职设置的研究中心经常以支付部分聘任费为条件发动招募,用以敦促(学)科系增设海外研究的教席,由此使并无教师聘任权的研究中心得以介入通常由科系把握的教师聘任。

该项研究强调指出,习惯上把大学视为科系组合的视野已经失效。科系和非科系组织都是美国现代研究型大学不可或缺的组织工具,分别大体对应学科性和跨学科性的学术活动和功能。大学内部单位均具有高度的组织能力和广泛的联系机制,科系和非科系机构都越来越趋于外向而非内聚,而这已成为美国大学生活的一般特征。学科和非学科、科系和非科系并立的"二元结构",以及大学内部治理的某种"无政府特征",为区域研究中心领导人所认识并善加利用。而在这种格局中,成功的区域中心乃占据大学国际化的中心。①

---

① 以上讨论见《看世界》第四章:"Stone Soup," pp.61—83。

　　但是"科系—非科系"的二元结构中并非总是呈现合作,其中还蕴含着分裂、竞争和冲突的深刻根源。美国大学当前突出的情况是,在区域研究多年来取得丰厚成果的情况下,在大学领导层经常把鼓励跨学科和大学国际化(区域研究是其中的关键)作为官方责任加以申述和推动的情况下,大学里居于权威和枢纽地位的社会科学科系——经济学、政治学和社会学——仍然持续存在轻视和排斥关于外部世界研究的顽固倾向,并在后冷战时代愈演愈烈。何以如此?对此问题的回答是全书的落脚点,也是该研究最受关注的部分。考察主要围绕对(学)科系领导人和精英学者的访谈展开,核心问题是他们如何看待和对待本学科内部关于美国以外世界的研究。作者的发现并不出人意料:非美国研究在经济学、政治学和社会学科系内部被视为"职业危险",而在某些更极端的情况下,特别是在经济学中甚至被视为"职业异端"。

　　在研究型大学的人文学和社会科学领域里,一个基本断裂线横亘在学科和区域研究之间:在"语言的特殊主义"(particularism of languages)和"数字的普遍主义"(universalism of numbers)之间,在地区具体性(area specificity)和学科抽象性(disciplinary abstraction)之间,在文化和社会现象的特殊构造(particular configuration)和一般特征(generic features)之间,区域研究和规范学科(nomothetic disciplines)之间,存在着难以弥合的认识论、方法论、学术文化和组织建制上的分裂和"长期紧张"(chronic tension)。[①] 在美国大学的地位等级秩序和权威结构中,科系相对于非科系的优势是 19 世纪晚期以来社会科学专业化运动的持久后果,难以撼动。而美国社会科学主要学科很大程度上乃

---

① 以往关于区域研究和学科之间的分裂和对抗的讨论例,见 Lucian W. Pye, ed., *Political Science and AreaStudies: Rivals or Partners?* Bloomington, IN: Indiana University Press, 1975; David Szanton, ed., *The Politics of Knowledge: Area Studies and the Disciplines*, Berkeley, CA: University of California Press, 2004。

依照研究国内问题的进路加以组织。学术声望体系大体由拥有教职聘任权的科系掌握，也就是说关于什么是好的学术工作的评断，大体上乃由（学）科系说了算。在有根深蒂固的理论偏向，甚至可以说有实证主义"本性"的学科中，统计学成为"元语言"（meta-language），"理论、模式和工具"就是智识成就的重心甚至全部。[①] 有些学科成员（特别是经济学）坚信，关于美国以外世界的知识完全可以经由以美国经验为基础的研究加以运用和推展获致。[②] 该研究所做访谈一再显示，对向来为区域研究所珍视的历史和文化的"深度浸透"和精深语言知识，以及为区域学者视为理所当然的"沉下来，扎进去"（soak and poke）的工作方法，学科型学者并不看重，或者深怀疑虑。在偏狭的"学科性头脑"中，区域进路遭到公开贬低，被斥为"无系统、散漫无边的和印象式的"。甚至有人声称区域研究不仅并非必需，而且是个"讨嫌之物"（nuisance）。

访谈还显示了学科主导下的"成本—收益"模式对域外研究的挤压和排斥作用。区域研究所需的外国语言的习得和精深研究需要大量时间和精力的投入，经常远远超过学科性方法论训练。但单凭学科方法论训练即可顺利开展的美国本位和"无地方性"（place-neutral）类型的学术工作却更容易得到认可，在竞争激烈的学科就业市场上是当然的"保值品"（bet hedge）。在这种情况下，即便是对认可或者珍视区域进路价值的学者而言，当他们

[①] 作者在这里没有提到 20 世纪 80 年代以来美国社会科学实证主义回潮的情况。参见叶启政：《实证的迷思：重估社会科学经验研究》，北京：生活·读书·新知三联书店，2018 年，第 5—15 页。

[②] 这种倾向正是被 70 多年前美国区域研究的"宪章"即《霍尔报告》所指斥和批判的，由此可见美国本位主义的顽固。Robert B. Hall, *Area Studies: With Special Reference to Their Implications in the Social Sciences* ("Hall Report"), Pamphlet 3, New York: Social Science Research Council, 1947, pp. 23—24.

看到"学汉语花三年不够,但用两年学统计学却足以顶用"时,会做出什么样的选择呢? 选择之一是一位受访者所看到的区域研究内部的一种趋向,即放弃以民族志、实地研究等以语言文化深度浸入为基础的区域研究"老传统",而转入以数据分析、案例研究为主的区域研究"新传统"(newer tradition)。更有甚者,近些年来美国大学领导层的行为受外部评估和排名的影响越来越大,而区域研究类别并没有被列入通行的大学评估项目中,其成果没有转化为大学社会声望的机会。所以,调查中发现的区域研究带头人普遍不鼓励研究生主攻对外研究的情况,也就是顺理成章的了。①

　　《看世界》最后讨论了区域研究共同体和美国大学对当前困境所做的反应和未来可能的发展趋向。在后冷战时期的世界图景中,跨国的、无边界的、全球性事务和议题暴增,改变着原有的地理空间划分和认知方式;同时,美国高等教育的内外生态也发生诸多深刻变化,区域研究在资金支持上面临的问题重重,其中包括联邦政府对区域研究的投入大幅度削减,区域研究在不少高校面临被迫缩减和改组的压力。在这种情况下,旧的区域划分和区域中心不再被认为是唯一的、理想的区域研究组织形式,已广泛出现为区域和国际研究搭建新的"组织脚手架"的努力:一方面是不断有各种跨越国家和地区边界的"间隙空间"(interstitial areas)受到重视和开发;另一方面,对外研究更多地以主题(topical)——比如恐怖主义、环境、离散社群(diaspora)等——而不是地区方式加以组织。这两种情况都导向"把地区编织在一起"(weave the places together),即重建地区之间的相互联系的趋势,此中"全球研究"(global studies)成为最常见的议

---

① 以上讨论见《看世界》第五章:"Numbers and Languages," pp. 83—103。

程和标签。① 同时,在"国际化"成为美国高等教育的确定趋势和重要使命的情况下,部分地为了给海外研究寻求新的资金来源,某些高校开始把增设海外分校与其国际研究议程联系起来。而更重要的一个动向是,文理学科核心之外的职业学院(professional school)对当代世界的国际面向往往比社会科学常规科系更加敏感和被重视,它们开始成为海外研究新的落脚点和出发地。作者也提出,在常规科系排斥区域研究难有改观的情况下,文理核心和职业学院以实体对象(substantive)路径重新建立区域和国际研究的科系组织,使对外研究获得更坚实的学术权威性和代际再生产(尤其是博士生培养)的基地,这一区域研究产生之前的"经典策略"也是备选策略之一。不过作者们当然了解,虽然美国高等教育中源流久远的世界主义雄心不曾消退并不时被注入新的动力,但其中存在着纷繁复杂的权威/利益体系和"意见空间",因而关于海外世界的知识生产还不能确定平坦的发展路径和总体方案。②

任何追求或者声称具有整体认识的研究都不能穷尽其整体概念之下的所有局部。面对庞大复杂的美国区域和国际研究体系,《看世界》一书更是如此。该书将区域研究作为整体加以考察并做出了切实贡献,特别是对区域和国际研究的组织机理的研究具有发动和引导意义,但该项研究也显示了一些明显的薄弱环节

---

① 关于当前区域研究充足的一项深入讨论,见 Craig Calhoun,"Renewing International Studies: Regional and Transregional Studies in a Changing Intellectual Field," in David S. Wiley and Robert S. Glew, eds., *Internationaland Language Education for a Global Future: Fifty Years of U. S. Title VI and Fulbright-Hays Programs*, East Lansing: Michigan State University Press, 2010, pp. 227—254。关于全球研究,据笔者了解,美国西北大学和耶鲁大学分别投入巨资创建了巴菲特全球研究中心(Buffett Institute for Global Studies)和杰克逊全球事务学院(Jackson School of Global Affairs)。

② Mitchell L. Stevens, Cynthia Miller-Idriss, and Seteney Shami, *Seeing the World: How US Universities Make Knowledge in a Global Era*, pp. 104—118.

和不平衡之处，也有不少值得进一步检审和充实的地方。该书的经验研究范围过于狭窄，在学科方面过于偏重三个主要社会科学科系（即经济学、政治学和社会学），没有论及历史学、人类学和诸多人文学科在美国区域研究中广泛、深入存在的情况；而在区域研究方面，正如作者自己所承认的，该研究经验资料的采集，过多偏重中东研究，而没有将人文学或者人类学在其中参与度很高的一些区域分支领域（如南亚、东南亚和非洲研究）囊括其中。由于研究规模和篇幅所限，该书没有能够全面呈现区域研究和学科关系的基本格局，包括不同学科在区域研究的总体和分支领域中的不同存在配比（如历史学在中国研究、政治学在苏联研究中的高比率），以及区域或者对外研究在不同学科中存在的复杂情况[①]，并对这些情况及其背后的意涵予以分析和考察。还有，一些在区域研究范围之外的"国际"研究领域和学术要素，如国际关系、安全和战略研究等，在本书中付之阙如，而在历史上和当今美国大学如何"看世界"的论题之下，当然也有必要对这些方面的情况予以考察。

此外，宏大而粗略的区域研究历史框架中也隐含了某些在学术史上不够稳妥、周详之处。比如笔者尤其不能同意的是（就此笔者与作者之一史蒂文斯也有所交流），作者把区域研究看作现代化理论运动的一个组成部分。实际上，两者在冷战前期的合流是短暂的和不均衡、不稳定的，双方在认识论特性和学术文化偏好上存在深刻的差异和对立。区域研究从 20 世纪 60 年代末以来更多地扮演现代化理论的批判者和瓦解者，而不是其追随者的

---

① 例如对美国社会学关于美国以外世界的研究状况的一项考察，见 Michael D. Kennedy and Miguel A. Centeno, "Internationalism and Global Transformation in American Sociology," in Craig Calhoun, ed., *Sociology in America*：*A History*，Chicago：University of Chicago Press, pp. 666—712。

角色。①

　　以上评论也许有些苛责了,但也可用以显示美国区域研究这一主题存在着进一步研究的巨大空间。美国的高等教育休系中存在着世界上最庞大且全面,最具有世界主义和跨文化理解机能的对外研究体系,而美国对外研究也一向不乏自我批判、反思和更新的动力。本研究的主旨之一是对主要社会科学学科中缺乏对外研究的状况的一种批判和针砭,而这正说明美国学术共同体克服偏狭性、扩展海外研究的诉求和努力持续存在。

---

① 简要讨论见刘青:《区域和国际研究:关于历史和"原理"的思考——牛可副教授访谈》,《国际政治研究》,2018 年第 5 期,第 147—149 页。